벌거벗은

브라질
경제사

벌거벗은 브라질 경제사

BRAZILIAN
ECONOMIC HISTORY

이재명 지음

그렇다.
브라질은 여전히 잠자고 있는 거인이다.

세계 10대 경제 대국 브라질 사회, 문화 그리고 정치를
단번에 이해할 수 있는 안내서

바른북스

감사의 글

이 책이 나오기까지 지원을 아끼지 않은 우리 형,

나의 인격 형성과 성장을 위해 아낌없는 사랑을 베푸신 부모님,

그리고 언제나 나의 편에서 정신적인 지원을 해주는

내 인생의 동반자 에스텔과 이안이에게 책을 바칩니다.

추천사

미래에셋증권 브라질법인 김태구 대표

브라질이라는 나라는 생소해도 '따봉'이라는 말을 기억하시는 분이 많을 겁니다. 1989년, 델몬트사의 오렌지 주스 광고 카피로 사용되면서 유명해진 말입니다. 하지만 '따봉'이라는 말이 포르투갈어라는 사실이나 브라질이 남미에서 유일하게 포르투갈어를 사용하는 국가라는 점, 브라질이 세계 최대 오렌지 주스 생산 및 수출국이라는 것을 아시는 분은 많지 않습니다.

흔히 '중남미 대륙'이라 일컫는 LAC(Latin America and Caribbean)는 33개의 국가로 이루어져 있고, 총 5개 언어(스페인어, 영어, 포르투갈어, 불어, 네덜란드어)를 사용합니다. 인구는 총 6.5억 명, 국내총생산 5.7조 달러에 이르는, 세계적인 원자재의 보고이자 농축산품 생산 거점입니다.

특히 국토 면적 세계 5위인 브라질은 거대한 남미 대륙 면적의 48%를 차지하고 있으며, 남미 12개국 중 10개국과 인접한, 문자 그대로 대국입니다. 국내총생산 세계 12위 국가이자 BRICS의 일원으로서 세계 경제에서 큰 역할을 하는 산업대국이지만, 오랜 세월 정치적 혼란과 사회적 갈등을 겪으면서 아직까지도 '가능성의 나라', '미래의 나라'에 머물러 있는 나라이기도 합니다. 한국에서 비행시간만 24시간 이상 걸리는 멀고 먼 생소한 나라. 우리는 브라질에 대해 너무나 모르고 있습니다.

천혜의 자연조건을 갖춘 브라질은 농축산업을 전략적으로 육성해 대두, 옥수수, 설탕, 소고기, 닭고기, 커피, 오렌지 등 여러 농축산물 생산 및 수출액 세계 3위의 교역국입니다. 미국, 호주, 중국, 남아공 등과 함께 주요 광물 보유국으로, 철광석, 구리, 금, 니켈, 망간 등 핵심 광물은 물론, 희토류 역시 풍부하게 매장되어 있습니다. 또한, 미주 대륙 2위 제조업 국가로, 철강산업, 화학산업, 에너지산업 등의 글로벌 선두주자입니다. 축구와 삼바의 나라, 아마존과 예수상의 나라로만 알려진 브라질은 이렇듯 경제 대국이기도 합니다.

2019년 초, 미래에셋증권 브라질법인에서 주재원 생활을 시작하면서 가장 어려웠던 것은 정보의 부재였습니다. 브라질에 대한 자료가 턱없이 부족해 몸으로 부딪히며 체득할 수밖에 없었습니다. 사회, 문화, 역사에 대한 사전 지식이 없으니 브라질 국민을 이해하는 데 오랜 시간이 걸렸습니다.

불확실한 미래의 큰 번영보다는 확실한 오늘의 작은 행복을 소중하게 여기는 모습이, 도전보다는 쉽사리 체념을 선택하는 순응적인 태도가 여전히 낯설지만, 남과 나를 비교하지 않고 허락된 것에 감사하는 긍정적인 모습에서, 친절하고 따뜻한 미소에서, 새로운 기회를 찾아 도전하는 학생들의 눈빛에서 저는 브라질의 밝은 미래를 확신합니다.

치열한 현지 스타트업 업계에서 독보적인 성공을 이뤄낸 Klavi 이재명 CMO&COO의 《벌거벗은 브라질 경제사》는 저를 비롯해 브라질에 관심 있는 모든 사람에게 큰 도움이 되리라 생각합니다. 이 책은 브라질 경제의 과거, 현재, 미래를 보여줍니다. 외국인 이민자로서 큰 성공을 거둔 이재명의 생생한 경험을 통해 브라질의 오늘과 내일을 이해하시기 바랍니다.

전 KOTRA 상파울루 무역관장, 《트레이드 워》 저자, 류재원

브라질 하면 먼저 떠오르는 생각은 아마도 축구와 삼바일 것이다. 브라질에는 축구 팬클럽 회원 수가 인구보다 많다. 그 정도로 국민 모두가 축구에 열광한다. 펠레, 호나우두, 네이마르 등 경이로운 선수들이 유럽 무대를 종횡무진으로 활동하여 국제적으로도 명성이 높다. 삼바에 대한 열정은 축구 못지않다. 5천 명 넘는 무희들이 1년 넘게 준비한 삼바 경연은 흥분 그 자체다. 새벽까지 관중들을 묶어놓기에 충분한 화려함과 열정으로 가득하다.

브라질은 우리나라가 해외 이민을 처음으로 보낸 나라이다. 농업으로 시작한 교포사회는 지금은 현지 여성복 시장의 60%를 담당할 만큼 제조업을 중심으로 성장하였다. 올해로 브라질 이민 역사는 60주년을 맞이한다. 특히 삼성, 엘지, 현대가 생산공장을 운영하고 있어 대한민국의 위상은 크게 향상되었다.

역사적으로 브라질은 포르투갈 식민시대, 군사 정권, 인플레이션, 오일쇼크 등을 겪으며 격동의 시간을 체험하며 21세기를 맞이한다. 2002년 노동자 출신의 좌파성향의 정치운동가였던 루이스 룰라가 대통령에 당선되면서 포퓰리즘이 급격히 확산되었다. 반면 노동자와 빈민 중심의 정책은 모든 기업인에게 높은 세금부담 등 직간접적으로 영향을 주었다.

룰라는 2016년 최측근에게 정권을 물려주었고 2022년 다시 정권을 잡았다. 2000년 이후 브라질의 역사는 룰라의 역사이며 브라질의 경제는 룰라에 의해 설계되었다. 브릭스, Mercosur 그리고 G20의 멤버로 세계 10위권의 경제규모를 꾸준히 유지하고 있다. 그럼에도 불구하고 심각한 빈부격차, 포퓰리즘과 부정부패, 자원 의존형 경제구조는 글로벌 환경변화에 취약하여 10년 주기로 성장과 침체를 반복하고 있다.

브라질은 기회의 땅이다. 인구 2억 명, GDP 3조 달러, 면적 850만 평방미터, 풍부한 천연자원 등 거대한 경제성장 잠재력을 가지고 있다. 2014년 월드컵, 2016년 올림픽을 거치면서 브라질에 대한 기대가 커졌다. 그래서인지 우리 기업 수는 100개가 넘고 교포사회도 5만 명이 넘는다.

그런데도 브라질에 대한 체계적인 안내서가 없는 것이 아쉽다. 2012년 KOTRA 상파울루 관장으로 부임했을 당시 브라질에 관한 지식을 습득하고자 이런저런 책들을 읽어봤지만, 단편적인 경험이나 통찰력이 결여된 지식을 전달하는 내용이 대부분이었다.

이 책은 그와 같은 지식과 경험에 대한 갈증을 해소해 준다. 저자는 부모님 손에 이끌려 6살에 브라질로 이민을 와서 현지에서 초등학교 대학교 과정을 마쳤다. 현지 다국적기업 근무경력과 스타트업 창업을 통하여 직접 체험한 지식과 경험을 공유한다.

한 나라를 정치와 경제를 이해하기 위해서는 그 나라의 역사와 문화를 이해하여야 한다. 정치와 경제는 오랜 시간 동안 그 나라에서 일어난 다양한 사건과 국민의 사고가 축적된 산물이기 때문이다. 브라질 고유 노래 보사노바의 거장 톰 조빔(Tom Jobim)의 말처럼 "브라질은 아마추어가 살 수 있는 나라가 아니다." 브라질은 긴 역사와 넓은 영토만큼 인종과 문화가 다양하고 빈부격차가 심하기 때문이다. 이러한 변화를 현지에서 40년 넘게 현지인과 더불어 체험한 저자의 이야기는 브라질의 정치와 경제를 이해하기 충분하다.

브라질은 인구와 면적만큼 긴 역사와 다양성을 간직하고 있다. 남미 최대의 경제 대국 브라질은 신정부 출범과 더불어 또다시 더 희망찬 미래를 위한 출발선에 있다. 이제 브라질과 협력하고자 하는 기업인에게 이 책을 권한다.

★ ★ ★
서론
★ ★ ★

한국에서 초등학교 1학년을 마치고 파라과이를 거쳐 브라질로 이민을 온 지 올해로 25년이다. 반평생 이상을 브라질에서 살아온 사람으로 말하자면, 브라질은 참 어려운 나라이다. 그래서일까? '브라질다움'을 가장 잘 보여주는 보사노바의 대가 톰 조빔(Tom Jobim)은 "브라질은 아마추어가 살 수 있는 나라가 아니다."라고 한 바 있다. 이 말에는 정말 다양한 뜻이 담겨 있지만, 필자는 "브라질에는 브라질만의 모두스 오페란디(Modus Operandi)가 있다."는 것이 가장 알맞은 해석이라 믿는다. 브라질 특유의 작동방식을 알아야만 아마추어에서 벗어날 수 있다는 의미이다.

브라질에 대한 내 느낌을 가볍고 순수하게 말하자면, 양면성을 가진 나라이다. 비록 이곳에서의 삶이 아직은 길지 않지만, 내 경험상 이들의 친근함과 배려심은 다른 어떤 나라에서도 쉽게 느낄 수 없을 정도였다. 또한, 이곳의 음식과 날씨는 그 어느 나라와 비교해도 손색이 없을 정도로 다양하고 풍부하다. 다양한 문화와 인종이 공존하기 때문인지도 모르지만, 브라질은 음식에 대해 호불호가 크게 갈리지 않는다. 날씨의 다양함도 놀랍다. 추위를 원한다면 남쪽, 바닷가와 따사로운 햇살이 필요하다면 북동쪽, 자연을 만끽하고 싶다면 중부나 북쪽, 도시의 편리함을 원한다면 남동부로 향하면 된다. 어쩌면 그게 바로 조빔이 브라질을 떠나는 것에 대해 "외국에서 사는 것은 좋지만, 그다지 좋지만은 않다. 브라질에서 사는 것은 그다지 좋지 않지만, 그래도 좋다."라는 말을 남긴 이유인지도 모른다.

내가 본 브라질 엘리트들을 간단명료하게 정리하면, 지식은 물론 문화와 격식이 높다. 이들을 흔히 영주(Lord)라고 부르기도 하지만, 이는 우스갯소리에 가깝다. 때때로 그와 정반대의 상황을 볼 수 있는데, 이를 의미하듯 저명한 브라질 경제학자는 70년대의 브라질을 벨린지아(Berlíndia)라고 불렀다.[1] 벨린지아는 정연한 질서와 빼어난 문화를 자랑하는 벨기에와, 가난하지만 광활한 인도를 더한 합성어이다. 당시의 브라질은 커피 시대를 넘어 많은 엘리트층이 유럽 문명인들만큼 문화를 누리게 되었지만, 국민 대다수는 전기와 수도 같은 기본적인 인프라도 갖춰지지 못한 환경에서 살아갔다.

스타트업을 하는 입장에서 말하자면, 사용자(User) 관련 사용성 조사를 가장 조심해야 한다. 브라질 전 국민을 대상으로 서비스할 계획이라면 다양한 대상을 테스트해야 한다. 상파울루 중심지에 거주하는 사람들은 '버블'이라고 하는데, 도시 중심지에서 살아가는 사람들의 삶과 상파울루 너머 대륙 같은 넓은 땅에 살아가는 사람들의 삶은 차이가 크므로 샘플을 구분하는 것이 필수이다.

브라질은 언제나 예외가 통용되는 양면성의 국가이기도 하다. 우스 갯소리로, 브라질에서는 백만장자 수준까지만 돈을 버는 것이 좋다고 한다. 억만장자나 그 이상이 되면 돈을 줘야 할 곳이 너무 많아진다는 이야기이다. 조빔은 이런 현상을 가리켜 "브라질에서 성공하는 것은 상대방에 대한 개인적인 모욕이다."라고 했다. 부자에 대한 사회의 시선을 이해하고 축적한 부를 유지하는 데 너무도 많은 예외가 필요하다. 이 예외는 시민들에게만 적용되는 것이 아니다. 국가의 권력을 지탱하는 행정부, 입법부, 사법부에서도 언제나 예외가 통용된다.

행정부가 법안을 통과시키기 위한 프리패스 형식의 임시조치(Medida Provisória), 입법부가 남발하는 헌법 개정안(Proposta Emenda Constitucional), 3심제를 넘어 대법원에서 판결한 결정을 바꿔버릴 수 있는 사법부 연방최고법원(STF)의 결정 등이 대표적이다.

경제 분야에서의 예외는 언제나 연속적이었다. 1964년 군정 당시 진행된 조세개혁에서 기초교육을 책임지는 지방 정부의 재정권이 연방정부에 상당 부분 이관되어 경제 안정이라는 목적하에 교육은 외면되었다. 정부는 결과가 나오기까지 오랜 시간이 걸리는 기초교육보다는 단기간에 효과를 볼 수 있는 대학교육에 투자를 집중해 왔다. 또한, 행정부 수장들은 오랫동안 재정수지에 대해 무책임한 행동을 관행처럼 이어왔다. 매우 모범적이라고 평가받는 2000년도의 재정책임법이 도입되었고, 2016년 재정지출상한제법으로 이어졌다. 그러나 코로나19라는 예외 상황으로 인해, 정부는 다시금 무책임하게 헌법개정안 카드를 꺼내 재정지출상한제법을 초과하는 지출을 승인하기에 이르렀다. 한국에 있는 사람들에게 이런 상황을 하나하나 설명하기란 너무도 어렵다. 나조차도 많은 공부가 필요할 만큼 브라질은 쉽지 않은 나라이기 때문이다.

　나는 유례없는 팬데믹 상황이 이어지던 중 유튜브에서 우연히 3시간이 넘는 브라질 경제 역사 다큐멘터리 영상을 보게 되었다.[2] 그리고 그때 깨달았다. '아, 브라질이 이래서 이렇구나!' 현지에서 20년 넘게 살아오고 대학교까지 이곳에서 나온 내게도 하나같이 새로운 정보들이었다.

　더욱 충격적인 것은, 경제적인 관점에서 역사 이야기를 나눠보면 정규교육을 받은 브라질인들조차 이런 내용을 모르거나 아예 관심조차 없다는 것이다. 그도 그럴 것이, 돌이켜 보니 나 역시 학교에서 브라질 역사와 경제는 매우 짧게 배웠다. 광고 마케팅을 전공했으니 경제 수업을 받긴 했지만, 역사보다는 거시경제이론에 집중한 수업이었다.

　그 영상에서 본 브라질 역시 잠재력이 무궁무진한 국가로, 필요할 때마다 개혁을, 그것도 하나하나가 사회의 방향을 정할 정도로 큰 영향을 끼친 개혁을 진행했다. 60년대에 비로소 중앙은행을 창설하고 금융시스템을 재정비한 군정시대의 개혁, 80년대 중반 인플레 대전이 시작되면서 뒤늦게나마 체계를 갖춘 순간들, 90년대 초·중반 '헤알 플랜'으로 인해 경제 체제를 전반적으로 모던(Modern)화한 일, 대통령 탄핵으로 혼란스러웠던 2016년 승계한 부통령과 연립정부의 개혁 등이 그러하다. 다만, 근본적인 개혁은 매번 우선순위에서 밀려났다. 복잡하게 얽힌 이해관계로 인해 동력을 잃기도 했고, 해외에서 촉발된 경제위기 여파로 밀리기도 했다. 연금개혁이 그 대표적인 예이다. 연금개혁은 이미 여러 차례 진행되었고, 비교적 최근인 2019년에도 진행되었지만, 미래를 생각한다면 다시 개혁이 필요해 보인다. 이런 과정을 지켜보면서 나는 브라질 경제사에 대한 관심과 경제 상식에 대한 열정을 키우게 되었다.

브라질 경제 역사를 살펴보면 매우 많은 엘리트가 있었고, 지금도 매일 같이 양성되고 있다. 이들은 엘리트인 동시에 사회 특권층이지만, 사회 개혁에 있어서는 관망하는 모습을 보인다. 그래서일까? 브라질 사람들은 사회의 불편한 점에 대해 이야기하는 것을 좋아하지 않는듯하다. 교육 문제가 빈부격차의 시작이자 핵심 원인이지만, 사회적으로 너무나도 오랫동안 이 주제를 외면하고 있다. 여기에는 뒤늦게 폐지된 노예제도와, 이 노예들을 사회에 동화시킬 프로그램이 부재했다는 것이 크게 작용했다. 또한, 브라질은 세계적으로 조세 정의가 매우 낮은 나라로 유명하다. 소득세만 보더라도 최고 세율이 27%로 타 국가들에 비해 매우 낮은 반면, 국가가 세금으로 걷는 돈은 GDP의 31%로 선진국 수준이다.[3] 그런데도 브라질인들이 실제로 얻는 세금혜택이나 사회공공 서비스의 수준은 매우 낮다. 기업인들은 세금을 적게 내기 위해 꼼수를 쓰는데, 자신의 회사에 임원으로 고용되어 낮은 고정 급여를 받는 대신 세금이 부과되지 않는 배당금을 통해 수입을 보충하기도 한다. 중소기업이나 소규모 사업체를 운영하는 사업가도 마찬가지다. 개인의 소득세를 절세하기 위해 예외에 예외를 더하는 셈이다. 그런데도 시위 때마다 단순히 겉으로 드러난 양 진영의 부패에 손가락질하는 데 그친다.

브라질은 여전히 발전 가능성이 큰 나라다. 산업이 한계에 다다른 여러 나라들과 달리 브라질은 발전궤도에 오르기 위해 어떠한 개혁들을 어떻게 진행해야 하는지 매우 잘 알고 있다. 다만 정치적으로 많은 것이 얽혀 있기 때문에 쉽게 진행하지 못할 뿐이다. 그러나 각 부처는 역사를 통해 많은 것을 배운 상황이기에 의지만 있으면 충분히 추진할 수 있다. 현재 브라질은 행정, 조세, 교육 등 현존하는 문제들에 대한 대립이 첨예하지만, 국민들은 이미 개혁의 필요성을 체감하고 있다. 지난 6년간 노동개혁, 연금개혁, 디지털 정부 도입 등으로 많은 발전이 있었고, 러시아의 우크라이나 침공이라는 악조건하에서도 여전히 국제무역 시장에서 러시아와 미국, 중국과 큰 교역량을 보인다. 노동 생산성 개혁도 중요하다. 한 노동 생산성 연구에 따르면, 브라질은 다른 신흥 국가들과 달리 1980년부터 성장이 멈춰 있다. 브라질 전문가들은 이를 해결하기 위한 핵심 키는 교육이라고 이구동성으로 말한다.

　그렇다. 브라질은 여전히 잠자고 있는 거인이다. 여러 문제가 있지만, 그 잠재력은 여전히 놀랍다. 구매력평가지수(Purchasing Power Parity, PPP) 기준으로 GDP를 계산할 경우, 코로나19로 전 세계가 매우 어려운 상황에서도 E7이라고 불리는 신흥 국가들(중국, 인도, 브라질, 인도네시아, 러시아, 멕시코, 터키)은 53조 달러로 G7의 42조 달러를 크게 앞섰다. E7의 출생률은 G7보다 높으므로, 인구가 계속 늘면서 경제 또한 성장하고 있다. 특히 E7에서 중국, G7에서 미국을 제외한다면, E6는 G6보다 국제 경제와 글로벌 수요에 대해 더 큰 영향력을 가지게 된다. 이미 국제사회 생산기지는 중국에서 베트남, 미얀마, 방글라데시로 전환되고 있는데, 특히 브라질이 방글라데시에 수출하는 규모는 덴마크, 호주, 이스라엘의 수출을 합친 것보다 크다. 이 밖에도 브라질의 수출량을 보면, 주류 국가들보다 신흥 국가들의 점유율이 높아지고 있다. 독일보다 싱가포르에, 이탈리아보다 말레이시아에, 프랑스보다 태국에 더 많이 수출하고 있다.[4] 참고로 2000년대 초반 브라질의 중국 수출량은 10억 달러였지만, 2021년에는 822억 달러에 달했다.[5]

브라질은 이 모든 것을 무역이 개방되지 않은 상황에서, 그것도 높은 수입세와 복잡한 조세 시스템을 갖춘 간접세라는 악조건하에서 이루었다. 세계은행이 발표한 무역 개방 관련 연구에서, 2018년 기준 브라질의 수입 물량은 GDP 대비 9%에 그쳐 극도의 폐쇄성을 보였다. 브라질보다 더 폐쇄된 국가는 쿠바, 수단, 투르크메니스탄뿐이었다.

브라질에서는 "과거 역시도 불확실하다."는 말이 있다. 헤알 플랜의 주역들이 자주 사용했던 말로 전해진다.[6] 그러나 현재 브라질에서의 과거는 '확실'하며, 많은 교훈을 주고 있다. 그렇기에 과거를 살펴보고 역사를 공부해야 한다.

이 책은 총 7장으로 나뉘어 있다. 시작은 2016년 지우마 대통령이 탄핵이 되는 시점으로, 떼메르 부통령이 승계하여 굵직한 개혁을 진행한 이야기와, 2018년 당선된 아웃사이더(Outsider) 하원의원 출신 볼소나로 1기 정부의 행정, 나아가 현존하는 문제들에 대한 이야기이다. 이어서, 이 문제들을 자세히 살펴보기 위해 과거로 돌아간다. 식민지 시기부터 커피 시대가 끝나는 제1 공화국까지, 산업화가 진행되는 시기, 군정이 들어서고 이어진 경제 기적과 오일쇼크, 다시 군정의 몰락과 인플레이션 대전의 시작, 헤알 플랜을 통해 인플레이션이 안정화되며 모던(Modern)화한 순간, 마지막으로 노동 정부인 PT 노동당 정권인 룰라와 지우마 대통령 시기까지 살펴본다.

나는 누구를 가르치고자 이 책을 쓴 것이 아니다. 어떠한 정당과 이념을 지지하기 위해 쓰지도 않았다. 그저 광고 마케팅 전문가로서, 객관적인 시각으로 통계자료와 여러 전문가의 의견을 쉽게 풀어가려 했다. 특히 브라질에서 비즈니스를 하고 있거나 하기를 원하는 사람에게 추천한다. 이 책을 읽으면 적어도 브라질에 대한 전반적 상식을 갖출 수 있다고 자부한다.

나는 "한국에서 태어났지만, 브라질에서 재활용되었다."라는 말을 즐겨 쓴다. 6살에 한국을 떠나 10살에 브라질로 온 1.5세대 이민자인 내가 이만큼 교육받고 성장한 데는 부모님과 가족의 지원이 절대적이었지만, '브라질이었기에' 기회를 받았다는 점도 결코 부인할 수 없다. 그래서 나는 브라질과 한국이 조금이라도 더 가까워지기를 기원한다. 지리적으로는 지구 정반대편에 있지만, 두 나라는 서로 가까워져야 할 충분한 이유가 있고, 보완적인 관계로 발전할 수 있다고 믿는다.

앞으로 지구촌은 인구감소로 인해 새로운 도전에 직면할 것이다. 다양한 문제가 있지만, 그중 하나인 식량 문제에 있어 브라질만큼 준비된 국가는 전 세계 어디에도 없다. 이런 점만 보더라도 한국과 브라질의 협력이 기대되며, 앞으로도 더 활발한 관계로 발전할 것이라 믿어 의심치 않는다.

2023년 3월, 브라질 상파울루에서
– 이재명

목차

감사의 글

추천사

서론

PART
1

양극화의 시작과 탄핵 | 2016~2022년

떼메르 정부(2016~2018년):   ··· **035**
경제성장을 위한 개혁

BNDES 개혁과 국영기업법   ··· 039

재정운영 및 노동개혁   ··· 043

떼메르 정부 결론   ··· 046

볼소나로 정부(2019~2022년):   ··· **050**
보수와 개혁의 양면성 정부

주요 개혁: 연금개혁, 중앙은행, 민영화   ··· 052

볼소나로 정부의 결론   ··· 056

성장을 위해 해결해야 하는 문제들   ··· 060

★★★

PART 2

브라질 경제: 식민지에서, 브라질 제국, 공화국설립까지 |1492~1934년

첫 경제 활동: ··· 072
빠우 브라지우, 사탕수수와 노예무역

세계 무역의 중심에 서게 된 브라질 ··· 074

브라질 제국 건설 ··· 077

노예무역과 커피 ··· 081

제국의 몰락: 파라과이 전쟁과 외채 ··· 085

브라질 제1 공화국과 까페 꽁 레이찌 ··· 089

커피 수출의 위기 ··· 091

PART
3

산업화와 수입제품 대체정책
| 1934~1964년

워싱턴 협정과 환율시장의 격변 ··· 101

바르가스의 퇴장 ··· 104

브레턴우즈 협정과 중앙은행 창설 반대 ··· 108

수입제품 대체정책의 강화 ··· 108

바르가스의 복귀 ··· 110

1954~1964년 혼란스러운 정국 ··· 113

브라질리아 건설과 국가개발계획 ··· 117
"50년을 5년에(Cinquenta anos em cinco)"

자니오와 장고 정부 ··· 122

결론 ··· 127

군사정부 | 1964~1984년

PART 4

군사정부의 경제정책 1기   ··· 139

군사정부의 경제정책 2기   ··· 145

군사정부의 교육과 사회   ··· 148

제1차 오일쇼크   ··· 153

제2차 오일쇼크   ··· 157

IMF와의 협상 그리고 수입제품의 전면 제한   ··· 160

군사정부의 퇴장   ··· 163

PART 5

인플레이션과의 대전 속
8년 연속 패배 | 1985~1992년

인플레이션 원인 찾기: 관성 인플레이션 ··· 175

꼬루자도 정책을 구성한 경제팀 ··· 178

늦게나마 이루어진 금융시스템의 개혁 ··· 183

꼬루자도의 실패 원인 ··· 189

1988년 헌법과 경제 ··· 193

꼴로르 정부(1992~1993년)의 **··· 201**
인플레이션 대전

브라질 외채와 브래디 플랜 ··· 207

★ ★ ★

PART 6

페르난도 엔히끼(FHC)와 헤알 플랜
| 1993~2002년

Plano FHC(FHC 플랜)   ··· 225

페르난도 엔히끼 정부   ··· 239
(1995~2002년) 출범

대대적인 은행 구조조정 프로그램   ··· 242

강력한 민영화, 그 결과와 비판   ··· 245

FHC 정부의 경제위기: ··· 249
정부 경상수지 및 무역수지 적자

FHC 2기 정부(1999~2002년)   ··· 254

거시경제 기조의 변화   ··· 258

2001년, 에너지 공급난   ··· 259

2002년, 대선으로 인한 불투명한 경제 상황   ··· 261

PART 7

진보정권의 시작과 몰락 | 2003~2016년

달라진 룰라와 PT(노동당)의 자세 ··· 275

사회 프로그램 ··· 278

룰라 정부의 경제 분야 성과 ··· 281

경제 기조 변화와 BNDES ··· 285

더 약해진 대통령제와 부패 스캔들(Mensalão) ··· 288

악화되는 통합재정수지와 ··· 290
지우마 정부(2011~2016년)

룰라 정부의 유산 ··· 293

새 경제 기조 ··· 296

지우마 정부의 사회 프로그램 ··· 300

탄핵 정국 ··· 302

결론 ··· 308

지표

참고문헌

주석

일러두기

인명이나 지명 등 외래어 표기는 국립국어원에서 규정한 표기법에 따른 것을 기본으로 했으나, 그중 일부는 브라질식 포르투갈어 현지 발음을 토대로 표기하였다.

〈파울리스타대로에서 시위 중인 시민들〉

1

양극화의
시작과 탄핵

(2016~2022년)

역사적 사건

2016년 8월 31일   미셸 떼메르 대통령직 승계

2016년 12월 15일   재정지출상한제 도입

2017년 7월 13일   노동개혁 통과

2018년 4월 7일   룰라 전 대통령 구속

2018년 10월 28일   자이르 볼소나로(Jair Bolsonaro) 당선

2018년 10월   의회 선거, 대대적인 인물교체로 새로운 정치 세력 등장

2018년 11월 1일   라바자또 1심 연방판사이자 핵심 인물 세르지우 모루 (Sérgio Moro) 볼소나로 내각 참여

2019년 1월 1일   재무부, 기획예산처, 산업통상부, 노동부를 통합한 경제부 출범. 초대 장관으로 빠울로 게지스(Paulo Guedes) 임명

2019년 2월 20일   볼소나로 대통령 연금개혁안 의회에 직접 제출

2019년 4월 15일   디지털정부법 통과(gov.br)

2019년 11월 9일   룰라 전 대통령 석방. 연방최고법원(STF)의 2심 재판에서 구속을 위헌으로 판정

2019년 12월 12일   연금개혁안 통과

2020년 2월 26일   코로나19 범유행

2020년 4월 7일   코로나 바우처(Voucher), 긴급재난지원금 지급(월 600헤알)

2020년 8월   기준금리 브라질 역사상 최저치인 2%로 조정(6개월 지속)

2020년 10월 5일   간편결제 시스템(Pix) 도입

2021년 2월 24일   중앙은행 독립법 통과

2021년 4월 15일	룰라 전 대통령 실형 무효 판결
2021년 6월 21일	엘레뜨로브라스(Eletrobras) 국영 전기회사 부분 민영화
2022년 10월 30일	룰라 전 대통령 당선

"현대 사회의 리더들은
조금씩 복잡한 문제에 거리를 두기 시작한다."

- 헨리 키신저(Henry Kissinger) 전 미국 국무부 장관(1973~1977년)

2014년도 초반, 브라질은 축제의 연속이었다. 거시경제 측면에서는 이미 곳곳에서 적신호를 보내고 있었지만, 국민들의 심리적인 상황은 전혀 달랐다. 오랫동안 기준금리가 두 자릿수로 유지된 터라 시장은 침체기가 분명하였지만, 정부의 재정 사정에 대해서는 전문가들 사이에서도 견해가 갈렸다. 그러나 전문가들의 우려와는 달리 국민들은 곧 열릴 브라질 월드컵으로 들떠 있었고, 시장도 매우 활발했다. 브라질 삼성전자의 2014년 월드컵 캠페인은 아직도 기억에 선명하다.[7] 당시 삼성전자는 브라질이 월드컵에서 우승할 경우 TV를 한 대 사면 한 대를 더 주는 '원 플러스 원'이라는 과감한 마케팅 캠페인을 진행했다. 캠페인 기획자가 브라질이 자국 월드컵에서 우승하지 못할 거라 예상했는지 아니면 단순히 판매량을 늘리기 위한 전략을 세운 것인지는 모르겠지만, '미네이랑 대참사[8]'로 인해 캠페인은 대성공을 거두었다.

그러나 월드컵이 끝나자마자 사회 분위기가 달라졌다. 사회 곳곳에서 시위가 일어나기 시작했다. 첫 대규모 시위는 교통비 문제로 2013년부터 상파울루시를 중심으로 일어났다. 이미 '반값 정책'을 시행하고 있었음에도 불구하고, 청년들과 학생들은 자신들이 오랫동안 지지하던 PT 노동당을 향해 돌을 던지기 시작했다. 이 시위는 월드컵 반대 시위로까지 확산됐지만, 당시만 해도 그 규모나 영향은 크지 않았다. 그러나 오랫동안 억눌려온 국민들의 분노는 라바자또(Lava Jato) 스캔들로 티핑포인트가 되어 폭발한다.

2014년 3월 공식적으로 시작된 라바자또 작전은 쿠리치바(Curitiba), 상파울루(São Paulo), 리우데자네이루(Rio de Janeiro) 3개의 1심 재판소에서 연방경찰과 검찰이 태스크 포스 형식으로 수사단을 꾸려 수사를 시작했다. 사건은 3심을 넘어 연방최고법원(Supremo Tribunal Federal, STF) 판결까지 진행되었고, 2021년 연방검찰 산하 조직범죄 특수단으로 이관되면서 공식적으로 수사 활동이 종료됐다. 라바자또 수사 진행과 결과가 발표될 때마다 국민적인 분노가 증가했고, 그 분노가 절정에 달하자 주말마다 파울리스타대로(Avenida Paulista)[9]에 노란 티셔츠를 입고 나가 시위했다. 또한, 오후 8시마다 '빠넬라쏘', 라는 아파트 창문 밖에서 냄비를 숟가락으로 두드리는 시위도 시작됐다. 총 80회가 넘는 수사, 195건의 고소, 244건의 기소, 1,921건의 압수수색, 506건의 구금과 981명 기소를 통해 국영기업들과 건설사, 개인에게 220억 헤알의 벌금이 부과됐다.[10] 라바자또는 거의 매주, 여야 가릴 것 없이 주요 정치인들을 소환했다. 거물급 정치인이자 브라질의 경제 호황을 이끌었던 룰라(Lula) 전 대통령도 소환되었다. 당시 대통령이었던 지우마 호세프(Dilma Roussef)는 룰라 전 대통령의 구속기소가 다가오자 장관의 면책특권을 활용할 수 있도록 그를 국무장관으로 임명했다. 그러나 발 빠르게 움직인 세르지오 모루(Sérgio Moro) 라바자또의 1심 연방 판사가 이를 무력화했다. 모루 판사는 룰라 전 대통령의 보좌진을 공식 도청하고 있었고, 이를 통해 지우마 대통령이 룰라를 장관으로 임명한다는 첩보를 입수해 연방최고법원(STF)을 통해 무력화한 것이다. 이 사건이 국민들의 분노에 기름을 부었고, 브라질 국민들은 매주 각 시의 랜드마크 앞에서 브라질을 상징하는 노란색 티셔츠와 국기를 휘두르며 시위했으며, 이제 부패를 멈춰야 한다는 메시지를 전달하기 위한 행진이 시작됐다.

2014년 월드컵이 끝나고 선거전이 시작되었고, 치열했던 선거에서 지우마 현 대통령이 재선에 성공했다. 그러나 불과 1년 만에 낮은 지지율로 인해 지우마 대통령 탄핵설이 돌기 시작했다. 라바자또를 통해 당의 세력이 약화했을 뿐만 아니라, 연립정부를 구성한 많은 당은 물론 러닝메이트였던 부통령까지도 돌아섰다. 그리고 탄핵 절차가 진행되면서 또다시 혼란이 시작됐다.

떼메르 정부(2016~2018년):

경제성장을 위한 개혁

떼메르 부통령은 노련한 정치가로 유명하다. 검사 출신인 그는 1992년 상파울루주 검찰총장직을 끝으로 공직을 떠나 상파울루주 법무국장을 거친 뒤 하원의원으로 정계에 데뷔하여 5차례나 재선에 성공하였다. 하원의원 시절, 명실상부 의회의 최고 권력직인 하원의장직을 2차례 맡았다. 브라질에서 하원의장의 권력은 막강한데, 대표적으로 의제 선정권이 있다. 또한, 법안 진행에 있어 위원회 회부 또는 구성권을 가지고 있어, 의장의 동의 없이는 그 어떠한 법안도 본회의 의제 선정 자체가 되지 않는다. 따라서 원내대표들이 정부 법안을 추진하고 싶다면 의장의 지원이 절대적이다.

흥미롭게도 떼메르는 PSDB 브라질 사회민주당 정권이었던 페르난도 엔히끼(FHC) 정부와 PT 노동당의 룰라 정부라는, 양극단의 두 정부에서 모두 하원의장을 지냈다. 극렬하게 대립하는 양당에서 모두 의장으로 선택됐다는 것은 그만큼 행정부와 잘 화합하면서 의회에 난립한 여러 정당을 관리하는 정치력이 있다는 방증이다. 이런 그의 정치력을 높이 산 룰라 대통령은 정치 경력이 전무한 자신의 후계자 지우마 호세프를 보조하도록 떼메르를 러닝메이트로 선택해 부통령에 임명한다. 그가 속한 PMDB는 진보와 보수를 가릴 것 없이 상황과 때에 맞춰 연립정부 구성원으로 여러 정부에 참여했지만, 이런 그가 대통령직을 승계하는 과정은 순탄치 않았다.

2014년, 지우마 대통령은 재선에 성공했고, 곧이어 하원의장과 상원의장 선거가 있었다. 여당은 상원의장직에 자신들이 원하는 인물을 선출하는 데 성공했지만, 하원의장은 계획과 달리 에두아르도 꾸냐(Eduardo Cunha)가 선출되었다. 대통령 지지율이 떨어질수록 지우마 대통령과 꾸냐 하원의장의 대립은 심화하였고, 이내 지우마 대통령은 의회의 지지를 완전히 잃었다.

그렇다면 지우마 대통령은 어째서 1년 만에 민심을 완전히 잃었을까? 역시 경제 문제가 가장 컸다. 2008년부터 가속화된 재정 문제는 고름이 터지기 직전이었고, 거시경제뿐만 아니라 미시경제 지수도 모두 좋지 않았다. 월드컵 특수로 잠시 낮아졌던 실업률도 다시 높아졌고, 국민들의 재정 상황도 좋지 않았다. 결국, 재정책임법을 어겼다는 명목으로 지우마 대통령의 탄핵이 진행되었고, 이 과정이 국민들에게 생생히 중계되었다.

여당은 '쿠데타'라며 반발했지만, 이미 국민의 지지를 완전히 잃은 대통령에게 우호적인 정치인은 없었다.[11] 특히 PT 측에서는 부통령인 떼메르가 대통령직을 승계하기 위해 뒤에서 모든 과정을 총괄했다고 주장했지만, 당시 여론이 탄핵에 찬성한 이유가 꼭 떼메르를 대통령으로 만들기 위해서였다고 볼 수는 없다. 우선, 현 대통령과 부패한 당을 탄핵하고, 2년 뒤에 선거를 통해 국가를 제대로 된 방향으로 이끌 새 대통령을 뽑는 데 관심이 집중되어 있었다고 보는 편이 옳다.

마침내 하원의회의 탄핵안 가결로 지우마의 대통령직 수행이 정지되었고, 떼메르가 대통령 대행이 되었다. 이어서 연방최고법원장(STF)이 주재하는 상원의회에서 탄핵안이 최종 통과되면서 떼메르 정부가 출범하였다. 이때, 정권을 잡은 떼메르 정부가 과연 무엇을 할 것인지는 불명확했고, 언론은 그를 미국 유명 드라마 '하우스 오브 카드'의 프랭크 언더우드에 빗대[12] 단지 권력을 좇아 대통령이 된 정치인으로 보도했다.

며칠 후, 내각이 발표됐다. 그리고 역사는 마치 데자뷔처럼 반복됐다. 1992년, 꼴로르 대통령이 부패 스캔들로 탄핵당하고 이따마르 부통령이 대통령직을 승계하면서 화합의 정치를 상징할 연립정부를 구성한 것처럼, 떼메르 역시 PT와 진보, 사회주의 계열 정당만 뺀 채, 모든 당과 연립하여 새 정부 내각을 발표한 것이다.

여기서 주목해야 할 것은 재무부와 기획예산처, 중앙은행의 인사다.

재무부 장관으로는 룰라 정부에서 8년간 중앙은행 총재를 역임한 엔히끼 메이렐리스(Henrique Meirelles)가 임명됐다. 그와 함께 수석 차관으로 합류한 인사는 페르난도 엔히끼(FHC)[13] 정부의 차관 출신이자 상파울루주 정부 재무국장이었던 에두아르도 과르지아(Eduardo Guardia)다. 이외에도 중앙은행 총재로는 FHC 정부에서 룰라 정부까지 중앙은행 고위 실장을 지낸 일란 골드파인(Ilan Goldfajin)이 임명됐다. 기획예산처 장관은 정치인이자 떼메르의 오랜 동지인 호메로 주까(Romero Juca) 상원의원이 임명되었지만, 스캔들에 연루되면서 재무부 차관이자 관료 출신인 디오고 올리베이라(Dyogo Oliveira)가 그 자리를 대신하게 되었다.

언론은 정부와 떼메르가 대통령직을 수행하기 위해 여러 정당에 장관직을 매매한 것처럼 보도했지만, 오랫동안 경제성장을 하지 못한 브라질을 새롭게 이끌어 갈 경제팀은 이념과 정당에 치우친 인사가 아닌, 전문가 중에서도 최고만으로 이루어졌다.

또한, 떼메르는 라바자또 부패 스캔들의 핵심이었던 국영기업 뻬뜨로브라스(Petrobras)의 사장으로 뻬드로 빠렌찌(Pedro Parente)를 임명했다. 빠렌찌는 80년대 후반 재무부에서 국고국을 신설하고 금융통합시스템을 만들었으며, 90년대 헤알 플랜을 성공적으로 안착시킨 FHC 정부에서 재무부 차관과 국무부 장관을 지냈다. 또한 2001년 에너지 위기 사태를 관리하고 수습한 장본인으로, 브라질의 최고 위기관리 전문가로 꼽혔다. 정부의 은행으로서 전략사업에 프로젝트 파이낸싱과 민영화 업무를 맡는 BNDES 사회경제개발은행 총재로는 마리아 실바 바스또스 마르케스(Maria Silva Bastos Marques)를 임명하였다. 마리아 총재는 FGV 경제학 박사로, 철강회사 CSN과 Icatu화재 대표이사를 지냈고, 1990년대부터는 재무부, BNDES에서 재정 관련 업무를 거쳐 리우데자네이루주 재무국장을 역임한 전문가였다.

이들은 모두 경제적인 이론과 체험을 통한 브라질리아 문법을 익혔으며, 정치 1선에서 활동한 경험이 있는, 정치력을 겸비한 전문가들이었다.

역사가 반복되는 순간이었다. 페르난도 엔히끼가 재무부 장관으로 초인플레이션 사태를 멈춘 헤알 플랜을 만든 것처럼, 이들은 당장 브라질에 필요한 것이 무엇인지 잘 알고 있었다. 또한, 이미 수년간 연방정부와 주 정부에서 일한 경험으로 관료 사회가 어떻게 돌아가는지, 어떤 개혁을 해야 하는지도 잘 알았다. 그렇게 떼메르 정부는 금기시되는 개혁에 대해 하원의장인 호드리고 마이야(Rodrigo Maia)와 주요 정당 원내대표들과 긴밀하게 협의했고, 그의 화합 정치는 곧 굵직한 개혁을 차례대로 진행할 여건을 갖추어 갔다.

BNDES 개혁과 국영기업법

많은 사람이 피부로 체감하지는 못하였지만, 떼메르 정부에서 진행된 개혁들은 브라질이 발전하기 위해 매우 중요한 것들이었다. 그럼에도 사람들이 체감하지 못한 이유는 같은 기간 진행된 많이 비리 스캔들 때문이기도 하다. 이로 인해 국민들이 정부의 정책이나 개혁이 아닌 비리 관련 뉴스에 집중하다 보니 개혁의 규모와 깊이, 영향을 제대로 이해하지 못한 것이다. 떼메르 정부에서 진행한 대표적인 개혁은 재정개혁과 노동개혁이지만, 이외에도 미시적인 관점에서 여러 개혁이 진행되었다. 2006년 룰라 정부 2기부터 지우마 1·2기 정부까지의 굵직한 개혁들이 중단된 것을 고려한다면 이 시기의 큰 발전은 더욱 큰 의미가 있다.

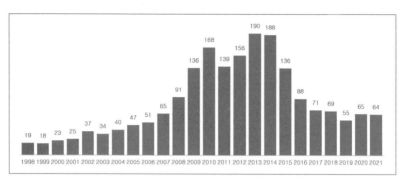

단위: 10억 헤알/출처: BNDES, bndes.gov.br

　BNDES의 역할과 정의에 대한 재정립부터 시작이었다. BNDES는 90년대 초반부터 중점 사업의 민영화에 주도적인 역할을 하였으며, FHC 정부에서는 민영화를 넘어 헌법에 정의된 정부 독점사업 분야까지 해제하는 데 궁극적인 역할을 하였다. 철강과 통신산업의 정부 독점을 해제한 것이 대표적이다. 철강 관련 대표 기업을 민영화하였고, 통신 관련해 정부의 승인을 받은 민자 기업이 출현하게 되었다.

　룰라 정부에서는 단순한 민영화에 초점을 맞춘 파이낸싱 사업을 넘어, 브라질 기업이 글로벌 회사로 성장해 각 산업에서 혁명을 이룰 수 있도록 낮은 이자로 기업에 적극적으로 대출을 해주었다. 룰라 정부 1기인 2003~2006년에는 연평균 430억 헤알이었던 대출이 2010~2015년에는 총 9,770억 헤알, 연평균 1,630억 헤알로 늘어났다. 달러로 환산하면 PT 정부가 통치한 14년 동안 기업에 대출해

준 규모는 6,580억 달러에 이른다. 참고로 제2차 세계대전 이후 유럽을 재건설한 '마셜 플랜'에 투입된 비용이 현재 화폐 가치로 환산해 약 1,300억 달러임을 고려하면, 그야말로 놀라운 규모의 공적자금을 투입한 것이다. BNDES의 투자가 효과적이었는지에 대해서는 많은 논쟁이 있다. 대출 효과를 측정하기 위해 파이낸싱을 받은 기업들의 투자 증가를 분석한 논문도 있다. 상당수의 브라질 기업은 저리대출을 통해 막대한 이익을 얻음에도 불구하고 대외적인 환경을 고려해 투자를 늘리지 않았다는 데이터가 있는 것이다.[14]

마리아 실바는 BNDES 총재직에 취임하자 자진 해고 프로그램을 통해 공무원 900명의 조기 퇴직을 진행했으며, 신규 채용을 통해 은행에 새로운 철학을 입히기 시작했다. BNDES는 루시아노 꼬우찡요(Luciano Coutinho)가 2010년부터 8년간 총재로 재직한 상황이라 새로 취임한 마리아 총재는 은행에 실질적인 변화를 꾀해야 했다. 마리아 총재의 첫 지시는 라바자또 스캔들에 연루된 기업들의 파이낸싱을 전면 중단한 것으로, 그 규모는 47억 달러에 달했다. 이어진 두 번째 조치는 BNDES가 이율을 적용하는 방식의 변화였다. 이전까지 은행은 장기이자율만 적용했는데, 기준금리에 비해서도 너무 낮은 수준이라 은행은 사실상 적자를 보면서 대출해 주는 구조였다. 마리아 실바는 새로운 이율 정책을 발표해 장기이자율에 물가율을 더하게 했다. 어떤 면에서는 오히려 안 좋아졌다고 볼 수도 있지만, BNDES의 적자는 곧 국고의 적자라는 것, 당시 은행의 대출 혜택을 받는 곳은 대기업들뿐이라는 점, 은행의 본래 목적인 사회에 큰 영향을 끼칠 수 있는 프로젝트 파이낸싱 등을 고려하면, 그 역할과 정의에 대한 재정립이 필요했다. 뿐만 아니라, BNDES가 중남미 경제의 주축이 되어야한다는 PT당의 희망에 따라 중남미에서 사회주의 국가 인프라 사업 25개에 투자했다. 쿠바의 마리엘 항구가 그 대표적인 예로, BNDES는 해당 건설을 맡은 브라질 건설사 오데브레치(Odebrecht)에 총 6억 8,200만 달러의 파이낸싱을 진행했다. 라바자또에 연루된 기업들 대상으로 진행한 파이낸싱 규모는 총 140억 헤알에 달했다.[15] 떼메르 정부 BNDES는 마리아 실바의 지휘 아래 근본적인 변화를 이루어냈다. 2015년에는 1조 350억 헤알의 75%가 대기업에 지원됐지만, 2017년에는 700억 헤알의 57%인 400억 헤알은 대기업에, 43%인 300억 헤알은 중소기업에 지원됐다. 이로써 BNDES는 명실상부 사회 인프라 관련 사업을 통해 대기업을 지원하는 동시에 시중은행들이 중소기업들에게 지속적으로 대출할 수 있는 구조를 만들었다.

떼메르 정부는 국영기업 운영법을 손보기 시작했다. 라바자또 스캔들이 발생한 근본적인 이유는 정경유착인데, 정부가 정당들을 포섭하기 위해 국영기업을 이용한 것이다. 실제로 국영기업 중 가장 큰 피해를 본 곳은 가장 규모가 큰 뻬뜨로브라스(Petrobras)다. 그 규모는 정확하게 집계되지 않았지만, 연방경찰에 따르면 최소 64억 헤알에서 최고 420억 헤알로 추측된다.[16] 그러나 뻬뜨로브라스는 빙산의 일각일 뿐, 더욱 큰 손실은 국영기업의 연금 채권들이었다. 2015년 한 해에만 연금 채권들은 총 487억 헤알의 적자를 기록했는데, 단순한 적자가 아니라 부패와 연루된 것임이 연방경찰의 '그린필드 작전'을 통해 드러났다.[17] 따라서, 개정되는 국영기업 운영법은 이런 상황을 전면 차단하기 위해 국영기업의 임원은 전문성이 보장된 사람 중 해당 분야에 4년 이상 경력을 지닌 사람으로 임명하기로 했고, 이전 3년간 정당을 비롯해 선거 캠페인에 참가한 사람은 배제하는 규정을 만들었다. 아울러 2016년 6월 통과된 국영기업법을 통해 '낙하산' 인사 배치를 전면적으로 금했다.

재정운영 및 노동개혁

3년 남짓한 떼메르 정부의 하이라이트는 바로 재정운영과 노동개혁이다. 먼저 재정운영을 보자면, 수년간 이어진 재정수지 적자를 타개하기 위해 특단의 조치가 필요했다. 앞선 FHC 정부의 재정책임법은 공무원 인건비 비율을 법으로 책정하고 연방정부의 승인 없이는 지방정부가 채권을 발행할 수 없도록 했지만, 정부의 재정수지 적자를 막기에는 역부족이었다. 이에 떼메르 정부는 정부의 재정지출상한선을 제정했다. 이 법안은 단순 입법이 아니라 헌법의 조항을 개정하는 법안으로, 정부의 행정부, 입법부, 사법부와 검찰, 법률기관들의 향후 20년간의 지출률이 전년도 소비자물가상승률을 넘지 못하게 하는 조항이다. PT와 더불어 진보진영에서는 이 법안을 '죽음의 헌법 개정안 (PEC da Morte)'이라고 비난했다. 대통령이라고 해도 재정지출을 원하는 대로 할 수는 없으니, 자연스럽게 행정부 사회의 주요 분야 투자가 축소될 것이라는 이유였다. 그래서 반대 진영에서는 이 법안이 통과되면 사회 취약층을 위한 보건, 사회 프로그램, 교육 관련 예산이 줄어들 것이라고 주장하며 설전을 펼쳤다.

이 법안은 구체적이고 엄격해, 만약 정부가 지출상한선을 넘으면 최저임금의 물가 반영 상승, 공무원 급여 동결, 신규 공무원 채용과 정부주도 금융지원 중단 등이 진행되도록 하였다. 즉, 브라질 정부는 더 이상 예외를 용납하지 않았고, 재정건전성을 보장하기 위해 지난 2000년의 재정책임법보다 더욱 엄격한 규율로 정부지출상한선을 정하였다. 이 법안이 시행된 결과, 브라질은 다시금 국제신용시장에서 신뢰를 회복해 갔다.

또 다른 대표적인 개혁은 바로 노동개혁이다. 정말 오랫동안 노동 관련 개혁은 금기시되어 어느 정부도 함부로 건드리지 못하였는데, 떼메르 정부는 매우 현명한 방향으로 약간의 조정을 통해 큰 효과를 보는 개혁에 성공했다. 떼메르표 노동개혁은 의회 의석의 3/5이 필요한 헌법 개정안 방식이 아닌, 법안 개정을 통해 이루어졌다. 법안은 통합노동법인 CLT를 전면적으로 개정하였다. 이를테면 노동조합이 아니라 노동자의 편리 중심으로 이루어진 것이다.

분야	이전 규정	새 규정
노조 회비	노조 회비는 의무적으로, 1년에 한 번 납부한다. 납부비는 노동자의 1일 임금으로 정한다. – 단, 노동자는 납부를 거부할 수 있으며, 거부할 경우 노조에 요청해야 한다.	노조 회비는 임의·자발적이다.
해고	직원을 해고할 경우, 기업은 지급한 근로자연금(FGTS)에서 40%의 벌금을 지급해야 한다.	직원을 해고할 경우, 기업은 지급한 근로자연금(FGTS)에서 상호 합의하에 20%를 지급할 수 있다.
근무 시간	근무는 일 8시간, 주 44시간, 월 220시간으로 제한되며, 잔업은 일 2시간까지 가능하다.	근무는 주 44시간, 월 220시간으로 하되, 일 12시간까지 가능하다. 단, 12시간 근무 시 36시간 휴식이 보장되어야 한다.

이외에도, 새 통합노동법은 프리랜서를 정규화하였고, 단기 근무 직종인 아르바이트 형식과 재택근무도 합법화하였다. 따라서 고용주에게는 다양한 방식으로 직원을 고용할 길이 열렸다. 노동 소송과 관련해서는 일부가 위헌 판정을 받았지만, 노동자가 고용주를 소송하고 재판에 참석하지 않을 경우, 노동자는 고용주의 변호 비용을 전면 부담해야 한다는 조항이 생겼다. 위헌 판정 이전에는 고용주에게 패할 경우에만, 노동자가 전체 비용을 부담했다.

마지막으로, 오랫동안 연방최고법원(STF)에서 소송이 진행되다가 2022년에야 합헌 판정을 받은 아웃소싱법이 있다. 아웃소싱법은 구체적으로 기업이 아웃소싱 업체 직원들을 고용 가능하게 만들었다. 이는 단순히 기업이 서비스를 고용하는 것을 넘어, 고용주가 아웃소싱 업체 직원들에게 직접 지시는 물론 관리·감독까지 할 수 있게 하는 개정안이었다. 새로 변경된 규정들 덕에 고용주들이 노동자 고용에 있어 포괄적인 선택권을 갖게 되어 브라질 기업 환경 개선에 일조하였다. 실제 고용은 크게 줄이지 않으면서도 휴가 비용, 13번째 임금, 30일 의무 휴가, 해고 시 근로자 연금 기반 벌금 지급 및 출금 등 노동자들이 기존에 보장받았던 주요 혜택들은 그대로 보존되었다.

떼메르 정부 결론

떼메르 정부는 약 3년이란 기간 동안 돌풍처럼 개혁을 진행했다. 대다수 개혁은 국민들이 체감할 수 있는 수준은 아니었지만, 현존하는 문제들을 해결하고 중장기 관점에서 브라질을 성장궤도로 올리기에는 충분했다. 다만, 이 모든 개혁은 이전 정부들에서도 충분히 가능했으나 아쉽게도 정치적인 지원이 부재해 추진되지 못했다. 각 정책은 이미 오랫동안 준비되어 있던 상황이라 대통령과 장관의 의지가 뒷받침되자 의회와의 원활한 소통을 통해 진행될 수 있었다. 특히, 이 기간 하원의장이었던 호드리고 마이야(Rodrigo Maia)와 떼메르 대통령을 비롯한 행정부, 개혁 주체가 된 부처의 장·차관들과의 호흡은 환상적이었다. 마이야 의장은 재무부 관계자들과 매주 만나 어떤 개혁을 추진할 것인지 티타임을 가질 정도로 적극적이었고, 노련한 떼메르는 이들이 원하는 것과 필요로 하는 것을 균형 있게 들어주었다.

그러나 2017년 5월 17일, 개혁은 일시적으로 동력을 잃는다. JBS 대주주인 조에슬리 바치스따(Joesly Batista)가 연방검찰에 제출한 떼메르 대통령과의 통화 내용 때문이었다. 라바자또 작전으로 구속되어 있던 에두아르두 꾸냐(Eduardo Cunha) 전 하원의장의 입막음을 위해 조에슬리가 계속해 돈을 지급했는데, 떼메르 대통령이 이를 암묵적으로 유지해야 한다고 한 것이다. 결국 야당은 꾸냐가 지우마 전 대통령의 탄핵에 앞장선 데에는 떼메르와 직접적인 연관이 있다고 주장하며 의회에 탄핵안을 추진하였지만, 떼메르의 강력한 의회 장악력 덕분에 실제로 추진되지는 않았다. 언론이 '조에슬리 데이(Joesley Day)'라 명명한 이 사건의 여파로 브라질 주식시장에서는 서킷 브레이크(Circuit Breaker)가 발동되었고, 8.8%가 하락하였다. 반면 환율은 하루 만에 8.15%가 치솟아 20년 만에 일일 최고 기록을 세웠다. 이후, 떼메르 정부는 사실상 개혁 동력을 잃었고, 가장 중요했던 연금개혁을 진행하지 못하였다.

당시 연금개혁이 화두였던 이유는 통합재정수지를 안정적으로 운영해야 했기 때문이다. 이미 불어날 대로 불어난 지출을 조정하려면 꼭 필요한 개혁이었다. 그러나 결국 다음 정부의 몫으로 남긴 채, 떼메르 정부는 3년이라는 임기를 마치게 된다. 떼메르 대통령은 남은 임기를 잘 마무리하여 다음 대선을 노리고자 하였지만, 10% 남짓이었던 긍정 여론이 조에슬리 데이를 통해 반 토막이 나고 말았다. 그러나 당시 연금개혁이 통과되었다 하더라도 떼메르는 국민들에게 외면당했을 것이다. 애초에 국민들은 떼메르를 원해서 지우마를 탄핵한 것이 아니었다. 오히려 떼메르도 PT당처럼 부패한 세력으로 인식됐다. 그는 진보진영에서는 배신자이자 쿠데타를 이끈 자로, 보수진영에서는 양 진영을 왔다 갔다 하는 부패한 정치인으로 여겨졌다.

자신에 대한 여론이 좋지 않자 떼메르는 결국 대선 출마를 포기했고, 재무부 장관인 메이렐레스를 밀어주었다. 1993년 FHC 재무부 장관이 1994년 선거에서 대통령에 당선된 것처럼 메이렐레스라면 가능할 것이라는 판단이었다. 그러나 이들이 진행한 개혁들이 시장에 긍정적인 결과를 가져왔음에도 불구하고, FHC가 초인플레이션을 잡은 성과에는 비교할 수 없었다.

○ 〈그래프 1.2〉 분기별 GDP 성장률

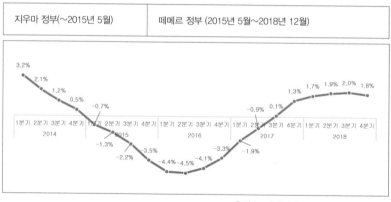

출처: 브라질지리통계원(IBGE), ibge.gov.br

떼메르 정부는 정치적인 입지가 줄어든 2017년 5월 이후로 원래 추진하고자 했던 개혁들과 민영화를 시작하지 못했다. 더욱이 2018년에는 대선이 있었기 때문에, 대선을 앞두고는 큰 개혁을 진행하지 않는 의회의 관례에 따라 당시 정부 추진 사업은 사실상 멈춘 것이나 마

벌거벗은 브라질 경제사

찬가지였다. 여기에 엎친 데 덮친 격으로, 그해 5월에는 트럭 운전자들이 뻬뜨로브라스의 디젤 가격 인상으로 파업을 진행하여 국가 경제가 혼란해졌다. 그럼에도 2016년에 도입된 개혁들이 2017년부터 효과를 보기 시작하였고, 오랫동안 마이너스 성장을 하던 브라질 경제에 청신호가 켜진다. 만약 국제유가 상승으로 인한 트럭 운전자들의 파업과 이어진 정치스캔들로 정부가 개혁 동력을 잃지만 않았다면, 2018년에는 더 큰 성장을 이루어 냈을 수도 있다.

볼소나로 정부(2019~2022년):
보수와 개혁의 양면성 정부

    14년간 국정을 운영했던 PT당은 부패의 상징으로 인식되면서 2016 년 지방 선거(시청, 시의회)에서 참패하였다. 당시 상파울루 시장 재선 을 노리던 PT당의 페르난도 아다지(Fernando Haddad)는 1차 선거에서 16.7%를 득표했는데, 이는 사업가이자 정치 신인인 조엉 도리아(João Doria)의 53.29%에 비하면 처참한 기록이었다. 더욱이 직전 선거였던 2012년, 당시 여당이었던 PSDB 브라질 사회민주당의 노련한 정치인 조세 세하(José Serra)를 가볍게 눌렀던 것과 달리 재선 선거에서 치욕 적인 패배를 당한 것이다. 이는 당시 PT당의 위상이 어디까지 추락했 는지를 보여주는 사건이었다. 그리고 결국 2016년, PT당은 라바자또 스캔들로 대표되는 부패한 모습으로 인해, 지우마 대통령 탄핵과 무 능한 국정운영을 선보인 정당에게 무너졌다.

    이러한 정국에서 2018년 대선이 다가왔다.

    오랫동안 PT의 반대편에 선 제1야당인 PSDB는 일찍부터 준비하 고 있었다. PSDB는 이미 대선에서 3차례나 PT당에 패했는데, 이 시기에는 2006년 룰라에게 참패한 상파울루 3선 주지사 출신 제라우도 알키민(Geraldo Alckmin)을 후보로 내세웠다. 이들은 2018년 대선을 절호의 기회라 여겨 다양한 정당들과 연립하여 선거를 준비했다. 룰라 전 대통령 구속으로 당시 진보진영에는 사실상 리더가 부재했고, 이미 이전 선거에서 3, 4위를 거둔 후보들이 몸을 풀고 있었다. 전 재무부 장관이자 대선 후보로 2차례 나서기도 했던 세아라 주지사 시로 고메스(Ciro Gomes)는 이론과 실무를 겸비한 정치인으로, 경제 분야에서 국가의 적극적 개입을 주장했다. 그는 룰라 전 대통령과 PT를 부패한 정치 세력으로 규정하며 지지를 호소했다. 룰라 정부에서 환경부 장관을 지내고 2010년 대선에서 결선 투표 직전까지 갔던 마리나 실바(Marina Silva)도 비슷한 자세를 취하고 있었다. 그러나 당시 국민들은 모든 정치 세력을 불신했다.

이 틈을 타 빠르게 치고 올라온 후보가 바로 자이르 볼소나로(Jair Bolsonaro)다. 볼소나로는 부패 청산과 정치 개혁을 주장하며, 직설적이고 과격한 발언을 서슴지 않았다. 국민들은 그의 발언을 사이다라며 환호했다. 보통 정치인들처럼 몸을 사리거나 이념 또는 이상주의에 젖은 발언만 하는 것이 아니라 현실적인, 국민이 하고 싶었던 말을 대신했기 때문에, 대중적으로 알려지지 않았던 그의 위상이 조금씩 올라가기 시작했다. 그렇게 볼소나로는 여당에도, 제1야당에도 속하지 않은 개인으로서, 주류 언론이 아닌 곳에서 인터뷰를 했고, 라디오나 토크쇼에 참석하여 서민적인 모습과 국민 눈높이에 맞춘 언어로 대중을 사로잡아 갔다.

한편, PT는 구속된 룰라 전 대통령의 출마가 불가능해지자, 그나마 대중적인 인지도를 갖고 있던 인물이자 2012년부터 4년간 상파울루 시장직을 역임한 USP 법대 교수 출신 페르난도 아다지를 후보로 내세운다.

볼소나로 후보는 룰라 전 대통령이 포함된 여론조사에서는 줄곧 2위였지만, 대선을 2개월 앞두고 룰라 전 대통령의 출마가 불가능해지자 바로 1위로 올라선다. 9월에는 유세 중 흉기로 피습당하는 일이 있었는데, 이를 계기로 지지율은 더욱 견고해졌다. 결국, 그는 결선 투표에서 55.13%의 지지를 받아 대통령에 당선된다. 여기서 주목할 점은, 볼소나로는 여러 정당과 연립하지 않았다는 것이다. 따라서 볼소나로는 처음으로 여러 정당의 이해관계에 묶이지 않은 대통령으로서 자신이 원하는 인사를 장관직에 임명할 수 있었다.

주요 개혁: 연금개혁, 중앙은행, 민영화

볼소나로 정부를 판단하려면 두 부분으로 나누어 보아야 한다. 바로, 연방의회 1기 의장과 2기 의장이다. 여느 민주국가와 마찬가지로 브라질도 행정부에서 법안을 통과시키려면 의회의 절대적인 지지가 필요하다. 그러나 23개 정당(총 32개 정당이 있음)으로 분산되어 있는 의원 절반 이상의 찬성을 받아내기란 결코 쉽지 않다. 의원들은 자신이 속해 있는 지역과 그룹의 정치적인 이해 등 광활한 브라질 땅만큼이나 복잡하고 다양한 이해관계로 움직이기 때문에 어떠한 협상도 쉽지 않앉고, 의회 의장들의 의지와 관심이 절대적으로 필요했다. 특히, 브라질은 정당 간의 합의가 아닌 각 의장의 의지대로 의제가 선정되기 때문에 이들과의 잘 화합하는 것이 매우 중요하다. 볼소나로 정부의 제1기(2년) 상원의회 의장은 다비드 알꼴룸브레(David Acolumbre)였고, 하원의회 의장은 호드리고 마이야(Rodrigo Maia)였다. 마이야 의장은 이미 전임 정부 하원의회 의장으로서 떼메르 대통령과 환상적인 호흡을 맞춘 터라 시장의 기대감은 매우 컸다. 알꼴룸브레 의장은 당시 41세의 젊은 정치인으로 개혁이 가능하다고 보았다. 볼소나로 정부 경제팀 수장은 빠울로 게지스(Paulo Guedes)로, 시카고 대학교에서 경제학 박사 학위를 받은 전문가였지만, 학계나 시장에서는 아웃사이더로 평가받는 인사였다. 또한, 그와 함께 금융·통화정책을 책임질 중앙은행장으로는 산탄데르(Santander) 은행의 임원이었던 호베르또 깜뽀스 네또(Roberto Campos Neto)가 임명된다.

볼소나로 정부는 첫해에 마이야 의장과 합심하여 연금개혁을 통과시키는 큰 결과를 냈지만, 이후 양측이 불협화음을 일으키면서 많은 개혁이 멈춰버렸다. 이렇게 되자 볼소나로는 의회 권력을 넓혀가기 위해 초기 내각 구성 때와는 달리 하반기에는 장관직과 정부 주요 요직에 여러 정당과 협의를 통해 다양한 정당의 인사들을 임명했다. 그 결과, 하반기 하원의장에는 자신이 원하던 인사인 아르뚜르 리라(Arthur Lira)가 당선되어, 다시금 개혁을 이어갈 수 있었다.

정부 초기, 경제부 장관 게지스는 통합재정수지를 안정화하기 위해 당장 시급했던 연금개혁안을 내세웠고, 의회가 긍정적으로 받아들이면서 합심하여 개혁안을 통과시키고자 노력했다. 연방정부의 연금 관련 지출 규모는 이미 오래전부터 30%를 넘겼고, 해마다 12% 이상 그 규모가 커지고 있었다. 젊은 브라질 국민 연령층을 고려한다면 수년 내에 큰 문제로 돌아올 것이 분명했다.

○ 〈그래프 1.3〉 연금 지출. GDP 및 총지출比

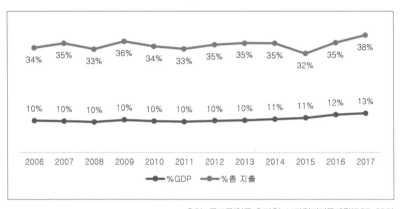

출처: 국고국(연금 총지출), 브라질지리통계원(IBGE, GDP)

2019년 10월 23일, 약 8개월 만에 통과된 연금개혁은 가장 큰 문제로 여겨졌던 은퇴 연령을 설정하여 젊은 나이에 은퇴하는 상황을 예방하는 조치가 되었다. FHC 정부에서도 연금개혁안을 통해 은퇴 연령 조정을 시도했지만, 막판에 불발되었다. 그러나 브라질의 연금 지출이 GDP의 13% 수준으로 전 세계에서 가장 높은 데다가 국민의 8%가 노인임을 고려하면 은퇴 연령은 반드시 손봐야만 하는 상황이었다. 이에 따라 은퇴 최소연령을 남성 기준 65세부터 최소 20년간 연금을 지급하고 여성은 62세부터 최소 15년간 지급하는 것으로 재설정하였다. 이전에는 브라질 국민의 평균 은퇴 연령은 남성 57세, 여성 53세였다.

그러나 전문가들이 반드시 필요하다고 주장했던 개인 부담 보험방식 적립을 시행하지 못했다. 또한, 지방 정부의 연금개혁을 자율에 맡김으로써 '반쪽짜리 개혁안'이라는 비판을 받는다. 이유가 뭘까? 먼저, 은퇴를 늦추고 연금 수령 조건을 대폭 강화하는 것으로는 국민 대다수가 아직 매우 젊고 환경과 출산율이 하락하여 노동인구가 줄어들고 있다는 근본적인 상황을 극복할 수 없다. 추후 결과에 따라 또 다른 연금개혁을 해야 하는 상황이 된 것이다. 또한, 연금개혁을 지방 정부가 자율적으로 추진하게 한 방안은, 여전히 재정수지 문제를 노출한 셈이다. 연방정부가 보다 포괄적으로 지방 재정까지 살필 수 있는 공통연금 조건을 구성해야 했지만, 이는 의회의 반대가 너무 거세 불가능했다.

중앙은행의 독립은 볼소나로 정부에서 이룬 중요한 개혁 중 하나이다. 1944년 브레턴우즈 협정을 통해 제2차 세계대전 이후 국가의 금융 및 통화정책 최고 권위기관인 중앙은행을 설립 또는 이미 설립되어 있는 국가들은 그 역할의 강화에 합의했으나, 브라질은 협정 21년이 지난 1965년에야 중앙은행을 창설했다. 심지어 이마저도 독립적인 성격이 아니라 시중 국영은행인 브라질은행(Banco do Brasil)과 일부 업무는 중복 운영되었다. 1985년, 사르네이 정부에 들어서야 비로소 브라질은행에서 완전히 독립하였다. 이후 1994년, 국가통화위원회(Conselho Monetário Nacional, CMN)가 재무부 장관, 기획예산처 장관, 중앙은행만 참석하는 위원회로 개편되면서 그 독립성이 강화되었다.

브라질 중앙은행은 총재와 8명의 국장으로 구성되며, 전원 대통령의 제청과 상원의회 청문회의 승인을 통해 임명된다. 2021년 2월 통과된 '브라질 중앙은행 독립법'은 총재를 포함한 중앙은행 핵심 인사 9인의 임기를 4년간 보장하고, 대통령 임기와 연계하지 않게 하였으며, 국장은 1년에 2명씩 임명할 수 있게 하였다. 이를 통해 정부가 바뀌어도 독립적으로 일할 수 있는 여건을 갖추었다. 중앙은행은 특정 정부 부처 산하 기관이나 연계 기관이 아닌 독립된 기관으로서, 물가 목표와 기준금리에 대한 결정권을 가지게 되었다.

또 하나 주목할 점은 바로 민영화이다. 민영화를 통해 4년간 총 1조 헤알을 거둬들이겠다는 게지스의 목표는 달성되지 않았지만, 정부는 약 3,042억 헤알 규모의 민영화를 이루어냈다. 전기회사인 엘레뜨로브라스(Eletrobrás)의 민영화가 대표적인 예로, 약 670억 헤알 규모이다. 그러나 기존에 계획했던 우체국 꼬헤이오스(Correios)의 민영화는 실패했고, 대다수 민영화 자금이 정부가 보유한 지주회사의 주식 판매로 들어온 것이라 반쪽짜리 성과에 불과했다.

볼소나로 정부의 결론

볼소나로 정부는 17년 만에 당선된 보수 정부였다. 자유주의 경제를 표방하며 시장 중심으로 경제를 운영한다는 철학으로 출범했지만,

세 가지 큰 개혁을 이루어 내지 못한 것은 아쉬움으로 남는다.

첫째, 조세개혁에 실패했다. 브라질의 조세 시스템은 복잡하고 비효율적이며, 다각적인 소득세와 소비세를 통해 서민들이 더 높은 비율의 세금을 내고 있어 조세 형평성도 문제였다. 조세개혁은 연방정부만의 문제가 아니라 지방 정부의 이권이 개입된, 매우 복잡하고 첨예한 문제로, 그 어떤 정부도 쉽게 손대지 못한다.

둘째, 무역 개방 실패다. 게지스 경제부 장관은 일명 '슈퍼 장관'으로 평가받았다. 기존 정부의 재무부, 기획예산부, 통상산업개발부를 통합한 경제부의 장관으로서 브라질의 산업화와 생산성 향상이라는 임무를 맡았다. 취임과 동시에 국제관계 전문가인 외교관 출신 마르코스 트로이조를 대외무역 특별 차관으로 임명해 메르코수르와 유럽연합 EU 협약을 끌어냈지만, 딱 거기까지였다. 결국 게지스 장관은 무역 개방과 관련해 큰 발전 없이 4년 임기를 마감했다.

셋째, 행정개혁도 하지 못했다. 브라질 정부는 이미 오랫동안 재정수지 적자를 겪고 있었다. 공무원 인건비를 함부로 올리지 못하도록 2001년 재정책임법이 도입되었지만, 이마저도 여러 편법 때문에 무용지물이었다. 2020년 9월, 볼소나로 정부는 헌법 개정안을 통해 행정개혁을 준비했지만, 정치력 부재로 진행하지 못하였다.

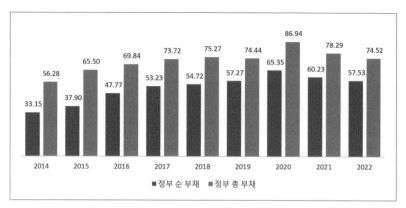

○ 〈그래프 1.4〉 브라질 정부 부채(%) GDP

출처: 중앙은행, www.bcb.gov.br

긴급재난지원금 때문에 지난 정부에서 만든 재정지출상한제를 훌쩍 넘기면서 정부 부채가 정권 초기 GDP의 70% 수준에서 최고 89%까지 치솟았고, 2022년 12월 80% 수준으로 내려갈 것으로 보인다. 이는 신흥 국가들과 비교하면 매우 위험한 수치로, 브라질 정부로서는 1차 산업을 제외한다면 마땅한 돌파구가 없다는 것이 더욱 문제다. 결국, 차기 정부는 세수를 늘리기 위해 조세개혁을 포함해 정부 예산을 보다 효율적으로 운영할 전략을 세우고, 구조적인 개혁을 통해 단기적으로 지출을 줄여야 한다.

코로나19 범유행으로 브라질 정부의 실력이 표면으로 드러났다. 구체적으로는 전 국민 대상 무상의료제 프로그램인 국민의료통합서비스(Sistema Único de Saúde, SUS)의 한계가 드러났고, 무역과 관련해 여전히 시장 환율 제어가 제대로 작동하지 못해 공산품 가격 상승으로 물가도 불안정해졌다. 또한, 자국 생산력의 한계로 시장에 제품이 부족해지기에 이르렀다.

○ 〈그래프 1.5〉 분기별 GDP 성장률

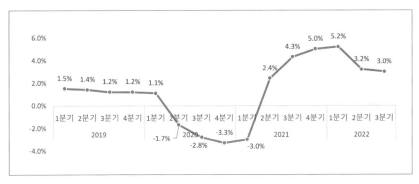

출처: 브라질지리통계원(IBGE), ibge.gov.br

볼소나로 임기 동안의 GDP 성장동력은 1차 산업인 농업에 있었다. 농업 분야는 코로나19 범유행이라는 호황을 통해 연평균 20% 이상의 성장률을 기록하였다. 반면 서비스 산업의 성장률은 5% 미만에 그쳤다. 실업률은 14%까지 치솟았지만, 2021년 경제성장과 더불어 지속적으로 떨어져 2015년 이후 최저 수준인 8.5%를 기록하였다.

볼소나로 정부는 충분히 재선할 수 있었다. 코로나19 사태는 정부의 개혁 동력을 멈추게 하였지만, 독립적인 중앙은행이 다른 중앙은행들보다 빨리 기준금리를 올렸고, 정부 역시 국민의 약 40%에 달하는 비정규직 노동자들에게 3개월간 월 600헤알을 지급했으며, 2년간 공무원의 임금을 동결했다. 그러나 헤알의 환율이 인상되면서 자국 공산품 수입에 절대적인 영향을 받는 브라질의 특성상 시장 가격은 조금씩 올랐고, 정부에서는 다방면으로 긴급재난지원금 지급 기간과 규모를 늘려갔다. 그러나 볼소나로 대통령은 경제를 위해 코로나19 상황을 전면 부정했고, 지휘부로서 연방정부와 지방 정부의 연속적인 대립을 제어하지 못하였으며, 결정적으로 행정부의 시행령에 사법부가 과도하게 개입하면서 대통령의 리더십에 큰 타격을 입었다. 이로 인해 국민은 세 갈래로 나뉘었다. 30%가 넘는 대통령의 콘크리트 지지층, 지난 대선에서 40% 넘는 득표를 보인 진보진영, 부패를 멈출 것이라고 믿고 표를 던진 중도층이다. 이런 상황에서 2022년 룰라 전 대통령이 출마하면서 볼소나로 대통령은 지방 정부 선거와 의회 선거에서 비교적 우수한 성적을 거뒀음에도 불구하고 1.8%(약 290만 명) 차이로 패배한다.

성장을 위해 해결해야 하는 문제들

브라질 정부의 가장 시급한 개혁은 재정운용의 틀인 재정 프레임워크를 바로 세우는 것이다. 브라질은 2001년부터 자신들이 도입한 여러 재정 준칙을 스스로 어겨왔다. 국제사회에 통용되는 기초재정수지준칙(Primary Budget Balance Rule)과 국가채무준칙(Debt Rule), 지출준칙(Expenditure Rule) 등이다. 특히, 기초재정수지준칙 문제가 시급하다. 정부의 가용재정이 부족하다 보니 매번 특정 지출을 늘리기 위해 수입 자동 연계를 해제하는 법안들을 필요에 따라 의회에서 통과시키기 때문이다. 국가채무준칙을 잘 지키도록 재정책임법을 도입함으로써 연방정부는 공무원 인건비로 예산의 60% 이상을 지출하지 못하게 하였고, 수입 출처가 분명해야만 지출이 가능하게 하였다. 그러나 연방최고법원(STF)에서는 늘어나는 인건비 때문에 지급 비용을 조정하려 했던 정부의 결정을 위헌으로 판정하였다. 이는 행정부가 세운 구체적인 규칙에 대해서도 국민의 이익과 관련된 경우 사법부가 언제든지 개입할 수 있음을 보여준 것이다. 그리고 2017년 개정한 국가채무준칙은 나름대로 예외와 편법을 방지한 법이었다. 그러나 코로나19로 인한 피해를 보완하기 위해 사회복지 지출을 늘리면서 이마저도 무용지물이 되었고, 또다시 경제 사정 악화를 핑계로 2022년 연말 새로운 헌법 개정안이 통과되었다. 결국, 모든 규칙이 완전히 무너져 버리는 상황까지 오게 된다.

그렇다면, 정부의 수입을 늘릴 방법이 과연 있을까? 이 질문에 답하려면 브라질의 생산성에 대한 토론이 필요하고, 생산성 향상의 기본적인 조건을 갖추기 위해 조세개혁이 시급하다. OECD에 따르면, 브라질은 이미 신흥 국가 중 세금 비율이 높은 나라 중 하나다. 2020년, 브라질의 GDP 대비 세금 비율은 31.6%에 달했다. 그중 60% 이상은 소득세, 공산품세, 사회보장세, 수입세로 구성된 연방세였다. 나머지는 주 정부의 유통세, 시청의 서비스세와 자산세다. 특히, 브라질은 자산과 서비스세가 12.1%로, OECD 평균인 7.1%보다 월등히 높으며, 세금 감면 역시 4.4%로 OECD 평균보다 1.1%가 높다.[18] 브라질 정부에는 다양한 세금 감면 관련 프로그램이 있는데, 대표적인 것은 두 가지다. 하나는 연 매출 480만 헤알 이하의 중소기업을 대상으로 다양한 세금을 하나로 묶어서 받는 심플리스 나시오날(Simple Nacional)이다. 대표 부문인 상업, 산업, 서비스로 나누어 적게는 매출의 4%에서 17.42%까지 받는다. 연방정부는 이를 통해 약 818억 헤알의 세금을 감면해 주었다. 다른 하나는 마나우스 지역에 설치된 '마나우스 자유무역지대'이다. 마나우스 자유무역지대에 지원된 세금 감면은 총 475억 헤알에 이른다. 1957년 아마존 지역에 공급기지를 유치하고자 조례안을 통과시키면서 세금 감면이 시작되었고, 무역이 개방되면서 본격적으로 산업기지를 유치하기 위해 수입세, 수출세, 공업세 등을 100% 감면하였으며, 유통세와 토지세도 일부 감면해 준다.

그렇다면 두 프로그램의 지속가능성에 대해서는 얼마나 많은 토론과 연구가 진행되고 있을까? 마나우스 자유무역지대는 설립된 지 이미 60년이 넘었지만, 이 지역은 여전히 산업기지들의 생산으로 먹고 살고 있어 독자적으로 다른 산업을 개발하거나 인프라를 구축하지는 못했다.

브라질의 산업생산기지 평균 임금 비율은 11%인 반면, 마나우스 지역에 설치된 600개 기업의 임금 비중은 5%밖에 되질 않는다. 이들의 절반 이상은 최저임금의 2배 되는 규모로 임금을 받기 때문에, 실제로 낮은 수준의 노동력을 사용한다는 의미가 된다.[19] 마나우스 자유무역지대는 2007년 끝나기로 되어 있었지만, 종료 시기마다 연장되었다.

심플리스 나시오날 프로그램도 마찬가지다. 조세와 관련해 근본적인 간접세 문제를 해결해야 하는데, 정부는 이 문제를 외면하고 있다. 프로그램을 통해 배운 것을 토론하고 제도를 개선하기보다는 현 상태를 유지하려 한다.

마지막으로, 생산성 관련해 기본적으로 지원되어야 할 분야는 인프라다. 세계경제포럼(World Economic Forum)이 발표하는 글로벌 경쟁력 지수(GCI)에서 브라질은 138개국 중 71위를 기록하였다. 이는 중남미에서 멕시코, 콜롬비아, 페루, 우루과이에 뒤처진 것으로, 브릭스 국가 중 꼴찌이다.[20] 이 문제를 해결해야 한다는 공감대는 형성되어 있지만, 재원을 어떻게 마련할 것인지, 그 과정에서 비효율적으로 집행되는 예산과 부패 문제를 어떻게 해결할 것인지에 대해서는 매우 무책임한 자세를 보인다. 2010년 이후 지우마 정부는 인프라 분야에 대대적으로 투자하기 위해 나섰지만, 모든 것은 정부주도하에 이루어졌다. 그나마 민간투자가 들어올 수 있도록 마련한 것이 민관협력사업인 PPP지만, BNDES를 통해 추진한 야심 찬 프로젝트는 모두 실패하였다. 그나마 떼메르 정부에서 통과된 PPI, 즉 민관협력투자를 통해 민간투자의 길을 열어놓긴 했지만, 갈 길이 먼 것이 현실이다.[21]

모든 분야의 전문가들이 이구동성으로 "브라질이 발전하려면 반드시 교육 문제를 해결해야 한다."고 주장한다. 그러나 지우마 대통령이 당선되면서 외친 "교육의 국가(Patria Educadora)"라는 구호는 지난 정부들과 똑같은 과오를 반복하는 데 그쳤다. 브라질은 오랫동안 산업화라는 명목으로 기초교육보다는 대학교육에 투자를 늘려왔다. 기초교육은 성과가 단기간에 나오지 않으니 대학교를 늘려 산업화를 독려하고 시장에 더 많은 재원을 만드는 편이 보다 효율적이라고 판단한 것이다. 그러나 GDP의 약 1.3%를 투자한 대학교는 소득 상위 25%가 전체 학생 수의 47%를 차지한다. 더 자세히 들여다보면, 브라질은 대학생 1명을 가르치기 위해 연 1만 4,261달러를 투자하고 있다. 2021년 브라질의 1인당 국민소득이 7,518달러임을 고려하면 엄청난 비용을 투자하는 것이다. 반면 기초교육에는 1인당 연 4,000달러 투자에 그치고 있는데, 이는 OECD 평균인 약 9,500달러와 비교해 한참 부족한 금액이다.[22] 그럼에도 브라질은 오랫동안 이러한 현상을 부정해왔다. 1964년 군정 때부터 조세개혁을 통해 지방 정부의 세수가 줄어들고 기초교육 과정이 부실해진 것은 명백한 사실이다. 1989년 개헌 당시에는 보편적인 상급 교육을 단순히 무료 대학교를 통해 진행하려 했다. 오늘날 정부 운영 대학교들은 무료지만, 학생 상당수가 상류층에 속해 있다는 것은 분명한 문제이다. 특히, 이후 정부들도 교육의 질을 높이기보다는 졸업자를 배출하는 데 초점을 맞추었고, 단순히 상급 교육에 투자를 높여 연방 대학교와 사립대학교의 숫자만을 늘리는 '양적성장'만을 이루었다.

그렇다면, 역사의 순간 속에서 브라질은 어떠한 결정들을 해왔으며, 사회는 어떻게 변해왔을까? 다음 장에서는 브라질이 발견되는 순간인 15세기부터 혼란스러운 정국을 수습한 떼메르 정부 시작 전, 지우마 대통령 시기까지 살펴본다.

〈브라질 커피 농장〉

2

브라질 경제:

식민지에서,
브라질 제국, 공화국설립까지

(1492~1934년)

역사적인 사건

1500년 4월 22일	뻬드로 알바레스 까브라우(Pedro Álvarez Cabral), 브라질 발견
1501년	빠우 브라지우(Pau Brasil) 수출 시작
1526년	사탕수수 수출 시작
1539년	뻬르남부꼬(Pernambuco), 첫 흑인 노예 선박 브라질 도착
1587년	인디언 노예화 시작
1645년	포르투갈 왕국, '브라질주'로 명명
1697년	금 발견
1709년	광산개발 시작
1755년	인디언 노예금지법 제정
1760년	금광의 시대 종료
1807년 11월	포르투갈 여왕 동 마리아 1세와 섭정 동 조엉, 나폴레옹을 피해 브라질로 피신
1808년 10월	방꼬 도 브라질(Banco do Brasil) 창립
1815년 12월	포르투갈-브라질, 알가르브 연합 왕국 선포
1821년 1월	동 조엉 6세 포르투갈로 귀환
1822년 1월	동 조엉 6세의 아들 동 뻬드로, 브라질에 남기로 선언
1822년 9월 7일	브라질 독립 선언. 브라질 제국 선포
1825년 12월 10일	브라질, 우루과이 및 아르헨티나 대상 전쟁(전쟁 후 우루과이 독립)
1829년	방꼬 도 브라질(Banco do Brasil) 파산

1845년	에버든법 제정. 노예 선박 나포 가능
1850년	브라질, 노예 유입 금지법인 '에우제비오 께이로스법' 제정
1850년	커피 시대 시작
1864~1870년	파라과이 전쟁
1888년	아우레아법(Áurea法) 제정으로 노예 전면 해방
1889년 11월 15일	군사 쿠데타로 공화국 선포 및 브라질 제국 멸망
1890~1891년	공화국 선포 이래 첫 경제위기(Crise de Encilhamento)
1898년	외채로 인한 펀딩로언(Funding Loan)
1905년 12월 30일	방꼬 도 브라질(Banco do Brasil) 국영시중은행 재창립
1906년 2월 26일	커피 수출 피해액을 연방정부가 지원하는 따우바떼(Taubaté) 합의안
1914~1918년	제1차 세계대전
1914년 10월	외채로 인한 제2차 펀딩로언
1926년	상파울루주 커피 재단, 커피 가격 보호 위해 런던 은행들로부터 대출
1929년 10월 11일	커피 가격 보호 정책 폐지. 커피 가격 1/3로 떨어짐
1929년 10월 29일	뉴욕 증권시장 주가 대폭락으로 월스트리트 대폭락과 대공황

"가난한 국가에 가장 위험한 것은
바로 비처럼 내리는 돈이다."

- 셀소 프루따도(Celso Furtado, 1920~2004년), 브라질 기획부 장관(1962~1963년)

아메리카 대륙의 발견은 당시 지중해의 패권을 차지하고 있던 베네
치아와 제노바를 피하고자 새로운 항로를 찾고 있던 영국, 포르투갈,
스페인의 적극적인 개척이 있었기에 가능했다. 이때가 바로 '대항해
시대'라 불리는 시기이다. 이때 적극적으로 탐험에 나선 국가가 포르
투갈과 스페인이었다. 포르투갈은 아프리카 남단을 거쳐 인도까지의
항로를 개척했고, 스페인은 아메리카 대륙을 발견했다. 브라질은 이
과정에서 포르투갈의 뻬드로 알바레스 까브라우(Pedro Álvares Cabral)가
발견하면서 세상에 알려진다. 그때가 1500년이었다.

1500년대 초기, 브라질은 '떼하 두 산따 끄루즈(Terra do Santa Cruz)'

라 불렸다. 이곳을 통치하기 위해 포르투갈은 해안가 중심에 총독령부(Capitania do Mar)를 설치했는데, 포르투갈 동쪽 해안가의 마데이라(Madeira)와 아쏘르스(Açores) 섬까지가 통치 구역이었다. 브라질에서 먼 곳에 총독령이 있는 것을 보면, 당시 브라질은 아프리카에 비해 경제적인 가치가 낮았다고 봐도 될듯하다.

　포르투갈의 브라질 식민 정책은 거주가 아닌 탐색형으로, 초반에는 브라질에서 자유로운 채취와 발굴 활동은 할 수 없었다. 이들은 해안가 중심의 뚜삐(Tupi), 지금의 빠라나주 중심에 있었던 과라니(Guarani), 일부 북쪽과 중동부를 차지한 제(Jê) 부족과의 협약을 통해 원자재를 추출했다. 역사가들은 일부 인디언 부족들이 포르투갈 측과의 협약을 통해 자신들의 부족을 세력화할 수 있다고 믿었기에 적극적으로 협력했다고 본다.

첫 경제 활동:

빠우 브라지우, 사탕수수와 노예무역

15세기 유럽에서 가장 값비싼 물품은 인도에서 나온 향신료들이었다. 이 향신료들은 오늘날의 석유와 같은 부의 원천이었다고 봐도 무방할 정도다. 다양한 향신료는 음식의 풍미를 끌어올려 유럽인들이 선호했다. 포르투갈인들은 아프리카를 통해 인도항로를 개척했지만, 정작 브라질에 기대했던 향신료가 없어 매우 실망했다고 한다. 그러다가 발견한 것이 바로 빠우 브라지우(Pau Brasil)였다. 빠우 브라지우는 건설용으로 많이 쓰였고, 이 나무의 진으로 개발한 염료로 빨간 원단을 만들 수 있어 왕족들의 망토에 유용하게 사용됐다. 향신료만큼은 아니더라도 상당히 유용한 노다지를 발견했다고 느꼈는지, 포르투갈은 브라질에서 거의 멸종될 정도로 빠우 브라지우를 쓸어갔다.

빠우 브라지우가 거의 떨어지자 포르투갈은 새로운 아이템을 찾아야 했다. 그렇게 찾아낸 것이 바로 사탕수수였다. 당시 유럽에서는 설탕이 유행했지만 매우 귀했다. 그러니 브라질에서 발견한 대량의 사탕수수는 포르투갈 입장에서는 또 다른 호재를 만난 셈이었다. 포르투갈은 브라질에 대규모 사탕수수 농장을 운영하기 시작했다. 자신들만으로는 노동력이 턱없이 부족했기에 아프리카 노예들을 이용했다. 이때부터 자연스레 노예무역이 활성화됐다. 17세기 초, 포르투갈 전체 세입의 5%를 차지할 만큼 설탕은 중요한 농업품이 되었다.

브라질 경제 역사는 단순히 브라질 내의 경제 활동만으로는 설명할 수 없다. 브라질은 탐색형 식민지라 포르투갈의 절대적인 지배하에 있었기 때문에, 포르투갈과 유럽 국가들과의 무역을 같이 살펴봐야만 올바른 분석이 가능하다.

중세가 지난 후, 포르투갈 경제는 농업(와인, 곡물)과 군사 활동이 주를 이루었다. 특히 무역에 매우 적극적이었고, 당시 처음으로 벨기에 브뤼허에 포르투갈 상품 전시회를 개최하기도 했다. 그리고 영국이 단일국가가 되기 전부터 와인, 올리브, 어류를 철이나 천과 거래했다.

사탕수수에서 시작된 설탕의 시대에서는 두 가지 측면을 살펴봐야 한다. 첫째, 브라질의 사탕수수 농장들은 브라질 개발을 위해 지어진 것이 아니라 100% 수출기반의 농장들이었다는 점이다. 둘째, 인구 관점에서 살펴봐야 한다. 농장들을 유지하기 위해 포르투갈은 많은 노예가 필요했다. 산업의 발전으로 브라질은 자연스럽게 인구가 늘어났다. 아프리카 노예를 인디언보다 선호한 이유는, 인디언들은 일을 하다가 마음에 맞지 않으면 자신의 부족이 있는 정글로 가버리면 그만이지만, 고향 땅을 멀리 떠나온 데다가 수명이 짧았던(당시 평균 30대) 아프리카 노예들은 오갈 곳 없으니 일만 하다가 생을 마무리했기 때문이다.

북동쪽(Nordeste) 중심으로 사탕수수 농장들이 잘나가면서 내수 시장이 형성되기 시작했다. 특히 내륙인들의 거래가 생겨났는데, 주요 물품은 가죽, 콩, 쌀, 까샤사(전통주) 등이었다. 당시 식민 브라질의 경제 성장률이 본국인 포르투갈보다 높았다고 하니 그 비중의 어느 정도인지 조금은 체감이 될 것이다. 상황이 이러하니 당시의 젊은 아웃사이더 귀족 중에는 "브라질로 떠나자! 나는 부자가 되고 말겠어!"라고 하는 사람들도 있었을 것이다.

당시 포르투갈의 화폐는 헤알(Real)이었다. 산따까사 지 사우바도르(Santa Casa de Salvador)는 은행은 아니었지만, 비슷한 역할을 했다. 이곳은 은을 보관해 주었고, 사탕수수 재배와 관련해 대출을 해주기도 했다. 그러나 식민 브라질에서는 화폐 거래보다는 물물 교환이 더 활발했다. 화폐가 없거나 물물 교환이 안 될 때는 보증(Fiado)을 받아서 물건을 구매했다. 브라질에서 보증 문화는 21세기 초반까지 매우 보편화되었을 정도로 매우 오랫동안 결제수단으로 이용되었다.

세계 무역의 중심에 서게 된 브라질

1580년, 스페인은 포르투갈과 이베리아 연합을 구성하면서, 실질적으로 식민 브라질 지배의 주도권을 잡았다. 당시 스페인의 주도하에 1580년 40만 묶음이었던 사탕수수 나무의 생산이 1610년 400만 묶음으로 증가하였다. 그러나 불과 30여 년 후인 1640년, 이베리아 연합은 해체되었고, 황금기였던 설탕 시대도 점점 막을 내리기 시작한다. 이에 포르투갈은 브라질에서 새로운 활로를 모색했다. 금을 찾아 본국에서 온 반데이란찌스(Bandeirantes)들은 1693년 오우로 쁘레또 (Ouro Preto)에서 최초로 금을 발견했다. 이어서 1725년 다이아몬드까 지 발견했으니, 이제 무역의 중심은 설탕에서 금으로 넘어가게 된다.

이 시기, 브라질은 세계 무역에 중심에 있었다고 해도 과언이 아니 다. 설탕이 귀했을 당시 브라질에서는 어마어마한 양의 설탕이 생산 되었고, 이제 금으로 새로운 시대를 써나가게 됐다. 18세기 전 세계 금과 다이아몬드 생산의 절반이 바로 브라질에서 이루어졌다. 두 가 지만 보더라도 그 비중이 어느 정도였는지 알 수 있다. 첫째, 브라질 금 생산의 중심이었던 오우로 쁘레또(Ouro Preto)는 현재 역사적인 가치 를 인정받아 1980년 유네스코 문화유산으로 지정되었다. 지금도 이 도시 곳곳에는 당시의 웅장함을 보여주는 교회를 비롯한 건축물과 오 페라, 오케스트라 등이 있어, 식민 브라질에 처음으로 문화를 안겨주 었던 당시의 모습을 잘 보여준다. 둘째, 금을 찾기 위한 여정에서 일 어난 인구 증가이다. 금광이 발견된 1690년 브라질의 인구는 약 30만 명이었으나, 한 세기가 지난 1798년에는 거의 11배가 증가한 325만 명에 달했다.[23] 참고로, 당시에 유입된 아프리카 노예만 약 100만 명 으로 알려져 있다.[24]

금광의 시대는 브라질 내수 시장의 성장을 돕기도 했지만, 그 기간 이 매우 제한적—역사가들은 50~70년으로 본다—이었고, 포르투갈 은 오히려 금으로 얻은 부를 영국과의 관계를 돈독하게 다지는 데 사 용했다고 한다. 실제로 포르투갈의 무역조차도 영국의 관리·감독하에 진행된 것으로 알려져 있다. 포르투갈과 독점무역을 할 수밖에 없었 던 식민 브라질의 본토 발전과 개발에는 단 한 푼도 쓰이지 않았기에,

빠우 브라지우가 사라진 것처럼 탈탈 털린 채 초라하게 이 시기도 마무리된다.

지속적인 노예 유입으로 브라질은 명실상부 아메리카 대륙의 노예무역 중심지가 되었고, 부와 권력이 있던 포르투갈인들은 리우데자네이루로 몰렸다. 당시 노예무역으로 얻은 부는 본국인 포르투갈로 돌아가지 않고 고스란히 식민 브라질에 남게 되었으니, 이 사업가들은 실질적으로 브라질 땅에서의 첫 엔터프러너(Entrepreuner)이자 점차 사회를 지배하는 기득권층이 되어갔다. 그러나 18세기 말의 브라질은 포르투갈의 엄격한 통제하에 기초 학교 교육은 소수만 제한적으로 받을 수 있었고, 대학교와 도서관 운영, 신문과 책 출간은 금지됐다. 도로 건설은 포르투갈 왕정의 허가가 있어야만 가능했고, 제조업은 할 수 없었다. 결국 Cabral이 브라질을 발견했던 1500년도와 크게 달라지지 않은 모습이었다.

브라질 제국 건설

 나폴레옹의 등장은 유럽 모든 국가에 위협이 되었다. 1807년, 나폴레옹은 프랑스 주변국을 포함해, 이베리아반도의 스페인까지 점령하였고, 영국과 매우 가까웠던 포르투갈 역시 위협의 대상이 되었다. 그러나 그토록 강력했던 나폴레옹의 군대도 영국이라는 큰 산을 넘지 못했고, 1805년 트라팔가르해전 패배 후 군사적인 방식을 포기했다. 대신 경제적인 압박을 가했으니, 1806년 대륙봉쇄령이다. 대륙봉쇄령으로 유럽 국가들은 영국과 무역을 하지 못하게 됐다.

 여기서 주목받은 국가가 바로 포르투갈이다. 포르투갈과 영국은 단순한 무역 관계가 아니었다. 19세기 초, 영국은 산업화로 막대한 부를 축적해 사실상 세계 금융시장을 이끌었으며, 많은 국가에 주도적으로 대출을 해주곤 했다. 포르투갈은 이러한 '관계' 때문에 나폴레옹의 봉쇄령을 어기고 영국 선박들의 리스본 항구 출입을 허용했다. 이에 반발한 프랑스군은 곧바로 포르투갈을 침공했다. 그렇게 당시 포르투갈의 섭정자인 조엉 6세와 여왕인 마리아 1세는 영국의 보호 아래 약 1

만 5,000명의 포르투갈 상류층과 함께 브라질로 피난을 갔다.

브라질로 도피한 포르투갈인들은 단순한 귀족들이 아니라 왕족과 정부 고위관리층을 포함한 여러 기득권층이었다. 이를 통해, 브라질은 단순 '식민 브라질'에서, 포르투갈 왕권이 상주하는 '국가 브라질'로 거듭나게 되었다. 이는 지배국가 왕정이 아메리카 대륙 식민지로 처음 이주한 어마어마한 사건이었다.

브라질 이주 후, 동 조엉 6세가 내린 첫 경제 조치는 무역 개항이었다. 포르투갈과의 독점무역을 벗어나 다른 국가들과도 거래할 수 있게 된 것은 브라질에게 큰 기회였다. 단, 영국은 특혜를 계속 누려, 영국에서 수입되는 물품에는 세금을 단 15%밖에 받지 않았다고 한다.

리우데자네이루는 포르투갈 왕국의 임시 수도로서 빠르게 개발 궤도에 들어갔다. 왕정은 도착하지 얼마 지나지 않아 박물관, 극장, 도서관, 식물원, 상업 기구, 재무 자문기구(재무부), 법원, 경찰, 언론, 대학교, 공장 등을 설치했고, 은행도 만들었다. 브라질의 첫 은행인 방꾸 도 브라지우(Banco do Brasil)는 오늘날 중앙은행의 기본 역할인 화폐 발행도 담당했다. 이 은행은 브라질에서 생산되는 모든 금을 통합 관리하는 역할을 맡았고, 거두어들인 세금과 금을 기반으로 화폐를 발행했다.

1814년, 나폴레옹이 몰락하면서 포르투갈 국민들은 국왕의 귀환을 요구했고, 동 조엉 6세는 12년 만에 포르투갈로 귀환을 결정했다. 그리고 동 조엉 6세가 귀환하면서 브라질에서 진행되던 개혁들은 멈추었고, 그동안 브라질은행이 거둬들인 모든 금도 함께 포르투갈로 송금됐다.

비록 왕족들은 귀환했지만, 브라질의 경제성장은 포르투갈보다 빨랐고, 일부 기득권층은 계속 브라질에서 살기를 원했다.

1822년, 내각대신이었던 보니파시우(Bonifacio)를 포함해 당시 내각과 관료들의 전폭적인 지원을 등에 업은 브라질은 포르투갈로부터 독립했다. 역사가들은 이를 '브라질 역사의 첫 Jeitinho'라고 칭한다. 포르투갈인이자 왕의 아들인 동 뻬드로가 브라질인으로 '귀화'하면서 독립했기 때문이다.

비록 '독립'했다고는 해도, 브라질은 포르투갈의 정치, 사회, 문화 그리고 경제에 절대적으로 의존하고 있었다. 또한, 독립 전후의 정부 고위층은 그대로였으니, '행정상 독립'이라고 보는 것이 더 타당해 보인다. 유일하게 달라진 것이 있다면, 이제는 브라질-포르투갈 관계 외에도 브라질-영국이라는 관계가 생겨났다는 점이다.

○ 〈여기서 잠깐! 브라질 문화 설명〉

> 브라질 경제 이야기를 하려면 Jeitinho Brasileiro을 설명할 수밖에 없다. 브라질 경제사에서는 여러 번의 Jeitinho가 있었기 때문이다. Jeito(방법)를 축소한 Jeitinho(직역 시 '작은 방법' 또는 '빠른 방법')는 1946년 헝가리 의사였던 페테르 켈레멘(Peter Kellemen)이 브라질 영사관에 비자를 신청하면서 유래한 단어로 알려져 있다. 그는 의사였지만, 브라질 영사관은 직장란에 의사보다는 농민으로 입력하는 것이 비자 발급에 하자가 없다고 판단하여, 농민이라고 써주었다.

역사가이자 사회학자인 세르지우 부아르끼 지 올란다 (Sérgio Buarque de Holanda)는 자신의 저서 《Raízes do Brasil(브라질의 뿌리)》에 "브라질인의 특징 중 하나는 Cordialidade(진심)"라고 쓴 바 있다. Cordial은 라틴어로 '마음'을 뜻하는 Cor, Cordis에서 유래했다. 진심으로 대하는 사람이란, 논리보다는 감정으로 대하는 사람이다. 이들은 공과 사를 구분하는 데 어려움이 있어 윤리와 시민의식이 배제되어 있고, 형식을 싫어한다고 본다. 따라서, 오늘날 'Jeitinho Brasileiro'라고 하면, 공식적인 루트가 아닌 방식으로 해결하는 것으로, 문화적인 관점에서 거짓, 비윤리성, 속임수 등이 주요한 특징이다.

동 뻬드로 1세는 포르투갈로부터 독립하기 위해 아버지의 국가인 포르투갈에 배상금을 내야 했다. 그래야만 독립이 인정되고 국가로서 정상적인 활동을 할 수 있었다. 그러나 브라질에는 그럴만한 돈이 없었다. 이런 상황에서 '손길을 내민 곳'이 바로 영국이다. 영국은 포르투갈과 브라질의 협상을 중재했고, 브라질은 영국으로부터 대출받은 약 30톤의 금으로 포르투갈에 배상금을 상납하면서 독립을 인정받았다. 돈으로 환산하면 약 200만 파운드로, 브라질의 첫 외채가 발생한 셈이다. 그러나 무역수지 적자와 광산 및 사탕수수 농장들의 몰락으로 경제생산성이 턱없이 낮았던 브라질은 이 돈을 제대로 갚지 못해 해마다 다시 부채를 협상했다. 부채를 받기 위해 또 다른 대출을 하는 '펀딩로언(Funding Loan)' 상황으로, 국제 경제에서는 보편화된 방식이다. 매년 외채를 협상하여 펀딩로언에 의존하는 브라질의 모습은 19세기나 21세기나 크게 다르지 않다.

1830년, 브라질은 아르헨티나와 벌인 우루과이 쟁탈전에서 패배하였다. 더욱이 금 보유량이 충분하지 않은 상태에서 전쟁 비용을 충당하기 위해 막대한 화폐를 발행한 브라질은행은 결국 파산하고 만다. 브라질은 오랫동안 초인플레이션에 시달려 왔는데, 이때가 그 시작인 셈이다.

결국, 브라질은 오랫동안 경제성장과 시장의 원동력이 되어야 할 금융기구인 은행들, 심지어 경제 사회질서를 만드는 중앙은행도 없이 역사를 이어갔다. 이런 복잡한 상황이 싫었는지, 제국 브라질의 초대 황제였던 동 뻬드로 1세는 재임 9년 만에 5살밖에 되지 않은 아들 동 뻬드로 2세에게 양위를 결정하였다. 결국 제국은 여러 섭정을 거쳤고, 1841년, 15세가 된 동 뻬드로 2세가 본격적으로 왕위를 이어받았다.

노예무역과 커피

신이 브라질을 버리지는 않았는지, 넓고 광활한 이 땅에 커피를 선물하였다. 역사가들은 브라질에 1720년부터 커피 농장이 생겨났다고 본다. 전 세계적인 커피 소비 증가와 맞물려 1840년에는 수출액이 3배나 증가했다. 커피 농장은 새로운 비즈니스였다. 농장주들은 '커피 남작(Barão de Café)'이라 불리며 브라질의 신흥 비즈니스맨이자 경제의 주체가 됐다. 그러나 노예무역에 매우 적극적이었던 영국의 태도가 변하면서 브라질 커피 비즈니스는 위기를 맞았다. 사실상 노예무역을 창설했던 영국은 19세기부터 노예무역을 제한하기 시작했는데, 막대한 노동력이 필요했던 커피 농장주들과 노예무역 비즈니스맨들이 큰 타격을 입게 된 것이다. 브라질 제국 초기 인구 450만 명의 약 1/3

이 노예였으니, 경제적인 관점에서 생산성이 얼마나 낮은 국가였는지 알 수 있다. 특히, 역사가들은 당시의 브라질 사회를 가리켜 "사회 전반적으로 노동에 대한 인식이 '노동=노예의 고유 행동'이었기 때문에, 사회에 심각한 문제가 있었다."고 지적한다.

브라질의 유명 정치가이자 노예 반대정책을 펼친 것으로 유명한 조아낑 나부꼬(Joaquim Nabuco, 1849~1910년)는 브라질의 사회 발전이 뒤처진 이유를 지적했다. 19세기 당시 다수의 국가가 산업화 진행으로 부를 축적하는 과정에서 인프라 구축과 먹고사는 문제, 즉 농업에 집중한 반면, 브라질은 단지 노예무역을 통해 벌어들이는 돈에 취해 반드시 진행해야만 했던 개혁들이 미뤄졌기 때문이라는 것이다. 이는 효율성 측면만 봐도 쉽게 알 수 있는데, 브라질에 유입된 노예들의 평균 수명이 7년이었다고 한다. 평생직장을 고민을 하는 오늘날과 비교하면 그 열악함이 안타깝고 슬프기까지 하다.

브라질 제국은 삼권분립을 이루었지만, 이 삼권의 분쟁 조정자 역할은 군주가 하였으니, 황제의 권력이 매우 강력했다. 제국 초기의 섭정 기간을 거쳐 제2대 황제가 된 동 뻬드로 2세 역시 강력한 중앙권력을 고수했다. 경제 관점에서도 정부의 개입 없이 진행되는 일이 하나도 없었다. 일례로, 1824년 개헌의회가 구성되자 일부 상인도 개헌의원으로 들어가 "우리는 이미 커피 장사를 할 수 있는 허가권이 있는데, 어떻게 음식을 사고파는 허가권을 국가로부터 받아야 하는가?"라고 질의했다고 한다.[25] 조아낑 나부꼬는 당시의 브라질을 '중앙정권이 매우 강력해 많은 사람은 사업가가 되기보다는 공무원이 되기를 희망했기 때문에 시장은 소수에 의해 지배되는 구조였으며, 하층민인 노예들은 그 신분을 벗어날 일말의 희망도 없어 오늘날과 비슷하게 양극화된 사회였다고 보았다.

18세기 브라질이 커피에 집중하지 못했던 이유는 바로 금이었다. 18세기 초기 브라질 수출은 설탕과 소량의 금, 다수의 1차 상품(가죽, 빠우 브라지우, 솜, 타바코)이 주를 이루었다. 18세기 중기부터는 설탕 수출량이 떨어지면서 금이 그만큼의 비중을 가져갔다. 그러다가 18세기 말, 금과 설탕의 수출량이 절반 아래로 떨어지면서 결국 가죽과 솜, 타바코를 중심으로 수출했다. 그렇게 새로운 활로가 필요했던 제국 브라질에서는 커피 생산이 급격히 늘어나면서 수출의 중심에 섰다. 제국 초기에는 브라질 전체 수출물량의 18.4%를 차지했던 커피 수출이 중반기에는 48.8%로 급증했다. 이렇게 늘어나는 커피 생산량을 충당하려면 더 많은 노예가 필요했지만, 세계적인 노예제도 폐지 운동을 벌이는 추세였으니 브라질 입장에서는 매우 난감했다. 특히, 브라질에게 절대적인 영향을 끼치던 영국이 노예제도 폐지 압박을 해왔다.

사실상 노예무역을 창시한 영국의 이러한 태도 변화에 대해 역사가들은 인권 보장의 측면도 있겠지만, 대량생산이 가능해진 산업화의 영향도 컸다고 본다. 산업화는 높은 생산성으로 노예의 노동력을 대체했지만, 반대로 미성년자와 사회 빈곤층이 노동자의 대다수였다는 점이 흥미롭다. 브라질에 대한 경제적인 제재도 영국이 노예무역을 폐지하기로 한 이유 중 하나라고 생각한다. 당시 카리브해에 있던 영국의 식민지들이 노예들을 기반으로 하는 브라질 농장들과 생산성으로는 도저히 경쟁할 수 없었다는 것이다.[26]

영국의 제재는 다양했는데, 브라질도 이에 화답하기 위해 1831년

훼이죠법(Lei Feijó)을 통과시켰다. 당시 'Lei para inglês ver(영국인에게 보여주기 위해 만든 법)'이라는 말이 많았는데, 노예 유입을 금지하는 이 법이 절대로 지켜지지 않았기 때문이다. 결국, 참지 못한 영국은 본격적인 제재를 가해왔다. 그 첫 제재가 바로 에버든법(1846년)이다. 이 법을 통해 영국은 대서양에서 노예무역 선박을 파괴할 수 있었고, 브라질은 막대한 피해를 보게 된다.

결국 동 뻬드로 2세가 수년 전 의회에서 통과되었던 에우제비우 께이로스 법(Lei Eusebio Queiroz, 1850년)에 서명함으로써 공식적으로 내륙에서 노예를 거래할 수 없게 됐다. 그리고 노예무역이 금지되면서, 비록 매우 늦긴 했지만 브라질 제국도 상업체제를 모던화하기 시작했다. 그 시작으로 토지거래법과 상법을 처음으로 제정했다.

노예무역이 폐지되었다고 해서 기존 노예들이 해방된 것은 아니었다. 이에 커피 농장주들은 기존 노예들에 더해 새로운 인력을 보강할 방법을 찾아야 했고, 정부는 적극적인 대출을 통해 유럽에서 이민자들을 데려오는 방안을 택했다. 그러나 노동은 하층민이 하는 것이라는 인식이 있던 브라질 귀족들은 이런 자유인 이민자들을 노예처럼 대우했다. 이에 첫 번째 유럽 이민자들의 브라질 정착은 실패로 돌아갔다. 이와 대조적으로 미국은 농업 개혁을 이루기 위해 이민자들에게 땅을 적극 공급한 결과, 지금의 농업 기초를 다졌다.

브라질은 다양한 상품들을 수출하면서 항상 세계 무역의 중심에 있었다. 처음에는 빠우 브라지우, 이어서 설탕과 금, 19세기부터 지금까지는 커피가 주요 품목이었다. 그러나 포르투갈로부터 독립하기 전까지는 무역을 통해 벌어들인 돈이 고스란히 지배국가로 돌아갔다. 포르투갈은 브라질의 개발에는 조금도 관심이 없었다.

그렇다면, 1822년 독립 후 경제 호황을 맞은 브라질은 그렇게 얻은 막대한 부를 어디에 썼을까? 당시의 오피니언 리더는 커피 남작들이었다. 그들과 제국의 내각이 조금만 더 미래를 내다봤다면 커피 역시 다른 상품들과 마찬가지로 언젠가는 수요가 줄어들 것임을, 한 가지 상품에 기반한 경제는 불안정하여 쉽게 위기로 이어질 것임을 알았을 것이다. 그러나 이들은 이런 상식을 무시한 채 하루하루만을 바라보며 살아갔다.

역사는 우리에게 "부는 영원하지 않으며, 자본이 쌓여 있을 때 미래를 위해 적극적으로 투자해야 한다."는 교훈을 주었다. 동시대 미국은 이민자 유입과 농업혁명을 이뤄냈고, 1770년 토머스 제퍼슨의 주장대로 교육을 통해 국가의 토대를 탄탄히 할 기반이 잡혀 국민 대다수가 신문과 성경을 읽을 수 있었다. 반면, 브라질은 영원할 것 같던 노예무역과 커피가 안겨주는 이익에 취해 제대로 된 발전을 이루지 못했다.

제국의 몰락: 파라과이 전쟁과 외채

19세기 중반, 브라질은 근시안적인 비전으로 인프라 투자를 철저히 커피의 생산과 운반에 맞췄고, 그나마도 예산이 부족해 영국에서 막대한 대출을 받아 철도를 건설했다. 1884년에 건설한 철도만 해도 길이가 6,114km에 이르렀고, 이외에도 1,650km의 철도를 건설 중이었다. 이 모두가 국민들의 교통편의가 아닌 커피 농장을 위한 것이었으니, 오늘날 수출에는 철도가 이용되지 않는다는 현실까지 고려하면 그야말로 아이러니라 할 것이다.

더 큰 문제는 외채였다. 독립을 위해 영국에서 받은 외채의 규모는 줄어들 기미조차 보이지 않았고, 파라과이 전쟁이 다가오면서 500만 파운드였던 외채 규모는 오히려 2배로 증가했다. 여기에 철도 사업을 위한 대출까지 더해져 제국 말기 외채는 3,000만 파운드에 이르렀다. 자금의 추가 유입도 있었지만, 기존 대출을 갚기 위한 또 다른 대출인 펀딩로언이 크게 늘어난 것이 한몫했다. 누군가가 "브라질은 왜 이렇게 기준금리가 높냐."고 묻는다면, "하루 이틀 사이에 일어난 것이 아니라 제국 때부터 시작된 외채의 영향이다."라고 답해도 무리가 없다.

예나 지금이나 전쟁에는 막대한 비용이 필요하다. 파라과이와의 트러블은 우루과이 내정에서부터 시작됐는데, 여기에도 경제적인 배경이 있다. 당시 산업의 중심이었던 산토스와 리우데자네이루의 상품들을 내륙으로 운반하려면 해안가를 통해 파라나강과 우루과이강들을 이용해야 했으니 우루과이에 대한 주도권을 잃는 것은 브라질에게는 매우 심각한 일이었다. 이에 브라질은 1863년 우루과이의 야당인 꼴로라도 지도자 베난씨우 플로레스(Venâncio Flores)를 지원해 당시의 집권당인 블라꼬당을 몰아냈다. 이것은 파라과이의 지도자였던 솔라노 로뻬즈(Solano López)에게는 위기였다. 파라과이가 바다로 나갈 유일한 방법은 우루과이를 통하는 것이었기 때문이다. 브라질과 껄끄러웠던 파라과이는 주도권을 뺏기자 결국 배수진을 치며 선제공격을 가하였다.

브라질, 아르헨티나, 우루과이, 3개국이 동맹체제인 Tríplice

Aliança(삼국연합)를 구성하면서 6년간의 치열한 전쟁이 이어졌다. 총 44만 명, 특히 파라과이에서만 30만 명이라는 사상자가 나올 정도로 매우 잔혹했다.

전쟁에서는 이겼지만, 브라질 역시 경제적으로 좋지는 않았다. 전쟁 비용을 충당하기 위해 로스차일드 은행으로부터 대출을 받았는데, 당시 규모로 400만 파운드, 전체 외채의 1/3 수준이었다. 결국, 전쟁으로 경제 상황은 더 악화되었다. 무역수지는 안정적으로 운영되는 것처럼 보였으나, 이마저도 1870년 기준 전체 수출의 56.5%를 차지한 커피 덕분으로, 사실상 거의 모든 상품을 수입하고 있었다.

더욱이 커피 농장들의 노동력은 여전히 노예를 기반으로 했는데, 전쟁이 끝나자 노예제도 폐지 여론이 커지기 시작했다. 1871년 '벤뜨레 리브리법(Lei do Ventre Livre)'으로 노예의 자녀들이 해방됐고, 1880년에는 브라질 내륙에서도 노예무역이 전면 금지됐다. 1885년에는 65세 이상의 노예들을 해방했고, 1888년 그 유명한 '아우레아법(Lei Aurea)'에 섭정이었던 이사벨라 공주가 서명함으로써 브라질에서 노예제도가 전면 폐지되었다. 이로써 브라질의 모든 노예가 해방됐다. 이 시점, 브라질 전체 수출의 61.5%를 커피가 차지했고, 전 세계 커피 시장에서 브라질의 점유율은 이미 절반을 넘길 정도로 영향력이 막대했다. 그러나 세계가 현대화되어 입헌군주제는 형식상으로 유지되면서 많은 국가가 공화국으로 전환하고 있었다. 커피 남작들은 자신들이 그토록 반대한 노예제도를 폐지한 제국에 공개적으로 불만을 표출했고, 1889년 군인들의 도움을 받아 동 뻬드로 2세를 포함한 황족들을 정권에서 끌어내리면서 공화국을 선포했다.

피를 흘리지 않고 공화국을 선포했으니 언뜻 평화적으로 보이나, 이는 브라질 제국의 힘이 얼마나 약했는지와, 내부적으로 지지 세력이 부재했음을 반증하는 것에 불과하다. 겉으로는 강력한 중앙집권체제를 유지하는 것 같았으나, 커피 남작들과 기득권에게 너무도 쉽게 무너졌으니 말이다. 19세기 말, 브라질 인구는 약 1,000만 명이었는데, 그중 151만 명은 노예 출신, 39만 명은 이민자들로, 여전히 생산성이 매우 낮았고, 제대로 교육받은 사람도 없었다. 오갈 곳 없는 노예가 넘쳐나는 국가였을 뿐이다.

브라질 제1 공화국과
까페 꽁 레이찌

공화국으로 새롭게 시작하는 브라질은 매우 희망차 보였다고 한다. 정권의 주체가 바뀌었지만, 경제는 커피 덕분에 무척 활발했고, 노예제도도 전적으로 폐지되어 미래가 밝은 것처럼 보였다. 공화국을 지지했던 세력은 국민들이 직접 참여하는 민주주의 구축, 모두를 위한 교육, 교회와 정부의 완전 분리, 귀족들의 혜택 축소라는 다양한 개혁을 추진할 것이라고 공포했다. 그러나 이는 당시 브라질의 현실과는 전혀 맞지 않아 과연 진행될 수 있을지는 미지수였다.

여기서 '왜 브라질 사회가 양극화되었는가' 하는 점을 반드시 짚어봐야 한다. 그 시작은 바로 노예제도였다. 당시 노예제도가 폐지되자, 일부 지식인은 노예의 자녀들에게 적극적인 교육과 사회 구성원이 될 수 있는 기회를 제공하고 동화정책을 펼쳐야 한다고 했다. 그러나 이런 주장은 철저히 외면당했다. 결국, 당시 브라질 제국은 국민 다수를 포용할 정책이 부재하여 교육은 소수의 엘리트와 얼마 되지 않는 이민자만이 누릴 수 있는 혜택이 되었고, 이 모든 요소가 브라질 노동자의 생산력 하락과 연결된 것이다. 즉, 모두를 포용할 수 있는 정책 부재, 특히 갑작스레 사회 구성원이 된 노예들에 대한 방치가 양극화의 시작이자 근본 원인 중 하나라고 볼 수 있다. 1890년에는 국민의 34%가 흑인 또는 혼혈이었고, 문맹률이 88%에 달했다. 전문가들은 당시의 브라질을 "매우 가난하고 못 배운 사람들이 다수를 이루는 단일문화에 농장주들 중심인, 매우 혼란스러운 시기"라고 정의했다.

새 정권이 출범한 지 불과 3년 만인 1892년, 브라질은 극심한 경제 위기를 맞는다. 경제성장률은 마이너스였고, 시중에서 돈이 빠른 속도로 줄어들기 시작하면서 정부는 신뢰를 잃었다. 당연히 정부가 약속했던 사회 개혁 정책도 물 건너갔다. 그리고, 행정부의 권력을 축소하고 연방국가의 토대가 되는 주 단위 행정부와 입법부가 설립되는 새로운 헌법이 제정되자, 초대 대통령이었던 데오도로는 이에 반발해 의회를 폐쇄하고 계엄령을 선포하려 했지만, 군의 반발로 실패로 돌아가면서 결국 하야했다.

1898년, 깜뽀스 살레스 대통령이 당선되면서 커피 남작들이 절대적인 지배력을 갖게 되는 일명 '까페 꽁 레이찌(Café com Leite)' 정권이 시작됐다. 까페 꽁 레이찌는 상파울루의 생산 품목인 커피와 미나스의 생산 품목인 우유에서 유래한 말로, 당시 두 주(州)는 브라질에서 가장 인구가 많은 곳이었다. 상파울루는 PRP(파울리스타 공화당), 미나스는 PRM(미네이로 공화당)으로 대표됐는데, 서로 번갈아 정권을 잡았다. 그 시작은 상파울루 출신 깜뽀스 살레스였다.

이런 과정을 통해 브라질 정부는 커피만을 위한 정권이 됐다. 이때 유명한 정책이 바로 '대체 노동자'였는데, 기존 인력만으로는 커피 생산성이 매우 떨어지자 유럽 이민자 유입으로 이를 해결하려 한 것이다. 이러한 유입 정책을 위해 정부는 막대한 지원을 했다. 이민자들을 노동자로 고용하는 커피 농장에는 대출과 이민자 정착지원금을 주었다.

　브라질에 도착한 이민자들은 고정 봉급이 아니라 생산력에 따라 돈을 받았다. 자신이 담당한 커피나무에서 생산 및 판매된 금액의 일부를 받는, 일종의 소규모 주주였다. 1889년부터 1928년까지 커피 농장에서 일하러 이민자는 약 350만 명이라고 한다. 이들은 커피 농장이 가장 많았던 상파울루로 향했는데, 단순히 사람들만 오는 게 아니라 물물 교환에 쓸만한 물건이나 소액의 돈을 가지고 들어왔다. 시간이 지나자 커피 농장에서 번 돈으로 땅을 살 수 있었고, 일부는 자신만의 농장을 만들거나 시내에 상점을 열기도 했다.

커피 수출의 위기

　1900년대 초반, 브라질의 커피 생산량은 이미 전 세계 생산량의 80%에 육박했다. 제국 말기 생산이 560만 포대(포대당 60kg)였는데, 1900년도에는 915만 포대로 거의 2배로 늘어났다. 그러나 무리하게 생산을 늘린 탓인지 국제 시장의 커피 수요는 브라질의 생산 속도를 따라가지 못했다. 특히 1901년부터는 커피 수출가가 매년 하락해 40%까지 떨어졌다. 정부와 커피 남작들은 새로운 대책이 필요했고, 그렇게 '따우바떼 합의안(Convênio de Taubaté)'이 나왔다.

　1906년, 상파울루, 리우, 미나스의 주지사들이 상파울루주의 따우바떼시에 모여 커피 가격 하락에 대한 대책을 논의했다. 이들은 국가가 커피의 최소 가격을 책정하여 수출되지 않는 물량을 일괄 구매하는 방안을 냈다. 국가는 수출물량을 컨트롤하는 역할을 맡고, 커피 포대당 세금을 징수하여 비용을 충당하기로 했다. 그럼에도 자금이 부족해 영국에서 추가로 1,500만 파운드를 대출받았다. 결국 정부의 힘을 빌려 가격을 유지하는 방안을 내놓은 것이다. 연방정부는 초기 이 합의안에 참여하기를 거부해 3개 주에서만 시작했지만, 커피 남작들이 정권을 장악한 시기였기에 새로 당선된 아폰소 뻬나(Afonso Pena) 대통령은 결국 입장을 바꿔 참여하게 됐다. 커피 농장주들의 리스크를 커버해 주는 대신 커피 수요가 줄어들면 손실을 모두 국가가 떠맡게 되는, 매우 기형적인 정책이었다. 더욱이 외채가 증가하고 국고 손실이 커졌다는 점에서도 정부는 책임에서 자유롭지 않았다.

커피에만 집중하던 브라질 경제는 1929년 대공황으로 큰 타격을 받았다. 브라질은 일찍부터 가속도로 성장하는 미국과 무역 관계를 맺어, 1901년 약 1,700만 파운드였던 대미수출은 대공황 이전 4,000만 파운드까지 늘었다. 물론 무역수지만 본다면 브라질은 적자였지만, 그만큼 미국은 매우 중요한 무역 상대였다. 그러한 미국이 대공황으로 무너지게 되자 대미수출 규모가 1930년에는 절반으로 떨어졌고, 1939년에는 1,300만 파운드까지 하락했다. 당시 미국이 가장 중요한 커피 수출국 중 하나였던 만큼, 브라질 경제에는 비상등이 켜졌다.

변화는 정치권력에서부터 일어났다. 바로 제뚤리우 바르가스(Getúlio Vargas)가 등장한 것이다. 1930년, 파울리스타 공화당 소속 대통령 와싱톤 루이스(Washington Luís)는 기존 Café(상파울루)-com Leite(미나스 제라이스)의 전통을 깨고, 자신의 후임으로 상파울루 주지사인 줄리우 쁘레스찌스(Julio Prestes)를 지목해 큰 반발을 샀다. 결국 1930년 미나스가 주축인 PRM(미나스 공화당)은 다른 2개 정당과 함께 Aliança Liberal(자유 연맹)을 만들어 연립 후보로 바르가스를 내세웠지만, 패했다. 그러나 시국이 시국이었던 만큼, 당시 양측에서는 서로 부정선거라고 주장하며 선거 결과에 불복을 했다. 그때, 바르가스의 러닝메이트였던 조엉 뻬쏘아(João Pessoa) 빠라이바 주지사 겸 부통령 후보가 암살되는 일이 일어났다. 이에 바르가스는 쿠데타를 일으켜 까페 꽁 레이찌 정권의 종식과 새로운 정권의 시작을 알리게 된다.

이미 대량으로 생산한 커피 가격을 대공황의 여파로 더 이상 낮출 수도 없게 되자, 새 대통령인 바르가스는 그 유명한 '커피 재고 화형식'을 결정했다. 브라질 정부는 대량으로 커피를 구매한 뒤 화형식을 진행함으로써 커피의 수출가를 유지할 수 있었다. 이는 따우바떼 합의안과 마찬가지로 커피 남작들의 피해를 최소화하는 대신 정부의 손실을 극대화했다.

〈브라질 연방의회, 수도 브라질리아市〉

PART

3

산업화와
수입제품
대체정책

(1934~1964년)

역사적인 사건

1930년 3~7월	줄리오 쁘레스지스(Júlio Prestes) 당선자 대통령 취임 저지 및 야당 부통령 후보 조엉 뻬쏘아(João Pessoa) 살해
1930년 10월 24일	제뚤리오 바르가스(Getúlio Vargas), 10월 혁명 성공으로 11월 대통령 취임
1931년 3월 19일	노동조합법 제정
1931년	환율거래, 방꼬 도 브라질(Banco do Brasil)에 일원화
1931년 10월	외채로 인한 제3차 펀딩로언(Funding Loan)
1931~1943년	커피 가격 보호 정책으로 총 7,000만 포대 커피 화형
1932년 2월 24일	선거법 제정으로 여성 투표 참여 가능
1932년 7월 9일	상파울루 혁명전쟁
1933년 4월 7일	대출 이자를 법으로 제정하는 우수라법(Usura法) 제정
1934년 7월 16일	제뚤리오 바르가스 새 헌법 공포(제2 공화국)
1935년 2월 2일	미국과 무역협정 서명
1937년 11월 10일	제뚤리오 바르가스, 해군을 통해 쿠데타. 의회 해산, 새 헌법 공포 (제3 공화국)
1939년 9월 1일	제2차 세계대전 시작
1940년 5월 1일	최저임금법 제정
1941년 4월 9일	CSN 국영 제철기업 창업
1941년 5월 1일	노동재판소 운영 시작
1942년 8월 22일	브라질, 제2차 세계대전 참전 선언
1943년 5월 1일	통합노동법(CLT) 제정

1944년 7월	브레턴우즈 협정을 통해 세계은행 및 IMF창설
1945년 9월 2일	제2차 세계대전 종료
1945년 10월 29일	제뚤리오 바르가스, 군에 의해 권력에서 제거
1950년 6월 25일	브라질, 한국전쟁 참전 거부
1952년 6월 20일	경제개발은행(BNDE, 사회경제개발은행-BNDES의 전신) 창설
1953년 10월 3일	국영석유기업 뻬뜨로브라스(Petrobras) 창업
1953년 10월 9일	중앙은행 창설 준비를 위한 통화금융국(Sumoc), 방꼬 도 브라질 내 설치
1954년 5월 1일	최저임금 100% 인상
1956년 2월 1일	쥬셀리누 쿠비세크(JK) 대통령, 경제개발정책 '50년을 5년에' 발표
1956년 9월 19일	브라질리아 건설을 위한 수도 이전법 제정
1959년 6월	JK대통령, IMF 협상 거부
1960년 2월 18일	리우데자네이루에서 브라질리아로 수도 이전
1961년 8월 25일	자니오 대통령 하야, 부통령 조엉 굴라트(João Goulart, 일명 장고(Jango)) 승계
1961~1964년	군 내부 혼란 및 쿠데타 움직임 본격화
1964년 4월 2일	조엉 굴라트, 대통령직에서 제거

"브라질에서 문제를 해결하기 위해 공공기관을 만들면,
기관은 문제를 해결하지 않고 또 다른 기관을 만든다."

- 안또니오 델핀 네또(Antonio Delfim Netto, 1928~) 전 재무부 장관(1967~1974년)

대공황을 겪은 브라질은 더 이상 커피에만 의존할 수 없음을 깨달았고, 결국 모든 국가가 걷고 있던 산업화를 비로소 받아들이기 시작했다. 단, 브라질은 당장 산업화를 진행할 수 없었으니, 준비 단계로 '수입제품 대체정책'을 펼쳤다. 완성 제품을 수입하기보다는 자국 기업이 산업할 수 있도록 길을 열어주어 어느 정도 실력을 갖춘 후, 자국 상품을 수입상품과 경쟁하게 한다는 정책이었다.

군사 쿠데타로 정권을 잡은 바르가스는 1934년 새 헌법을 제정했다. 그 과정은 순탄치만은 않았다. 1932년, 바르가스의 쿠데타에 대항해 상파울루가 주축이 되어 마또 그로소, 미나스 제라이스, 히오 그란지 두 술의 일부 세력과 연합해 '1932년 혁명전쟁(Revolução

Constitucionalista de 1932년)'을 일으킨 것이다. 또한, 각지에서 작은 전쟁들이 발발하였다.

이러한 반발은 나름 격변의 시기였기에 가능했던 것이기도 하지만, 그보다는 상파울루의 영향력에서 비롯된 것이었다. 상파울루는 산업화의 선두에 있었고, 당시 경제의 중심인 커피 농장들도 상파울루에 있었기 때문이다. 이런 상황에서, 경제와 관련해 바르가스 정부 초기에는 강력한 드라이브를 할 수 없었다.

바르가스 정부가 선택한 카드는 노동개혁이었다. 이들은 노동자의 기본법이라 할 수 있는 통합노동법(Consolidação das Leis do Trabalho, CLT)을 만들었다. 당시만 해도 브라질은 어린이들이 공장에서 일할 정도로 노동 환경이 열악했다. 이에 정부의 역할과 책임을 정한 바르가스 정부는 본격적인 노동개혁을 단행했다. 최저임금 도입, CLT(통합노동법) 제정, 노동재판소와 노동조합 창설 등이 대표적인 개혁이었다.

○ 〈바르가스 정부 노동개혁〉

* **최저임금 법제화**: 1930년, Cesta Básica(기초 생활 물품) 10개에 해당하는 비용을 임금으로 지급해야 한다는 것이 기초 제정 사항이었다. 이후 1936년과 1938년 조례안들로 강화되었고, 1940년 최저임금을 금액으로 법제화했다.

* **통합노동법(Consolidação das Leis do Trabalho, CLT) 신설**: 노동자의 근무 조건과 고용자의 의무를 제정한 법이다. 1943년에 법으로 제정되었는데, 많은 전문가는 이 법이 이탈리아 파시즘을 창시한 무솔리니의 Carta del Lavoro(노동법)에 기반하여 만들어졌다고 한다. 정부가 사회를 관리·감독할 목적으로 시행한 노동정책에 불과해 브라질 노동자의 생산성을 낮춘 이유 중 하나가 되었다는 비판적인 시각도 있다.

◆ **노동재판소**: 지금도 일부 선진국에만 있는, 노동 관련 재판을 진행하는 재판소다. 브라질에는 총 24개의 지방 노동재판소(TRT)가 있으며, 상위 법원으로는 최고 노동재판소(TST)가 있다.

이외에도 바르가스 정부는 1930년 노동 관련 정책을 집행할 수 있는 컨트롤 타워인 노동부를 신설해 노조창설 허가권과 관리권을 줌으로써 모든 노조를 정부 관리하에 운영했다. 또한, 노조를 운영하려면 노동자들이 운영비를 의무적으로 납부하게 했다. 이는 통합노동법에도 명시되었다. 결국 정부와의 이러한 연결고리로 인해, 노조는 노동자가 아닌 정부의 입장을 대변하는 단체가 됐고, 각 산업에 맞춰 다양한 노동조합이 생겨나 현재 1만 6,000여 개의 노조가 있다(2022년 기준 세계 1위).

지금의 노동부에는 이러한 권한들이 없지만, 당시 노동부는 ①노조 정기회의 참가, ②노조의 재정 컨트롤(파업 시 재정 투입 불가), ③노동자의 국제노동조합 가입 불가, ④노조와 정부의 공식 협력관계 유지 등의 권한을 가졌다. 노조의 수는 법이 제정되었던 1931년 32개에서 1938년 1,133개로, 폭발적으로 늘어났다.

워싱턴 협정과
환율시장의 격변

광산은 석유와 더불어 지금까지도 브라질을 상징하는 대표 산업 중 하나이다. 식민지 시절에 이미 많은 발굴이 이루어졌는데, 당시에는 금 위주로 개발했다면, 20세기에 들어 철광석을 주로 개발했다. 미국은 브라질의 대표적인 철광석 수입국이다. 1930년 당시 미국은 매년 약 1,000만 톤의 철광석을 브라질에서 수입했다고 알려져 있는데, 그 중심에는 미국인 사업가 퍼시벌 파쿼(Percival Faquahar, 1865~1953년)가 있었다. 파쿼는 원래 철도와 에너지 분야의 사업가였는데, 당시 굵직하고 규모가 큰 비즈니스는 웬만하면 투자했다. 1919년, 그는 이따비라 철강사(Itabira Iron Ore Company)를 인수하면서 철강 산업에 본격적으로 뛰어들었다. 파쿼의 이따비라 철강사는 미나스주 정부로부터 40년간 발굴권을 얻어 개발을 시작했다. 그러나 1934년 새 헌법에 따라 모든 자원이 국유화되고 철광석의 중요성이 높아지면서, 1939년 바르가스는 발굴권을 취소하고 브라질광산제철소(Companhia Brasileira de Mineração e Siderugia, CBMS)를 만들어 이따비라 철강사를 인수했다. 이후, CBMS

는 1942년에 정부가 만든 국영기업 발리 두 히우 도씨(Companhia Vale do Rio Doce)에 인수됐는데, 바로 이 기업이 현재 브라질 주식 시총 1위인 Vale이다.

제2차 세계대전 참전을 결정한 미국 정부는 브라질을 포함한 남미 국가들의 지원이 필요했으나, 당시 바르가스는 매우 모호한 태도를 취했다. 특히 브라질은 독일에 전쟁 물자로 사용되는 고무와 철광석 등을 수출하고 있었다. 이에 미국이 브라질에 조금 더 확실한 지원책을 요청하면서 체결한 것이 바로 1942년의 워싱턴 협정이다. 이를 통해 미국은 독일의 전쟁 물자 공급을 전면 차단함과 동시에 일본의 동남아 점령으로 수입이 어려워졌던 고무를 브라질 고무로 대체할 수 있었다. 이때 미국은 브라질에서 고무를 거의 독점하다시피 가져오게 되었다.

워싱턴 협정을 통해 브라질은 여러 혜택을 받았다. 대표적으로는 브라질 광산업을 발전시키기 위한 차관이 있다. 이 차관은 이따비라 철강사의 현대화를 위한 시설 투자이자 비토리아와 미나스주 간의 철도에 대한 투자였다. 약 1억 달러의 차관이 철강사와 철도에 투입되었고, 2억 달러 정도가 전쟁에 쓰일 원자재 구매와 브라질 고무 생산 확장에 쓰였다. 또한, 이때 받은 차관으로 현재까지도 존재하는 제철소인 CSN(Companhia Siderlugica Nacional)도 설립해 브라질에도 본격적으로 제철 산업이 생겨났다.

바르가스 정부 경제정책 중 수십 년간 부정적인 영향을 끼친 것이 크게 두 가지 있다.

첫째, 환율 정책이다. 1933년 공포한 행정명령에 따르면, 브라질에서의 환율은 정부가 관장하고 결정한다. 언뜻 아무 문제 없는 것 같지만, 이 정책은 개인 간의 외환 거래는 물론 은행과 사업체 간의 외환 거래도 모두 불법화했다. 여기에 외국인과 내국인 간의 차별이 더해져 문제는 더 커졌다. 외국인들은 브라질에서 집행한 투자대금을 본국으로 송금할 권리가 있었지만, 내국인들은 이런 활동이 엄격하게 금지됐다. 20세기 초반만 해도 브라질 경제에서는 이민자들이 많은 두각을 드러냈다. 프란체스코 마따라조(Francisco Matarazzo) 같은 인물이 대표적이다. 이들은 외국인으로서 본국으로 송금과 거래대금 지급을 자유롭게 했지만, 브라질에서만 기업을 일군 사업가들은 그러지 못했으니 피해 아닌 피해를 받는 아이러니한 상황이었다. 이에 사업가들은 달러를 공식 환율시장이 아닌 암시장에서 거래했고, 이는 80년대 초인플레이션의 발생 원인 중 하나가 된다.

둘째, 1933년에 제정된 우수라법(Lei de Usura)이 있다. 라틴어인 Usus(사용)와 Rei(사물)의 합성어로, 말 그대로 사용되는 사물에 대한 법이다. 예를 들어, 대금업자의 이자를 연 12%로 제한하여 그 이상의 이자율은 불법으로 간주하는 것이다(그 이상의 이자를 받는 대금업은 아지오따(Agiota), 일명 사채라 불리기 시작). 그렇다면 이 법은 과연 제대로 진행됐을까? 우수라법은 서민 금융을 위한 정책이 아닌, 당시 브라질 경제를 책임지던 농업 비즈니스맨들이 대출을 자유롭게 받을 수 있는 지원 정책에 가까웠다. 특히, 사설 은행들은 고객으로부터 받을 수 있는 이자가 제한되자 굳이 피해를 보면서 대출을 해줘야 할 필요성을 느끼지 못했다. 결국 브라질 금융시장은 매우 제한적으로 운영되기 시작했다.

바르가스의 퇴장

바르가스는 강력한 중앙정권을 통해 집권했지만, 내부적으로 점점 신임을 잃어 결속력은 부족했던 것으로 보인다. 이미 의회 폐쇄나 언론 통제에 반대하는 평화 시위가 사회 곳곳에서 일어났다. 1943년 발표된 Manifesto dos Mineiros(미네이로스들의 매니페스토)가 대표적이다. 미나스 법조인들을 중심으로 발표한 이 매니페스토, 즉 입장문은, 그동안 잠잠했던 사회 지식층에서 나온, 바르가스에 대한 비토(Veto)였다. 결국, 바르가스는 자신의 내각에 참여했던 군 장성들의 전방위적인 압박에 1945년 10월 29일 하야했다. 다만 이 하야 과정은 평화적으로 이루어졌기에, 고향으로 강제 이주된 바르가스는 선거권이 유지됐고, 같은 해 12월 열린 총선거를 통해 상원의원에 당선되어 계속해 정계에 남았다.

바르가스 1차 정부(1930~1945년)가 남긴 유산은 무엇일까? 15년 장기 집권이라는 민주적인 관점을 차치하고 경제적인 시각에서 보자면, 일찍이 국가자원 국유화로 자원 개발을 정부주도로만 가능하게 하는 법적 근거를 마련한 점, 워싱턴 협정을 통해 지금도 존재하는 주요 1차 산업 개발회사인 Vale(광산)과 CSN(제철)을 만들었다는 것 등이 있다. 그러나 그 외에는, 오스트리아 작가 슈테판 츠바이크의 "브라질은 기회의 땅"이라는 주장과는 전혀 반대 방향으로 흘러갔다고 해도 과언이 아니다.

특히 그가 만든 노동법(CLT)은 산업화라는 당시의 시대정신에 맞지 않는 과도한 노동자 보호법으로, 브라질의 잠재력을 일찌감치 제한하는 결과를 가져왔다. 현재 브라질 노동법(CLT)의 가장 큰 문제는 두 가지로 나뉜다. 첫 번째는 비용 측면이다. 고용자가 정부에게 지급해야 하는 부분(대표적으로 다양한 세금)과 해고 시 발생하는 비용(이중벌금)이 있다. 두 번째는 엄격한 노동시간과 조건 및 환경이다. 이런 제한들은 브라질의 정규 근로자(CLT 준수) 수를 제한하는 결과를 초래하여, 지금도 노동법 밖에서 일하는 비정규직 근로자가 많다(2022년 현재, 브라질에는 약 4,000만 명의 노동자가 CLT 기준으로 근무 중).

또한, 이러한 노동 환경 현대화의 주목적은 진정으로 노동자들을 위한 것이 아니라 노동조합 창설 허가권과 노조 운영에 적극 개입하여 바르가스 진영의 세력화하는 데 초점이 맞춰져 있어, 역사는 이 정부를 포퓰리즘 정부로 기억하고 있다. 바르가스가 15년의 독재 이후 다시 대통령으로 복귀할 수 있었던 것도 바로 이런 포퓰리즘을 통한 노동자들의 막대한 지지가 있었기 때문이다.

바르가스에 이어 두뜨라가 대통령으로 당선된 시점은 제2차 세계대전이 끝나고 냉전이 시작되는 시기였다. 브라질은 자국 산업화를 활성화하기 위해 1930년대부터 수입을 제한하는 수입상품 대체정책을 펼치고 있었고, 커피 중심의 농업에서 다른 산업으로 경제 엔진이 점차 바뀌어 가는 중이었으며, 경제성장률이 두 자릿수로 경제가 매우 활기찼다.

브레턴우즈 협정과 중앙은행 창설 반대

제2차 세계대전 종전 직전, 미국 뉴햄프셔주 브레턴우즈에서 44개 국이 참가한 브레턴우즈 협정은, 세계통화정책 재정립과 국가 파산 또는 적자로 인한 다른 국가의 피해 최소화 방안, GDP(국내총생산) 계산 법 정의를 비롯한 국제사회의 경제 표준(기준)을 정함과 동시에 국제통 화기금(IMF)과 국제부흥개발은행(IBRD) 설립 등을 결정한 협정이었다. 또한, 국제 경제에 있어서는 세계 질서 변화를 의미하듯 영국 기준의 금본위제에서 미국 달러를 기축통화로 하는 금환본위제로의 큰 변화 를 가져온 협정이기도 하다. 그러나 정작 브라질에 가장 큰 영향을 끼 친 것은 중앙은행 관련 사항이었다. 참고로 이 당시만 해도 은행들의 상위 개념인 중앙은행은 전 세계에 30여 개에 불과했다.

○ 〈경제 용어 설명〉

- **기축통화**: 외환 시장에서 직접 거래되지 않는 통화를 대신해 제3의 통화를 거래 기준으로 함(예: 원화와 헤알의 환율을 직접 계산하는 것이 아니라 달러를 기준으로 환율 계산).

- **금본위제**: 화폐의 가치를 금의 가치로 나타내는 것으로, 제1차 세계대전까지 환율의 기준은 금이었다.

- **금환본위제**: 각국 중앙은행이 금을 기준으로 화폐의 가치를 계산하는 것이 아니라, 기축통화인 달러를 중심으로 화폐 가치 산출(금환본위제는 닉슨 대통령의 금태환 금지로 사실상 막을 내렸고, 현재 세계는 변동 환율제를 기준으로 한다).

국가의 통화와 환율을 체계적으로 관리하기 위해 중앙은행 역할에 대해 협정에 참가한 모든 국가에 설명하였고, 이미 중앙은행이 있던 국가들은 그 역할과 책임을 강화하는 방안을 모색했으며, 브라질과 같이 중앙은행이 없는 국가에는 중앙은행 창설이 요구되었다. 당시 브라질의 중앙은행 역할을 하던 브라질은행(Banco do Brasil)은 정부 예산 집행부터 일반 은행 역할까지 수행하고 있었다. 브라질의 지난 역사를 돌아보면, 중앙은행은 수많은 창업과 폐업을 반복해 왔다. 공화국 선포 후로는 한 차례 경제위기를 거친 뒤, 당시의 기득권이었던 커피 남작들을 보호하는 것을 핵심 역할로 여겨 "Café é câmbio(커피는 환율이다)."라는 말까지 생겨났다.

브레턴우즈 협정 후 브라질로 돌아온 수행단은 임시방편으로 브라질은행 산하에 통화금융국인 수모끼(SUMOC, Superintendência Moeda e Crédito)를 먼저 만들어 6개월에서 24개월간 중앙은행 창설 준비 역할을 하기로 결정한다. 그러나 극심한 반대세력 때문에, 2년으로 계획한 중앙은행 창설까지 20년이 걸린다.

그렇다면 왜 브라질 기득권 세력은 중앙은행 창설을 그토록 반대했을까? 브라질의 초대 중앙은행장인 데니오 노게이라(Denio Nogueira)는 농업과 산업화 세력의 큰 영향을 받던 의회와 막대한 권력을 누리던 브라질은행 내부세력이 반대세력의 핵심이라고 보았다. 은행의 은행이자 정부의 은행으로서 금융제도의 중추적인 역할을 하는 중앙은행이 독립적으로, 정치 세력과 반대되는 방향으로 운영된다면, 정부 스스로 권력을 나누어 약화하는 것과 같다고 판단한 것이다. 또한, 브라질은행이 관리 역할 외에 정부의 자금 집행 역할까지 했다는 것도 중앙은행 창설을 지연시킨 이유였다. 역사를 조금만 돌아보자면, 나폴레옹을 피해 브라질로 온 포르투갈 국왕 동 조엉 6세가 본국으로 귀환할 때, 브라질은행에서 관리하던 금을 모두 가져간 것도, 그의 아들인 동 뻬드로 1세가 우루과이 전쟁을 위해 화폐를 무제한 발행할 수 있었던 것도 모두 중앙은행 역할을 했던 브라질은행이 행정부 산하 정부은행이라서 국가 지도자를 통제하는 장치가 없었기 때문에 일어난 일이었다.

이러한 배경 때문에, 바르가스나 두뜨라 대통령은 경제 전문가들의 말보다는 실질적으로 자신들의 권력을 지탱하던 기득권의 판단을 따르는 것이 맞다고 판단했다. 결국, 수모끼는 브라질은행 산하국으로서 화폐 발행, 환율 및 금 거래 승인, 예금 관리, 기준금리 관리 등의 역할을 위해 출범했다. 창설 조례안 1장을 보면, 수모끼의 당면 목적은 "통화정책 수립 및 집행과 중앙은행 창설 준비"라고 되어 있다. 나는 중앙은행 대신 수모끼를 20년간 유지한 것을 브라질 경제의 첫 Jeitinho Brasileiro라고 본다.

수입제품 대체정책의 강화

제2차 세계대전 동안 브라질은 전쟁 참가국들에 다양한 원자재를 공급함으로써 수출이 크게 늘어났다. 아울러 1930년대부터 지속한 완제품 수입 금지가 더해져 제법 많은 외환을 보유하게 됐다. 그러나 종전 후, 계속된 공급난으로 두뜨라 정부는 일부 품목에 대해 경제를 개방했다. 하지만 개방되자마자 예상치 못했던 수입 물품 때문에 수요가 확연히 늘어나 인플레이션이 일어났다. 이를 제어하기 위해 고환율 정책을 펼치고 수입제품들 간의 경쟁으로 공급을 조정하겠다는 방안을 내놓았다. 그러나 정부의 개입으로 환율을 통제하기란 쉬운 일이 아닌 데다가, 당시 이미 외환 암시장이 매우 활성화되어 있었기 때문에, 정부가 이 모든 것을 관리할 수 없음은 매우 분명했다.

◉ 〈표 3.1〉 두뜨라 정부 당시 외화로 거래된 수입 및 지출

	수출		수입		무역수지	
	총계	對 미국	총계	對미국	총계	對 미국
1946	435	396	480	391	−45	5
1947	610	449	923	755	−313	−306
1948	660	512	768	583	−108	−71
1949	663	552	645	470	18	82
1950	780	741	527	361	253	380

단위: 100만 달러/출처: 브라질경제응용연구소(IPEA), 1980년, Pedro Malan – 브라질 경제대학원 학회

결국, 1946년부터 적자로 돌아선 무역수지는 최악을 기록한 1947년 브라질의 달러 피해액은 3억 달러에 달했고, 외환고가 3,300만 달러로 줄어들었다. 전쟁의 혜택으로 튼튼한 외환고를 쌓았으나 정부의 무계획적인 수입 개방으로 자국 달러가 쉴 틈 없이 빠져나가고 만 것이다. 결국 같은 해 6월, 수입을 제한하기 시작했고, 1949년에야 통화 수지 내림세가 멈추고 흑자로 전환됐으며, 1950년 안정화된다. 이

렇게 두뜨라는 대외적으로 큰 두각을 내지도 못한 채, 처참한 경제 성적만을 남기고 임기를 마친다. 또한, 이 사건 이후로 브라질은 함부로 수입을 개방하지 않는 스탠스를 취하게 된다.

바르가스의 복귀

하야 후에도 선거권을 잃지 않고 뽀르또 알레그리 상원의원으로 정계에 머물렀던 바르가스는 일찌감치 대선을 준비했다. 그는 의회에서의 독재자 이미지를 바꾸고자 자신의 업적을 부각하는 연설을 많이 했고, 여론몰이를 통해 노동자들의 아버지라는 이미지를 굳히기 시작했다. 실제로 언론은 그를 Pai dos Trabalhadores(노동자들의 아버지) 또는 Pai dos Pobres(가난한 이들의 아버지)라고 부르기 시작했다. 바르가스는 주요 공약으로 노동법 확대와 강력한 산업화라는 상반된 방향을 가진 정책을 갖고 나왔다. 당선 전부터 이미 혼란이 예상된 정부였던 셈이다.

바르가스는 당선되자마자 1943년부터 두뜨라 임기 말까지 동결되었던 최저임금을 손보기 시작했다. 그러나 바르가스의 당선으로 최저임금 인상을 기대했던 노동자들은 인상률이 매우 낮아 불만이 커져갔고, 1953년에는 갈등이 심화되어 30만 명이 상파울루 거리에서 시위를 펼쳤다. 이에 위기를 느낀 바르가스는 노조들과 밀접한 관계가 있던 조엉 굴라트(Joao Goulat, 일명 장고, 1961~1964년 브라질 대통령)를 노동부 장관으로 임명해 상황을 진정시키려 했다. 그러나 이마저 적극적인 야당 역할을 하던 UDN당으로 인해 큰 난관에 부딪히게 된다. 특히 UDN

은 장고가 내세운 '최저임금 100% 인상'안에 대해 재계와 결사항전을 펼쳤다. 바르가스는 최저임금을 그대로 밀어붙이는 대신 장고를 해임하기로 했다. 군 내부에서도 최저임금 인상으로 일반 노동자들과 군인들의 임금격차가 줄어드는 것을 우려해 전쟁부 장관에 반공산주의 군인을 임명하여 위기를 해결해 나갔다.

이처럼 정치가 매우 혼란스러운 와중에 경제정책으로 내세운 것은 국영기업 창설이었다. 이미 1기 정부 때 여러 국영기업을 만들어 국가주도 경제개발을 펼쳤는데, 1952년에는 BNDE(사회개발은행)를 창설해 국가 발전 프로젝트를 파이낸싱(대출)하였고, 1953년에는 **뻬뜨로브라스**(Petrobras)를 만들기에 이른다.

일전에 바르가스는 브라질에서의 자원 개발은 국가주도만이 가능하다고 헌법을 통해 못 박았는데, 1945년부터 재계와 의회는 국가주의 심리를 벗어나야 한다고 주장했다. 당시 대통령이었던 두뜨라는 석유위원회를 구성했지만, 결과는 매우 지지부진했다. 1951년 재집권한 바르가스는 또다시 국가주도 개발을 희망했지만, 자원과 기술 부족으로 선뜻 나서지 못했고, 민자개발 여론도 그리 강하지 않았다.

1951년 12월, 바르가스는 Petróleo Brasileiro S.A, 일명 Petrobras 창업 계획서를 의회에 제출했다. 100% 국영기업이 아니라 국가가 대주주 역할을 하고 1/10의 주는 외국인 투자를 허용하기로 했다. 의회 내에서 몇 차례 강한 반대가 있었고, UDN 같은 야당은 "O petróleo é nosso(석유는 우리의 것이다)."라는 캠페인을 내세웠지만, 1953년 6월, 기존의 외국인 소유 정제소를 유지한 채 다국적 기업과 사기업에도 석유 유통 권한을 부여하는 방안을 포함해, Petrobras가 탄생하게 된다.

국가주도 중심에 민자 참여도 허용한 Petrobras는 연방정부가 대주주로서 석유를 독자적으로 개발하되 유통에는 사기업의 참여를 허용했고, CNP(국가석유자문위원회)에 감시 역할을 맡겼다. 바르가스는 "오로지 국가의 자본, 기술 그리고 노동으로 Petrobras는 브라질의 경제독립의 새 시대를 열 것이다."라는 대정부 메시지를 남겼다.

그러나 1954년 8월 24일, 리우데자네이루의 까데떼 궁(Palácio Cadete)에서, 바르가스 대통령은 스스로 목숨을 끊었다. 바르가스는 대통령에 취임한 순간부터 국가주도 경제개발과 노동자 중심 사회정책을 펼쳤지만, 이는 당시 기득권이었던 농업과 산업화 세력들의 반발을 샀다. 의회에서는 여소야대 정국이었기에 노련했던 그조차도 제대로 된 지도력을 발휘하지 못했다. 이런 혼란 속에서 제1야당 UDN의 지도자였던 까를로스 라세르다(Carlos Lacerda) 암살 미수사건이 그에게는 큰 타격이었다. 이 사건으로 바르가스는 궁지에 몰렸으며, 여론까지 돌아선 상황에서 군대 내에서도 바르가스가 하야해야 한다는 목소리가 나왔다. 바르가스는 부통령이었던 Café Filho에게 하야 의사를 전했는데, 곧 생각을 바꾸어 갑작스럽게 자살로 생을 마감한 것이다.

1954~1964년
혼란스러운 정국

    당시 4개의 대표적인 정당이 있었다. 제1당은 바르가스와 연립한 중도 성향의 PSD(사회민주당), 제2당은 보수를 표방한 UDN(국가민주연합), 제3당은 바르가스의 뿌리가 된 PTB(브라질 노동당), 제4당은 바르가스와 연립한 중도좌파 PSP(사회진보당)다(4개의 정당 모두 지금은 존재하지 않는다). 1955년 대선이 다가오자, PSD와 PTB에서는 연립을 구성해 미나스 주지사였던 주셀리누 쿠비체크(일명 JK)를, UDN은 장성 출신 주아레즈 따보라(Juarez Távora)를, PSP는 상파울루 주지사와 시장을 역임한 아데마르 바호스(Adhemar Barros)를 후보로 내세웠다. JK는 의사 출신으로, 군의관(대위)을 역임한 뒤 1935년 미나스 하원의원, 1940년 벨로 오리존찌 시장, 1951년 미나스 주지사를 거쳐 PSD의 대선 후보가 됐다. 특히 그는 1954년 8월 만네스만 제철소 기공식 때 바르가스를 초대했는데, 이는 바르가스의 마지막 공식 행사로 기록되었다. 그는 바르가스의 장례식에 참석한 유일한 주지사이기도 했다. 바르가스가 가장 어려웠던 순간에 곁을 지켜준 정치인으로 이미지를 각인한 것이다.

결국 JK는 대통령으로 당선됐지만, 정국은 혼란의 연속이었다. 야당이었던 UDN은 JK의 당선을 인정할 수 없다며 군을 움직였다. JK가 공산주의자이기 때문에 대통령으로 취임해서는 안 된다는 명목으로, 군에서는 본격적인 쿠데타의 조짐이 보이기 시작했다. 군 내부도 현상을 유지해야 한다는 보수파와 쿠데타를 해야 한다는 강경파로 나뉘었다. 이때, 전쟁부 장관이자 4성 장군이었던 엔히끼 떼이세이라 로찌(Henrique Teixeira Lott)는 '국가의 민주주의가 흔들리고 있다.'고 느껴 그해 11월 11일 역습쿠데타, 즉 민주정권을 유지하기 위한 임시쿠데타를 일으켰다.

육군에 막강한 영향력이 있던 로찌는 군대를 결집하여 주요 군부대를 장악하고 정부 청사를 점령했다. 까를로스 루즈(Carlos Luz) 대통령 대행은 직책에서 제거되었다. 원래 대통령이었던 까페 필료(Café Filho)가 복귀를 거부하자, 의회는 새 대통령을 네레우 하모스(Nereu Ramos) 상원의장에게 맡겼고, 정부는 임시정부 체제로 유지된다. 로찌 장군이 의회에 권력을 이양하고 1956년 JK의 대통령 취임을 보장한다고 공포하면서 혼란은 임시 봉합된다.

당시까지 브라질 정권은 매우 불안정했고, 군대가 광활한 땅에 널리 퍼져 있어 쿠데타의 위협은 계속됐다. 나는 역사가들을 통해 왜 브라질은 항상 군사 쿠데타에 노출되어 있는지에 대한 대답을 찾고자 노력했지만, 아직은 그 뚜렷한 이유를 찾지 못했다. 대신 주요 사건들을 분석함으로써 파악한 나름의 이유를 소개하자면, 첫 번째 요인은 역사적인 배경이요, 두 번째 요인은 넓은 영토로 인한 군의 탈중앙화, 세 번째는 1922년부터 시작된 공산주의 세력에 대한 두려움이라고 본다.

역사적인 배경은 1823년부터 시작된다. 당시 황제였던 동 뻬드로 1세는 내각의 책임자였던 보니파시오(Bonifácio)와 트러블이 생기자 군을 이용해 의회를 해산하였다. 그리고 1840년, 6세였던 동 뻬드로 2세가 헌법상 권력을 잡을 수 없게 되자 그의 스승이 권력을 행사하고자 했지만, 쿠데타로 저지되었다. 1889년, 브라질 건국도 군사 쿠데타를 통해 이루어졌고, 1891년에는 군인이었던 페이쇼또(Peixoto) 대통령 역시 쿠데타를 통해 정권을 유지하고자 했지만 실패하였다. 바르가스도 1930년과 1937년 군을 이용해 정권을 잡았으며, 1945년에는 자신이 도왔던 군의 압박으로 하야했고, 1954년에는 같은 세력의 압박에 자살을 택했다.

특히, 바르가스는 노동자 중심 정책으로 자연스럽게 PCB(브라질 공산당)와 가까워졌고, 이는 제2차 세계대전을 막 치른 군으로서는 결코 용납할 수 없는 행동이었다. 이어서 1964년 군사 쿠데타가 있다. 일부 역사학자는 바르가스가 새로운 군사 쿠데타를 막기 위해 자살을 택했다고 하는데, 어느 정도 일리가 있다고 본다. 바르가스가 군대와 결집한 자신의 반대세력 UDN의 요구사항이었던 하야를 받아들였다면, 먼저 그는 정치권을 잃었을 것이다. 또한, 매우 과격했던 UDN이 민주적인 대통령 선거를 보장하는 데 매우 회의적이었다. 실제로 UDN은 바르가스가 자살하자 대선 연기를 주장했다.

결국, 바르가스는 국민에게 호소하는 방향을 택했고, 진정성을 증명하기 위해 장문의 편지와 자살을 통해 군의 쿠데타를 10년간 연기하는 결과를 가져왔다는 것이 일부 역사학자들의 주장이다. 물론 바르가스가 대통령으로서 브라질의 미래를 위해 어떤 결과를 가져왔는가

하는 질문에 대해서는 많은 의문이 남는다. 그가 자살했던 1954년 상반기에는 이미 바르가스의 주요 인물들이 부패에 연루되어 있었는데, 그중 하나가 그의 아들이었다. 또한, 여소야대 정국에서도 그는 야당을 존중하기보다는 무시하는 모습을 보였기 때문에, 야당 정치인들은 그와 대화하기보다는 무력과 영향력으로 권력에서 끌어내리려 했다.

1954년, '노동자의 브라질' 나아가 국가 중심 개발을 희망하던 한 대통령의 시대가 이렇게 마감됐다. 당시의 브라질은 교육이 여전히 매우 열악하고 선별적이었다. 또한, 세계가 개발의 시대를 맞이하고 있을 때, 브라질은 노동자 보호에 집중하느라 사업하기 어려운 나라로 인식되었는데도 산업은 여전히 뒷전이었고, 정치는 군이라는 큰 뒷배를 두고 내부 총질로 매우 혼란스러웠다. 1956년, 이런 혼란스러운 정국 속에 대통령으로 취임한 주셀리노 쿠비세크(JK)는 의회와 행정부를 두루 거친, 의사 출신의 노련한 정치인이었다. 군의관 출신인 주셀리노는 자연스럽게 미나스 지역 군인이나 정치인들과 가까워졌고, 1933년에는 미나스 주지사로 임명된 발라다레스(Valadares)로부터 비서실장으로 임명됐다. 이후 하원의원으로 당선됐고, 1940년에는 벨로 오리존찌 시장이 되기도 했다.

시장으로서 행정 무대에 데뷔한 그를 언론에서는 "Prefeito Furacão(돌풍적인 시장)"라고 불렀다. 그의 파격적인 행정 스타일 때문이었다. 당시 벨로 오리존찌는 인구 약 20만 명인, 미나스 주의 수도였지만, 여러 재정 문제로 매우 어려웠다. JK는 적극적인 정부주도 개발 사업으로 도로, 수도, 전선 공사 등을 진행했다. 또한, 브라질 건축의 전설인 오스카 니마이어(Oscar Niemeyer)에게 설계를 맡겨, 현재까지도 관광지로 유명한 유네스코 세계유산 Conjunto Arquitetônico da Pampulha(팜풀랴 모던 앙상블)를 지었다. 그는 시장직을 마친 뒤 한 차례 하원의원 임기를 거쳐 미나스 주지사로 당선되었는데, 행정 스타일을 유지하여 당시 미나스주의 전기 공급 문제를 해결하기 위해 전역에 CEMIG(미나스 전기공사)를 만들었고, 5개의 수력발전소를 건설하여 전기 공급을 3배로 늘렸다.

브라질리아 건설과 국가개발계획
"50년을 5년에(Cinquenta anos em cinco)"

당시 군 내부세력과 UDN의 쿠데타 모의, JK의 안정적인 대통령직 취임을 위한 로찌 장군의 역쿠데타로 정치 상황은 불안정했다. 이에 JK는 국민의 온전한 지지가 없으면 임기 내내 군과 정적들에게 위협을 당할 것이라 판단했다. 이를 타개하기 위해 발표한 계획이 그 유명한 'Plano de Metas'라는 국가개발계획이다. 1956년 2월 1일, 첫 내각 회의에서 모든 장관과, 군 수뇌부, 브라질은행(중앙은행 역할) 총재를 포함한 대통령 직속 개발자문회의를 열어 개발계획 추진 컨트롤 타워를 만들었다. 간사로는 BNDE(경제개발은행) 총재를 선임했다. 그때 나온 슬로건이 "50년을 5년에"였다. 매우 야심 찬 계획으로, 5년 안에 총 31개의 구체적인 목표를 달성하겠다고 공포했다. 목표 분야는 총 다섯 가지, 에너지, 교통, 식량, 산업, 교육이었다.

이 계획의 최종 목적은 국가 기반의 선진화를 통한 경제성장이었다.

당시 브라질이 겪고 있던 가장 큰 문제는 '계획되지 않은 완제품 수입'이었다. 1930년부터 정부 기조는 산업화를 통한 완제품 수입대체였다. 완제품을 수입하면 너무 많은 외화가 빠지게 되고, 수지결산도 맞지 않아 정부 입장에서는 반드시 해결해야 하는 문제였지만, 현실적으로 매우 어려웠다. 막대한 설비 투자가 필요했고, 유지보수를 할 수 있는 인력이 부족했기 때문이다. 이에 다섯 가지 분야가 서로 융합할 수 있는 방향으로 프로젝트가 추진됐다. 예를 들어, 농장의 선진화를 통해 식량 문제를 해결하고자 트랙터를 국내에서 생산하는 프로젝트가 추진되기도 했다.

JK의 임기 동안 해외에서 들어온 직접투자는 9억 7,900만 달러였는데, 대부분 설비 투자였고, 수입세는 전면 면제되었다. 이렇게 유입된 자금 덕에 국내 금융시장은 활발해졌고, 사업가들에게 적극적인 대출이 가능해졌다.

○ 〈표 3.2〉 JK 임기 내에 집행된 주요 건설 및 투자 리스트

#	항목	분야	비고
1	Volkswagen 신설 공장	자동차	
2	Simca 신설 공장	자동차	
3	Vemag 신설 공장	자동차	
4	일본, 네덜란드 직접 투자	해양 산업	
5	일본의 Usiminas 투자	광산	
6	Furnas 수력발전소 건설	전기	
7	A-11 항공모함	군사	
8	BR-153 고속도로	교통	중앙-아마조니아

#	항목	분야	비고
9	Régis Bittencourt(BR-2) 고속도로	교통	남동부-남부
10	GM 신설 공장	자동차	
11	Fernão Dias 고속도로	교통	상파울루-미나스
12	BR-364 고속도로	교통	꾸이아바-뽀르또 벨료, 히오 브랑꼬

　국가개발계획이 31개인 이유는, 31번째 목표가 가장 중요한 목표인 '브라질리아 건설'이었기 때문이다. 브라질리아 건설은 이미 헌법을 통해 예정된 일이었다. 1891년의 첫 헌법에 "국가의 수도는 지역적으로 중앙에 설치되어야 한다."고 명시되었고, 이 조항은 1934년과 1946년의 개헌에서도 유지됐다. 브라질리아 건설은 루시우 꼬스따(Lucio Costa)와 오스카 니마이어(Oscar Niemeyer)의 지도하에 시작되었고, 총 3,000명의 인력과 200대의 건설기계가 투입되어 41개월 만에 완공됐다. 특히 미나스인인 JK의 강력한 요구에 따라 건설 종료일을 1960년 4월 21일, Inconfidência Mineira(찌라덴찌스의 날)에 맞추고자 밤낮을 지새우며 건설하였다. 헌법을 따라야 한다는 명분과 국가개발계획의 한 축이었던 지역발전을 통해 광활한 브라질 땅을 연결한다는 그럴싸한 목표가 있었기에 브라질리아 건설에 대해서는 이의가 없었지만, 그 큰 비용은 어떻게 충당했을까? 아이러니하게도 1959년에서 1960년, 브라질리아 건설과 관련해 문제가 생기기 시작했지만, 이미 많은 화폐를 발행했기 때문에 다른 대책이 필요했다.

　이때 IMF로부터 금융지원을 받는 방안이 나왔고, 대략 3억 달러의 자금을 유입할 예정이었다. 그러나 IMF는 금융지원을 위해 브라질에 여러 개선책을 요청했다. 그중에는 조세개혁, 임금동결, 정부의 과도한 지출 제한, 연 물가상승률 6% 수준 유지 등이 포함되었다. JK는 IMF의 요구가 과도하다고 여겼다. 이에 재무부 장관을 교체했고, IMF와의 협정을 파기한다고 선언했다. 이는 국민들의 지지를 받았다. JK 경제팀이 선택한 것은 국채 발행이라는 고전적인 방법으로, 시장가보다 낮게 내놓아 겨우겨우 브라질리아 건설을 마쳤다. 브라질리아 건설에는 약 15억 달러가 들었다고 한다. 당시 브라질의 국가 총생산이 150억 달러였으니 그 10%가 수도건설에 투입이 된 것이다.

2014년, 브라질 월드컵은 많은 환호와 비판 속에서 개최되었다. 합리적인 비판을 하는 그룹은 월드컵처럼 막대한 재정이 지출되는 국제행사보다는 교육을 중심으로 사회 전반에 투자해야 한다고 주장했다. 찬성하는 사람들은 경기가 워낙 좋으니 월드컵과 2년 뒤 개최될 올림픽이 브라질에 새로운 도약의 기회가 될 것이라 여겼다. 그렇다면 브라질이 월드컵 개최에 직접투자 한 비용이 얼마였을까? 대략 10억 달러라고 한다. 당시 브라질 GDP가 2조 4,000억 달러(2022년도 현재 약 1조 4,000억 달러)이니 대략 0.4% 정도다. 그런 브라질이 새로운 수도를 건설하는 데 GDP의 10%를 사용했으니 용납이 되었겠는가?

물론 당시와 오늘날의 경제규모를 단순 비교하는 것은 불가능하지만, 국가 총생산인 GDP의 10% 규모를 단일 프로젝트에 사용하려면 분명한 명분 못지않게 투자의 결과가 지속적이어야 한다는 것도 중요하다. 그렇지 못하다면 이는 국가 경제에 큰 문제를 일으킬 수 있다. 쉽게 말해, 국가의 미래 먹거리를 위해 특정 분야에 투자를 집중한다면 괜찮겠지만, 단순히 수도를 건설하는 데 그런 막대한 돈을 사용하면서 그 여파에 대한 후속 장치가 준비되어 있지 않다면 후세대로부터 비난받아 마땅하다.

　인플레이션은 물가상승을 의미하는데, 그 원인에 따라 명칭도 조금씩 다르다. 소비자물가지수(Consumer Price Index)를 기준으로, 생활을 위해 소비하는 제품들의 가격이 올라가면 그 상승률을 반영해 계산한다. 예를 들어, 매일 밥상에 오르는 쌀, 콩, 우유, 고기 등의 가격이 오르면 이를 반영해 계산하는 것이다. 인플레이션의 발생 원인은 다양하다. 대표적인 자유주의 경제학자이자 노벨 경제학상 수상자인 밀턴 프리드먼은 "인플레이션은 언제 어디서나 화폐적인 현상"이라고 주장하면서 국가의 마구잡이 화폐 발행을 경계했다. 화폐를 발행하면 소비자의 구매력이 늘어나는 것처럼 보이지만, 통화량 증가로 인플레이션을 유발하고 국가재정의 근간을 흔들 수 있다는 것이다. 실제로 브라질이 1970년대 이후로 오랜 기간 인플레이션 문제를 겪은 근본적인 원인 중 하나가 바로 무분별한 화폐 발행이었다.

　한편, 브라질 내부에서는 인플레이션에 대해 경제성장으로 수요가 늘면서 발생한 자연스러운 것이라고 주장하는 그룹과, 인플레이션을 지극히 경계하는 정통파로 오랫동안 나뉘었다. 그러나 경제가 성장해도 모두의 소득이 공평하게 늘어나는 것이 아니기 때문에, "인플레이션이 경제성장을 유발하므로 유지되어야 한다."는 말은 시간이 지날수록 허무맹랑한 주장임이 드러났다. 이에 대해 브라질 중앙은행장을 지낸 PUC-RJ 경제학 교수 구스타보 프랑코는 "인플레이션은 가난한 이들의 세금이다."라고 했는데, 인플레이션에 대한 가장 적합한 정의인지도 모르겠다.

그렇다면 1960년대 브라질은 어떠했을까? JK가 대통령으로 취임한 이후 브라질의 GDP는 매년 5% 이상 성장했다. 그러나 인플레이션은 그가 취임한 1956년 26%였고, 퇴임 연도인 1961년에는 43%였다. 그보다 더 큰 문제는 외채였다. 10억 달러 정도였던 외채는 JK가 취임하여 국가개발계획을 가동하자 27억 달러로 늘었고, 그가 퇴임하던 1961년에는 32억 달러에 이르렀다.

결국 브라질 정부의 재정수지는 매년 적자를 보였고, 재무부는 이를 메우기 위해 국채 발행을 포함해 어마어마한 화폐를 발행했다. 덕분에 투자는 많이 늘어났지만, 신생산업은 그 많은 브라질인의 지갑을 채우기에는 부족했고, 브라질리아부터 시작된 고속도로와 다양한 인프라 사업이 브라질 정부주도로 진행되면서 그 모든 빚은 후세대가 짊어지게 됐다. 그렇다고 후세대를 위한 투자가 지속되었는가 하면 그렇지도 않다. 1940년대 후반에서 50년대까지 10%대였던 교육 예산은 60년대 들어 7% 수준으로 떨어졌다. 당시 정부의 관심은 단기적인 성과에 집중되었다고 볼 수 있다.

자니오와 장고 정부

이듬해 열린 대통령 선거에서 JK의 지지를 받던 군인 출신 Lott가 UDN의 지원을 받아 출마한 PTN(국가노동당)의 자니우 꽈드로스(Jânio Quadros) 전 상파울루 주지사에게 패배하면서, 국가주도개발을 밀던 정부가 막을 내리고 보수 정부가 탄생했다. 다만, 당시는 정·부통령제였는데, 부통령으로는 진보 정치인이자 JK의 러닝메이트였던 조앙 굴라트(일명 장고) 전 노동부 장관이 또다시 당선됐다. 장고는 변호사 출신으로, 노동계에 명망 있는 인물이었다. 바르가스 정부 때 노동부 장관으로서 당시 산업화 세력과 대립한 이력이 있었다. 그렇게 보수 대통령과 진보 부통령의 불편한 동거가 시작되었다.

자니오 정부는 JK의 유산을 뒤로한 채 경제와 관련해 큰 활동 없이 미스 경연대회에 비키니, 닭싸움, 포커, 파티에서 사용하던 Lança Perfume(약의 일종) 금지 같은, 사회질서에 더 신경을 썼다. 이때, 중남미 역사에 한 획을 그은 큰 사건이 일어났으니, 바로 쿠바 혁명이다. 1959년 쿠바 혁명은 곧 중남미 공산주의의 시작으로, 냉전 시대였던 만큼 미국에는 매우 민감한 사건이었다. 미국은 이에 대응하기 위해 '진보를 위한 동맹'을 출범하여 브라질을 포함한 중남미 22개국에 대한 적극적인 원조로 공산주의 확산을 막는다는 정책을 펼쳤다.

그러나 보수주의자로 알려져 있던 자니오 대통령이 갑자기 쿠바 혁명의 리더 중 하나인 체 게바라에게 브라질에서 두 번째로 높은 훈장인 Grã-Cruz를 수여했고, 그해 5월에는 소련과의 수교를 재개할 것이라고 발표했다. 미국은 브라질을 주시했고, 군인들과 여당이었던 UDN마저 자니오를 조금씩 압박하기 시작했다. 자니오는 많은 사람에게 감정 컨트롤을 못한 정치인으로 기억된다. 그가 미국에 대립하는 자세를 취하자 많은 정치인이 하야를 요구했고, 그는 극적으로 요구를 받아들여 의회에 대통령직 사임을 제출한다. 후에 인터뷰를 통해 자니오는 원래 국민들과 내각의 지지를 받기 위해 사임서를 제출한 것이지만 아무도 지지하지 않아 본의 아니게 하야하게 되었다고 소회를 밝혔다.

자니오가 하야하자 모든 시선은 대통령직 승계 1위인 부통령 조엉 굴라트에게로 향했다. 그러나 장고가 누구인가? 많은 이에게 공산주의자라고 불리던 노동계의 대부 아닌가! 아이러니하게도 장고는 당시 중국을 공식 순방 중이었다. 자니오 대통령이 사임한 시기에 부통령인 장고가 부재하자 하원의장이었던 하니에리 마질리(Ranieri Mazzilli)가 임시로 대통령직을 맡았지만, 실제 행정부 역할은 군사부 장관, 공군부 장관, 해군부 장관으로 구성된 군 집행부가 했다. 이들은 곧 대통령으로 취임할 장고가 브라질에 복귀하는 즉시 체포할 것과 대통령직 탄핵을 의회에 요구했다.

1959년 쿠바 혁명이 일어나면서 유럽과 아시아에서 소련과 패권을 다투던 미국의 눈길은 중남미로 향했다. 미국이 중남미에서의 공산주의 확산을 막기 위해 택한 정책은 경제 원조로, 그 시작은 판 아메리카오퍼레이션(OPA)이었다. OPA는 1958년 JK 대통령의 제안으로 만들어져 아메리카 국가 간 경제협력의 초석을 다졌다. 2년 뒤, 미국은 미주기구(OEA) 산하 위원회를 만들었고, 원조 정책을 펼치기 위해 보다 적극적인 중남미 사회개발 명목으로 BID(미주개발은행)에 기금을 조성하기로 했다. 1961년 8월, 브라질을 포함한 중남미 22개국과 미국은 '진보연합'을 창설하기 위해 우루과이 푼타 델 에스테에서 '푼타 델 에스테 헌장'을 채택했다. 진보연합은 미국국제개발기구(USAID)에게 기금을 운용하게 했고, 케네디 대통령은 그해 3월 중남미 사회개발과 관련해 200억 달러를 원조하기로 했다. 또한, 계획을 관리하는 기구로 OEA, BID, UN 산하 중남미경제위원회(CEPAL)를 선정했다. 이들은 브라질 정부에 인플레이션 관리와 정부 재정운영 안정화를 강력하게 요구하였고, 브라질 정부는 사회 개혁을 진행하겠다고 화답했다.

브라질에서는 중국 순방을 마치고 프랑스를 거쳐 브라질로 돌아오던 장고의 탄핵 또는 하야를 요구하고 있었다. 몇몇 정치인은 프랑스에 있는 장고에게 연락해, "브라질에 들어오면 바로 체포될 것 같으니 일단 망명하라."고 권하기도 했다. 장고는 계속 유럽에 머물렀고, 8월 29일에는 파리에서 뉴욕을 거쳐 아르헨티나로 향했다. 의회에서는 그의 탄핵안이 부결됐다. 군 내부는 무력행사를 해야 한다는 그룹과 내전은 피해야 한다는 그룹으로 나뉘었다. 긴박하게 돌아가는 상황 속에 일부 군단이 장고의 편에 서겠다고 하자, 무력행사를 주장하는 군인들은 결정해야 했다. 막대한 피해를 감수하고 내전을 펼칠 것인가 아니면 스스로 물러설 것인가.

이때 나온 절충안이 딴끄레도 네베스(Tancredo Neves)의 내각제 제안이다. 전 법무부 장관이자 미나스의 합리적인 정치인인 딴끄레도는 장고를 만나기 위해 우루과이로 향했다. 군 반대세력의 명분을 만들어 주고자 장고에게 내각제를 제안한 것이다. 장고는 처음에는 완강히 반대했지만, 만약 받아들이지 않으면 군의 강경 세력이 내전까지 각오하고 있었으니 결국 받아들이기로 했다. 그렇게 의회에서는 임시 개헌안이 통과되었고, 장고는 대통령으로, 딴그레도는 제1당의 지원을 받아 브라질에서 유일무이한 국무총리로 부임했다.

그러나 장고의 '합법화 운동(Campanha da Legalidade)'은 13일 만에 무혈 충돌로 마무리됐다. 우여곡절 끝에 대통령으로 취임했지만, 그의 정부 정책은 매우 편향적이었으며, 당시 상황에서 호시탐탐 정권을 노리던 이들에게 빌미만 제공할 뿐 전혀 화합하지 못했다. 사르레이 전 대통령은 장고 정부를 "스스로 군 쿠데타를 유발한 정치를 했다."고 평했다. 다음과 같은 몇 가지 정책만 살펴봐도 이런 평이 전혀 틀린 말은 아님을 알 수 있다.

⊙ 〈장고의 경제·사회 개혁 정책〉

- **최소 은퇴 연령 제거**: 이로써 브라질은 일정 기간의 근무 기간을 채우면 연금을 받을 수 있는 구조가 됐다. 연금 중 공무원 연금이 특히 문제였는데, 지금도 40~50대에 은퇴한 공무원이 많은 연금을 받아 브라질의 비생산성을 보여주는 대표적인 사례로 꼽힌다. 참고로 2018년 연금개혁을 통해 최소 은퇴 연령이 다시 제정됐다.

- **토지개혁**: 철도와 고속도로 근교의 미사용 토지 분배. 정부가 토지 주인들에게 국채를 지급하고, 토지는 지역 노동인들에게 분배되는, 공산주의 정책을 모방했다고 할 정도로 매우 과격한 개혁 정책이었다.

- **조세개혁**: 1961년 자니오 정부 때 나온 정책으로, 브라질에 있던 외국 기업들이 영업이익을 본국으로 송금하는 것을 제한한 정책이다. 1962년 의회에 통과되었지만, 실질적으로는 1964년에 시행됐다. 외국인의 브라질 직접투자가 하락하는 근본적인 원인이 됐다.

- **선거개혁**: 일반 병사와 문맹들에게 투표권을 부여했다. 이외에도 1946년에 강제 해산된 브라질 공산당(PCB)의 복귀를 허가했다. 또다시 정적들에게 빌미를 주는 정책이었다.

결국, 그가 추진했던 모든 개혁은 당시 시대의 흐름에서 보면 매우 진보적이었고, 미국 입장에서는 사회주의적 성향의 개혁들이었다. 특히 제2차 세계대전 이후 브라질 군부가 친미 성향이었던 점도 고려해야 한다. 이렇다 보니 브라질 기득권인 엘리트층과 군인들은 우려했던 일들이 일어났다며, 어떻게든 장고를 권력에서 끌어내려야 한다고 주장했다. 그러나 민주적인 방법으로는 자신들이 정권을 잡을 수 있을지 회의적이었기에 여러 의견이 나왔다.

장고는 이러한 개혁 정책 외에도 미국이 신경을 곤두세울 수밖에 없는 행보를 보였으니, 1961년 소련과 국교를 수립했고, 다음 해에는 쿠바의 미주개발기구 퇴출을 공개적으로 반대한 것이다. 더욱 결정적으로, 냉전 시기의 정점인 쿠바의 미사일 위기(1962년) 때, 장고는 미국 편에 서지 않고 중립적인 스탠스를 취해 많은 이를 불안하게 했다.

결론

대공황 이후 브라질은 본격적으로 산업화 시대에 들어선다. 그러나 아이러니하게도 어느 국가보다도 진보적인, 노동자 위주의 통합노동법으로 산업화를 제대로 시작하기도 전부터 생산성에 악영향을 미치는 정책을 펼쳤다. 표면적으로는 노동자를 위하는 정책이었지만, 사실 그 배경에는 매우 정치적인 의도가 있었다. 정부주도 노동부 역시 노동조합을 통해 노동자들을 자신의 편으로 끌어들이고 관리·감독하는 역할을 한다. 결국, 일시적으로만 행해야 했던 정부의 수입제품 대체정책은 장기간 이어졌고, 정부는 이를 대체하기 위한 투자보다는 직접 주도하여 개발의 주체가 되려는 모습을 보인다. 이 시기 정치는 매우 혼란스러웠고, 권력자들은 경제성장을 뒷받침할 정책보다는 어

떻게 하면 자신들의 정권을 유지할 수 있을지를 더 고민했다. 브라질
은 여전히 가난한 나라였고, 노예들은 해방 40년이 되도록 방치되어
일자리를 찾아 브라질 곳곳으로 다녔다. 산업이 집중된 상파울루와
수도, 리우 근방에도 빈민촌이 생겨나기 시작했다.

브라질은 제2차 세계대전을 통해 많은 부를 축적했다. 무역도 활발
해졌고, 대미무역도 가파르게 성장했다. 이때 정부가 취한 정책들은
세계 여러 국가와 비슷한, 다양하고 많은 국영기업을 만드는 것이었
지만, 여전히 교육 관련해서는 무책임한 모습을 보였다. 또한, 해방
된 노예들의 후손을 여전히 외면했다. 결국, 국가가 산업화에 강력한
드라이브를 걸었음에도 정작 일할 노동자는 적었고, 그나마도 엄격한
노동법으로 보호되었기 때문에 굳이 브라질에서 비즈니스를 하려는
사업가가 많지 않았다.

정국은 혼란의 연속이었다. 15년 장기 집권 후 자신과 함께 정권을
잡은 군인들로부터 불명예 퇴진을 당한 바르가스는 노동자들의 지지
로 다시 대통령이 됐지만, 국정은 여전히 혼란스러웠다. 반대세력들
은 연이어 모의를 주도했고, 바르가스의 낡은 탄압 스타일은 예전만
큼 영향력을 미치지 못했다. 바르가스가 퇴장하자 실의에 빠진 국민
들 앞에 나타난 것은 개발주의자인 JK였다. 과감한 리더십의 JK는
국가재정은 무시한 채, 국가를 하나로 통합할 수 있는 길은 경제성장
뿐이라고 주장했다. 그러나 경제개발에 집중하던 대통령이 퇴장하고
이념에 치우친 대통령이 등장하자 정국은 또다시 혼란에 휩싸였다.
더욱이 이번 혼란은 전 세계의 냉전 시기와 직접 연결되어 있었다.

○ 〈표 3.3〉

인구(단위: 100만), 국민소득(USD) 물가상승률(%), 경제성장률(%) 비교표

연도	인구	국민소득 (USD)	물가 상승률(%)	경제성장률(%)		
				브라질	중남미	세계
1947	47	200	2.74	2.4	6.3	
1948	49	225	7.98	9.7	4.7	
1949	50	256	12.29	7.7	2.7	
1950	51	290	12.41	6.8	4.9	
1951	53	349	12.34	4.9	5.9	5.9
1952	54	399	12.75	7.3	3	4.7
1953	56	219	20.51	4.7	4.5	5.1
1954	58	192	25.87	7.8	6.2	3.4
1955	60	190	12.15	8.8	6.3	6.3
1956	62	236	24.56	2.9	4.1	4.7
1957	63	263	6.95	7.7	6.1	3.8
1958	65	185	24.37	10.8	4.9	3.2
1959	67	225	39.44	9.8	2.6	4.7
1960	70	244	30.46	9.4	7	5.2
1961	72	239	47.79	8.6	6.6	3.1
1962	74	258	51.61	6.6	4.2	4.6
1963	76	303	79.89	0.6	3.4	5

출처: 브라질지리통계원(IBGE)

이 시기 경제 체제는 철저히 외면받았다. 1933년, 외교관 출신 재무부 장관인 오스발도 아라냐(Osvaldo Aranha)가 금본위제를 도입하면서 브라질 내에서는 금을 이용한 거래가 전면 금지됐다. 정부는 본격적으로 화폐를 발행할 수 있게 됐고, 이 권한은 점점 무책임하게 사용되

게 시작했다. 이때 도입된 금융시스템은 시작부터 기득권을 위한 것으로, 포괄적이지도 정의롭지도 못했다. 사업을 위한 대출은 소수에게만 허락된 특권이 됐고, 정부주도 외환 거래는 공정하지 못했기에 국민들은 자연스럽게 암달러 시장을 만들었다.

냉전 시기와 맞물려 미국의 적극적인 지원 하에 야당과 군인들이 힘을 합쳐 군사 쿠데타를 시작했지만, 야당과 국민들은 시대와 맞지 않은 편향적인 정책에 반발하기 위해 일어났다. 국민들은 높은 인플레이션에 이들을 지지했으나, 이런 암묵적인 지지가 20년간의 군사 정권으로 이어질 것임은 아무도 몰랐을 것이다.

〈리우-니테로이 교. 군정 때 지어졌으며 70~80년대 세계에서 2번째로 제일 길었던 다리다〉

4

군사정부

(1964~1984년)

역사적인 사건

1964년 4월 15일	까스뗄로 브랑코(Castello Branco) 온건파 장군, 의회에서 대통령으로 선출
1964년 8월 21일	주택금융시스템 창설
1964년 11월	경제개발프로그램 PAEG 출범
1964년 12월 31일	중앙은행 및 국가통화위원회 창설
1965년 10월 27일	행정조치 AI−2호를 통해 대통령 간접선거 및 양당제 도입
1968년 12월 13일	행정조치 AI−5호를 통해 의회 해산 및 인신보호 청원 금지
1971년 11월 4일	제1차 국가개발정책 PND 출범
1973년 10월 17일	제1차 오일쇼크
1974년 8월 15일	중국과 수교
1974년 12월 4일	제2차 국가개발정책 PND 출범
1976년 12월 7일	증권위원회 출범
1976년 12월 15일	주식회사법 제정
1979년 1월	제2차 오일쇼크
1979년 8월 6일	폴 볼커 미국 연준의장 취임
1979년	정치인 사면법 제정 및 양당제 폐지
1980년 2월 10일	노동당 PT(Partido dos Trabalhadores) 창당
1982년 8월 20일	멕시코, 외채로 인해 모라토리엄 선언
1982년 11월	브라질, IMF 구제금융 요청
1983~1984년	직선제 운동

"브라질에는 아직도 지출을 확대해야 한다는 세력이 강하다.
아마도, 이런 생각에 잠긴 몇 남지 않은
국가 중 하나일 것이 분명하다."

- 폴 크루그먼(Paul Krugman, 1953~). 미국 경제학자, 노벨 경제상 수상(2008년)

　브라질의 군사 쿠데타에는 미국이 엄청난 영향을 미쳤다. 장고를 비롯한 진보 정치인들이 명분을 준 것은 맞다. 냉전 시기에 미국은 소련의 미주지역 확장을 경계했고, 자신들의 모든 자원을 동원해 영향력을 행사했다. 1963년, 미국은 장고 정부의 경제 분야를 포함한 개혁 정책들이 실패로 돌아가는 것을 보자, 압박을 높이기 위해 중앙정부 프로젝트보다는 장고의 반대세력으로 대표되는 주에 원조하기 시작했다. 친미 성향을 보인 군 쿠데타 옹호 세력 라세르다가 주지사로 있는 과나바라주와 히우 그란지 두 노르찌 등이었다. 원조를 받기가 점점 어려워진 장고가 다른 방안을 찾는 동안, 미국은 자신들의 옹호 세력을 구축하기 위해 원조 정책으로 많은 정치인을 포섭하기 시작한다.

1963년 9월부터 여러 사건이 발생했다. 작게는 하급 군인들의 처우와 군에 대한 대통령 개입 등이다. 이미 군에서 위험한 조짐을 느낀 정부는 일반 국민들로부터 지지를 받는 쪽으로 방향을 잡았고, 혼란 속에서 정치권은 군의 움직임을 대외적으로 요구했다. 1964년 4월, 군은 결국 행동을 개시하기 시작했다. 결사항전을 하게 되면 내전이 일어날 것임을 잘 알고 있었던 장고는 순순히 대통령직에서 물러났다. 장고가 내전을 피한 채 쿠데타 세력에게 정권을 내준 것에 대해 많은 비판이 있었지만, 후에 밝혀진바 미국의 참전이 있었다. 일명 'Brother Sam 작전'이라 불린 이 작전에 따라 4월 2일부터 브라질 해안으로 항공모함, 헬기 등이 출동했다. 이런 미국의 참전을 미리 알고 있었던 장고는 브라질 내의 주도권을 미국에 내주지 않기 위해 여론전만 펼치다가 군인들에게 순순히 권력을 내준 것이다.

브라질의 군사독재는 1964년부터 1985년까지 20년이 넘게 지속됐지만, 1인 독재체제가 아닌 군의 집단체제로, 이들은 군인으로만 구성된 선거인단을 통해 대통령을 선출했다. 원래 군은 1964년 쿠데타 이후 사회의 안전과 질서를 구축하고 경제 발전을 위한 성장 기반을 닦은 뒤에 권력을 시민들에게 돌려주겠다고 약속했다. 실제로 온건파들은 곧 군대로 돌아갈 것이라고 여러 차례 말했다. 이들은 "안정적으로 개발(Desenvolvimento com segurança)"이라는 슬로건을 외치며 육군, 해군, 공군 장관들로 구성된 최고 혁명위원회를 통해 첫 대통령을 선출하기로 한다.

군인들은 곧 정권을 이양할 테니 새 대통령을 선출하여 혼란스러운 정국을 수습하는 데 협조할 것을 정치인들에게 요구했다. 당시 상원의원이었던 JK 전 대통령, 바르가스와 장고의 극 반대파였던 라세르다 과나바라 주지사를 비롯한 많은 정치인이 이에 호응하면서 육군 참모총장이자 온건파였던 까스뗄로 브랑꼬(Castello Branco) 장군이 대통령으로 당선된다. 까스뗄로 브랑꼬 정부는 공연히 '임시정부'라 칭하며 1966년까지 정국을 수습하고 정권을 이양할 것이라고 계획을 발표했지만, 이들은 이듬해 지방 선거에서 군 세력의 지지를 받은 후보들이 패배하자 정당들의 해산을 명령하였고, 1967년에는 새 헌법을 제정했다.

최고 혁명위가 설치한 Ato Institucional, 즉 AI는 일종의 국가보안법으로, 헌법의 상위 개념이다. 직역하면 '행정 역할'이라 할 수 있지만, 단순한 역할을 넘어 정치인들의 권한을 박탈하고 일반 시민들의 권리까지 침해하기 때문에 많은 언론은 '국가보안법'이라 불렀다.

○ 〈브라질 민주주의 역사에 한 획을 그은 Ato Institucional(AI)〉

AI-1, 공포일 1964.04.09.

- 국가보안을 해치는 102명의 정치인을 포함한 주요 인사들 정치권 박탈
- 이외에도 군 내부에서 반대세력으로 간주한 122명의 군인 강제 퇴역 명령

AI-2, 공포일 1965.10.27.

- 대통령 선거를 간접선거로 변경
- 연방최고재판소의 재판관 숫자를 11명에서 16명으로 늘림. 당시 일반 재판소가 정부 결정에 반대 의견을 자주 내자, 정부 입장에서 연방최고재판소를 통해 사법 통제
- 정부 의회의 승인 없이 임시정부 선포 가능
- 다당제 폐지: 정당의 유지 조건을 의석수로 강화하고, 정치인들의 피선거권을 박탈하여 의회를 양당으로 운영
- 연방정부의 권한 강화: 의회해산권을 비롯해 주 정부와 시 정부에 적극 개입 가능

AI-3, 공포일 1966.02.05.
· 주지사와 부주지사 선거를 간접선거로 변경 · 시장은 선출직이 아닌 주지사 임명직으로 변경
AI-4, 공포일 1966.12.07.
· 1967년 새 헌법 공포를 위한 법률 기반 마련
AI-5, 공포일 1968.12.13.
· 정부의 연방의회 해산권 강화, 주의회해산권 기능 추가 · 대통령과 주지사는 의회 법안 통과가 아닌 조례안으로 새 법령 공포 가능 · 국가보안법 강화 · 언론 · 문화 활동 및 인사 대상 검열 강화 · 경찰에 사전 승인되지 않은 정치모임 금지 · 정치 범죄에 대한 인신 보호 청원 금지 · 대통령에게 판사와 의원 포함한 공무원 강제 파면 및 특정 시민에 대한 정치권 박탈 권한 부여 · 대통령 조례안의 법적 근거 분석 금지. 이에 따라, 대통령의 조례안이 위헌이라 해도 공포 시 즉각 법률 효력 발휘

Ato Institucional(AI)은 총 12번 공포됐는데, 다섯 번째인 AI-5는 정치인만이 아니라 일반 시민들에게도 영향을 끼치게 됐고, 특히 문화와 언론 인사들의 권리까지 침해했다. 이 때문에 지금도 누군가 인터뷰에서 AI-5를 옹호하는 발언을 하면 많은 비난을 받고, 정치인이라면 징계 사유가 된다.

군사정부의 경제정책 1기

경제 관점에서 군사 정권은 1964년부터 1973년까지와, 제1차 오일 쇼크가 일어나는 1973년부터 독재 정권 종료 시기인 1986년까지로 나눠 보는 것이 역사의 흐름상 가장 적합하다. 전반기의 온건파 까스 뗄로 브랑꼬, 강경파 꼬스따 실바와 메디씨, 하반기의 가이젤과 조엉 피게레까지 모두 군 출신 대통령이었다.

까스뗄로 대통령은 조지워싱턴대학교 경제학과를 졸업한 외교관 출신 호베르또 깜뽀스를 기획부 장관으로 임명했다. 지금도 많은 자유주의 경제인으로부터 존경받는 깜뽀스 장관은 외무부에 들어와 워싱턴 대사관에서 상무관을 지낸 후, UN 브라질대표부에서 경제를 담당했고, 바르가스의 경제보좌관으로서 BNDE(경제개발은행. 현재는 BNDES 로, 브라질의 사회와 경제 발전 프로젝트에 투자하는 은행)를 만드는 데 핵심적인 역할을 했다. 1958년에는 BNDE 총재로 취임하여 JK 정부의 Plano de Metas(국가개발계획)에 적극 참여했다. 이후 자니오와 장고 정부에서는 브라질 미국 대사로서 경제 원조와 부채 협상을 담당했다.

깜뽀스와 함께 금융정책의 수장인 재무부 장관으로는 옥따비오 불료엥스(Otávio Bulhões)가 취임했다. 불료엥스는 중앙은행의 전신인 Sumoc의 국장으로, 1926년 재무부에 들어가 오랫동안 일한 베테랑이었다. 두 사람은 73%라는 높은 인플레이션과 전년도의 마이너스 성장(-2.2%)이라는 엄중한 상황에서 경제정책을 맡게 된다.

까스뗄로 정부가 출범한 지 한 달 만에 발표된 PAEG(Plano Ação Econômica do Governo, 정부경제실행계획)는 높은 인플레이션을 잡고 침체한 경기를 회복시키는 동시에 투자환경을 해결해야 하는, 중대하고도 야심 찬 목적으로 시작됐다. 깜뿌스 장관은 PAEG의 주요 철학을 "시장과 정부가 핵심 역할을 번갈아 맡아 경제 방향의 중심을 잡고, 무역과 외국 투자를 활발하게 하며, 현실경제에 기반해 환율, 조세, 통화 안정성 구축 및 국가 생산성 확대로 소득분배를 효율적으로 만드는 것"이라고 했다.

당시의 폭발적인 인플레이션은 오늘날과 상황이 매우 다른데, 정부의 예산 적자, 금융시장 대출 확대 그리고 생산성 향상을 위해 치솟는 임금 등이 주원인이었다. 이외에도 당시 정부는 외채 문제로 고민이 컸다. 약 38억 달러에 달하는 총외채의 48%를 다음 해까지 지급해야 했기 때문이다. 이 과정에서 미국은 매우 우호적으로 브라질을 측면 지원했고, 외채 상환기간을 5년 늘림과 동시에 유예기간도 2년을 추가해 주었다. 뿐만 아니라 추후 추가 협상도 순조롭게 진행되어 IMF와 USAID(미국국제개발처)를 통해 총 1억 7,500만 달러의 차관도 들여와 PAEG 집행 속도를 높였다.

○ 〈PAEG 주요 내용〉

　　PAEG의 정책들은 단기적으로는 정책의 안정성을 통해 투자에 우호적인 환경을 조성하는 것을 목표로 한다. 금융개혁을 중심으로 임금과 노동환경, 산업, 농업 개혁 정책들을 통해 경제성장을 이룬다는 것이다. 금융정책의 주목적은 정부 재정수지 흑자였다. 당시 정부 재정수지는 12년째 적자를 기록하고 있었기 때문에, 특단의 대책이 필요했다. 아래는 브라질의 대표적인 금융 관련 정책들로, 1964년부터 1967년까지 3년이라는 짧은 기간에 많은 개혁안이 진행됐다. 많은 전문가는 이때 브라질이 처음으로 금융 관련해 근본적인 개혁을 진행했다고 긍정적으로 평가한다.

경제 및 금융 분야

- **중앙은행(Banco Central do Brasil, BCB) 공식 창설**: 브레턴우즈협정(1945년)에서 합의한 대로 브라질은 Sumoc를 Banco do Brasil 산하에 만들어 중앙은행 기능을 맡겼는데, 까스뗄로 정부는 Banco do Brasil에서 그 기능을 떼어내 20년 만에 중앙은행을 창설함으로써 국가의 금융과 통화 체제를 일부 독립적인 방식으로 변경한다.

- **국가통화위원회(Conselho Monetário Nacional, CMN) 창설**: 중앙은행 산하 브라질 금융시스템의 최고기구로, 인플레이션 목표 설정과 통화정책을 수립·결정한다. CMN은 중앙은행의 감시와 통제를 받는 위원회다.

- **ORTNs(Obrigações Reajustáveis do Tesouro Nacional)**: 정부 채권을 물가에 연동함으로써 투자 확대. 이전까지 정부 채권은 물가상승을 반영하지 않았기에, 투자가 소수에 제한되어 있었다. 1966년, 정부는 조세법을 제정하면서 투자시장을 더 활발하게 개혁했다.

- **Banco do Brasil의 대출 규제**: Banco do Brasil은 국영은행으로, 대출의 35%를 책임지고 있었다. 국영은행의 대출을 규제함으로써 정부의 지출을 감소했다.

- **은행개혁법 통과**: 정부는 대출 관련해 차입자의 상환금이 물가에 연동되면 고(高)인플레이션 상황에서 부담이 너무 크다고 판단해 물가 비연동 대출을 고민했다. 이에 따라 은행개혁법을 통과시켜 은행들이 보다 자유롭게 금융상품을 만들 수 있게 했고, 동시에 자본시장 형성을 조성했다. 특히 투자은행 창설이 가능해지면서 단순히 대출 기반 시장 활성화가 아닌 투자 기반 시장 활성화를 노렸다.

- **영업이익 본국 송금법 개정**: 장고 정부 때 통과된 법안으로, 외국 기업들의 영업이익 본국 송금법을 개정하여 외국 기업들의 브라질 투자와 이익환수를 원활하게 했다.

노동과 고용

노동과 고용에 대해서는 지속되는 고인플레이션으로 임금을 동결했고, 고용과 해고를 쉽게 하는 정책을 펼쳤다. 노동조합들은 정부의 강력한 관리와 통제를 받기 시작했지만, 지속해서 낮아지고 있던 생산성 향상 개혁은 진행되지 않았다.

- **임금 조정**: 고인플레이션으로 인해 노동자의 임금이 계속 높아지면 기업들의 생산성이 점점 떨어지리라 판단한 정부는 임금상승률을 물가상승률보다 낮게 억제하기 위해 2년간 평균치를 기준으로 조정했다. 이로써 단기적으로 임금 조정을 막고 물가를 안정화하여 생산성을 유지하는 정책을 펼쳤다.

- **FGTS 창설**: FGTS는 근무기간 보장기금으로, 고용주와 노동자가 급여의 일부를 떼어 기금에 입금하여 주택을 구매하는 데 사용할 수 있게 했다. 자유주의 경제학자들이 FGTS를 만들었다는 것이 아이러니하지만, 당시는 고용과 관련한 더 황당한 규제가 있었다. 노동자가 10년을 일하면 고용주는 '정당한 사유(Justa Causa)' 없이 해고할 수 없었고, 그전에 해고할 경우 근무연수에 따라 급여를 지급해야 했다(2년 근무 시 2개월 치 봉급을 퇴직금으로 지급). 이에 노동시장은 유연성이 부족해졌다. 고용과 해고의 기준은 생산성이 아니었다. FGTS를 만들면서 고용주 입장에서는 해고가 쉬워졌고, 노동자는 이전보다 임금은 더 적게 받게 됐으며, 정부가 이 기금을 주택 구매에 사용할 수 있게 하면서 건설업 붐이 일었다.

산업과 농업

산업과 농업 관련해서는 정부의 경제철학에 맞게 작은 정부와 시장우선주의 정책을 펼쳤지만, 이전 시대의 맞지 않는 법안들을 전면 개정했고, 필요한 분야에는 정부가 적극 개입하였다. 다만, 정부의 방향과 달리 여러 국영기업이 창설됐는데, 이에 대해 개발정책을 주도했던 깜뿌스 기획부 장관은 훗날 인터뷰에서 전기, 전화, 수도 관련 국영기업은 당시 시대적인 요구 때문에 임시로 만든 것인데 아이러니하게도 이후 정부가 개혁할 타이밍을 놓치면서 원치 않게 오랫동안 국영기업으로 유지되었다고 했다.

- **정부 지원 주택사업**: 정부는 1964년 8월 주택금융시스템(SFH)과 국가주택은행(BNH)을 만들어 정부 지원 주택 파이낸싱(대출) 사업을 시작했고, 저축통장과 부동산채권을 만들었다. 특히, FGTS에서 모금한 기금은 66년부터 주택 금융시스템(SFH)에 사용해 사기업에서 근무 후 집을 장만할 수 있도록 제도를 정비했다.

- **자원**: 까스뗄로 정부는 장고 정부에서 제한했던 외국기업의 광산개발을 허가했고, 연방정부와의 분쟁으로 최고법원까지 갔던 미국 Hanna Mining의 분쟁도 해결했다. 이외에도 1934년 제정 이후 단 한 번도 개정되지 않았던 광산법도 시대에 맞게 개정했다. 석유 관련해 불료엥스와 깜뿌스는 석유화학 사업에도 민간투자를 허용했고, 브라질전기공사(Eletrobrás)를 통해 미국 전기회사 AMFORP의 브라질 자회사들을 인수했다.

까스뗄로 정부의 PAEG(정부경제실행계획)는 매우 성공적이었다. 기존에 발표한 계획들은 스스로 정한 목표조차 달성하지 못했는데, PAEG는 물가, 재정수지, 총생산(GDP)에서 뚜렷한 성장세를 보였다. 물론 이 시기에 시행된 임금동결정책을 맹렬하게 비판하는 사람도 많다. 일리가 있는 것이, 전체 국민소득은 늘었지만 노동자 임금의 기준이 되는 최저임금은 준수한 경제성장률과 달리 하락세였기 때문이다. 그러나 임금동결 기조는 불료엥스에 이어 재무부 장관으로 취임한 델핀 네또(Delfim Netto) 시기에도 유지됐다. 오히려 그는 언론 인터뷰에서 "먼저 케이크의 크기가 커져야 나중에 모두와 나눌 수 있다."며 소득이 특정 계층에 집중된다는 비판에 크게 개의치 않았다.

PAEG 출범 첫해는 경제성장률 3.4%를 기록했고, 까스뗄로 대통령 퇴임 시점인 1967년에는 6.7%를 기록했다. 동기간 물가상승률을 92.1%에서 39.1%로 낮췄다. 기존 목표인 65년 25%나 66년 10%에 비하면 여전히 높았지만, 시장은 활발해지고 있었다. 이를 대표하는 통계가 사기업 대상 대출로, 64년에 50%대 중반이었던 비율이 68년부터 70%를 넘겼다. 그때까지만 해도 연 이자율을 12%로 제한하는 우수라법(Lei da Usura) 때문에 은행들이 대출에 매우 소극적이었지만, PAEG의 은행개혁법으로 제한이 사라지자 시중에 돈이 풀려 기업인들은 새로운 사업을 위해 대출을 받았다. 시장에 돈이 활발히 풀린 데는 제도 개혁에 더해 미국의 원조 정책도 한몫했다. 군정은 사실상 미국의 적극적인 지원 덕에 탄생한 정부로, 국제기구들로부터 많은 차관을 받아올 수 있었다. 뿐만 아니라 외국기업의 영업이익 본국 송금 제한도 풀리면서 브라질에 진출한 다국적 기업들도 우호적으로 브라질에 투자했다.

그러나 PAEG가 가져온 가장 중요한 개혁이라면 단연 거시금융과 관련해 이뤄낸 제도 개혁이 꼽힌다. 중앙은행과 국가통화위원회 창설 그리고 은행법 개혁안들은 국가의 금융을 체계적으로 관리할 수 있는 제도를 만든 것으로, 물가와 관련해 시장이 필요한 통제를 시행함으로써 시장은 미래를 전망할 수 있게 됐다.

군사정부의 경제정책 2기

까스뗄로 대통령은 1967년 새 헌법 공포 후 퇴임했다. 후임 대통령으로는 강경파였던 꼬스따 실바(Arthur da Costa e Silva)가 취임했다. 꼬스따 실바는 무소불위의 행정명령으로 꼽히는 AI-5를 만든 장본인이다. AI-5는 인신보호 청원을 금지함으로써 정치인들의 권력 박탈 외에도 문화와 언론인들의 권리까지 침해하는 등 매우 비인권적인 행정조치였다.

꼬스따 실바가 대통령으로 취임하자 경제팀도 바로 교체됐다. 아무래도 까스뗄로 대통령과 반대 성향인 군인 출신인 만큼 경제기획에도 변화가 필요하다고 느낀듯하다.

새 장관으로 취임한 델핀 네또는 30살에 USP 경제학 교수 자리에 올랐고, 상파울루 주 정부 기획부와 상파울루 주의회 경제 분야 자문위원을 거쳐, 1965년 까스뗄로 정부의 기획자문회의(Conselho Consultivo de Planejamento, Consplan) 위원으로 참가하여 PAEG 지지 세력으로 활동했다. 당시 Consplan은 PAEG 지지 세력과 반대세력으로 갈렸다.

1966년, 델핀은 상파울루 재무국 국장으로 취임했고, 다음 해에 꼬스따 실바 대통령의 초대로 재무부 장관으로 취임했다. PAEG가 금융 기반 개혁 정책으로 국가지출이나 국민소득 증가를 제한했기 때문에 당시 기업인들은 불만이 컸다. 이에 델핀 장관은 새로 기획부 장관으로 취임하는 엘리오 베우뜨렁(Hélio Beltrão)과 함께 경제성장과 물가안정을 목표로 하는 PED(Plano Estratégico de Desenvolvimento, 개발전략기획)를 발표했다.

PED의 목적은 금리를 낮추어 기업인들이 경기를 활성화하도록 돕는 것이었다. 종합적으로 세금을 감세하여 물가를 안정시킨다는 것이다. 이 기조는 깜뽀스–불료엥스 장관이 취했던, 수요 조정을 통한 물가안정과는 방식이 달랐다. 시장은 즉각 반응했고, 사기업들의 대출이 활발해져 80%를 넘겼다. 경제성장은 지속되었고, 그중 산업 분야가 돋보였다. 특히 PED는 수출 우호 정책과 원자재 가격 하락을 위해 노력했다. 수출 우호 정책을 펼치기 위해 환율에 적극 개입했고, 브라질 수출업체들이 수익을 낼 수 있도록 우호적인 환경을 만들었으며, 원자재 가격을 낮춰 철강, 화학, 철강 관련 산업을 발전시켰다.

지금도 브라질 정규 역사 교육에서 반드시 배우는 경제적인 사건 중 하나가 '브라질 경제 기적(Milagre Econômico Brasileiro)'이다. 그럼에도 정작 브라질 사람들에게 경제 기적이 어떻게 일어났는지 물어보면 고개를 갸우뚱하며 "군사독재 덕분"이라고 얼버무리는 경우가 많다. 그러나 브라질 경제 기적에는 분명한 이유가 있었다. 1968년부터 1973년까지 약 5년이라는 비교적 짧은 경제 호황기를 지냈던 브라질 경제는 최고 연 14%까지 성장했고, 이 기간 연평균 11.2% 성장률을 보였다. 그 배경에는 깜뽀스–불료엥스가 주도했던 구조적인 개혁, 산업의 현대화를 비롯해 수출 우호 정책을 중심으로 한 델핀의 PED가 큰 역할을 했다. 특히 금융 분야의 제도 정비인 PAEG가 대표적인 개혁 정책이었다.

○ **〈표 4.1〉 인구, 국민소득(USD) 물가상승률(%), 경제성장률(%) 비교표**

연도	인구	국민소득 (USD)	물가 상승률(%)	경제성장률(%)		
				브라질	중남미	세계
1964	79	265	92.1	3.4	7.5	6.1
1965	81	276	34.2	2.4	5.4	5.2
1966	83	338	39.1	6.7	4.4	5.3
1967	86	362	25	4.2	4.3	4.1
1968	88	383	25.5	9.8	6.9	4.5
1969	90	410	19.3	9.5	7.1	6.0
1970	93	454	19.3	10.4	6.9	3.4
1971	95	511	19.5	11.3	6.7	3.7
1972	98	596	15.7	11.9	6.9	4.7
1973	100	832	15.5	14	8.4	5.9
1974	102	1,067	34.5	8.2	7.1	2.3
1975	105	1,225	29.4	5.2	3.2	1.4
1976	108	1,419	46.3	10.3	4.4	5.3
1977	110	1,595	38.8	4.9	4.8	4.4
1978	113	1,769	40.8	5	4.4	4.1
1979	115	1,919	77.2	6.8	6.6	4.1
1980	118	1,998	110.2	9.2	6.1	2.1
1981	121	2,120	95.2	−4.3	0.3	2.2
1982	124	2,172	99.7	0.8	−1.3	1.1
1983	127	1,483	211	−2.9	−2.9	3.0
1984	130	1,451	235.1	5.4	3.5	4.7

단위: 인구(100만)/출처: 브라질지리통계원(IBGE)

군정이 시작할 무렵, 물가상승률은 80% 수준이었고, 1인당 국민소득은 현재 헤알 기준으로 2,425헤알 정도였다. PAEG(1964년)가 성공적으로 안착한 후, PED(1967년)가 시작될 무렵 물가상승률은 25% 수준으로 낮아졌고, 경제성장률은 이미 10%대를 넘어섰다. 1970년의 소득은 1964년에 비하면 29%가 증가했다. 물가가 안정되고 경제와 소득이 뚜렷한 성장세를 보인 기간은 짧았지만, 그만큼 강렬했던 호황기였다.

군정의 시작과 함께 실행된 개발계획들은 나름 성공적이었지만, 선도적인 국가가 되려면 가장 중요한 교육 관련 성과에 대해서는 비판을 피할 수 없었다. 군정 초기에는 너무 많은 문제를 한꺼번에 해결해야 했으니 그렇다 쳐도, 장기적인 관점에서 국가 발전의 필수요소인 교육 문제를 제대로 다루지 않았던 점은 분명 비판받아 마땅하다. 전문가들이 이 기간을 매섭게 비판하는 또 다른 분야는 앞서 잠깐 다뤘던 임금 문제였다.

군사정부의 교육과 사회

1940년부터 1970년까지, 전체 인구의 문맹률은 51~56%였지만, 서민계층으로 대변되는 흑인이나 혼혈인종의 문맹률은 30~37%였다 (단, 혼혈인종 여자 문맹률은 64~73%). 백인들은 59~64%, 아시아계로 대표되는 황인들은 78~84%였다. 이는 당시 기초교육 통계로, 이를 통해 확실히 알 수 있는 것은 1930년대 브라질인의 초등학교 진학률이 35%에서 1960년대에 70% 이상으로 늘었지만, 실제 초등학교 재학 기간은 1.5~2.5년밖에 되지 않을 정도로 형편없었다. 여기에는 다른 이

유도 있다. 50년대 이전까지 농촌에서 경제 활동이 이루어진 데다가 땅이 워낙 넓다 보니 구석구석까지 교육 공급이 이루어지기 어려웠던 것이다.

○ 〈표 4.2〉 1940~1970년 브라질 문맹률

연도	전체 인구		백인		흑인		황인		혼혈인종	
	남	여	남	여	남	여	남	여	남	여
1940	41%	33%	50%	41%	21%	15%	64%	48%	28%	21%
1950	44%	38%	54%	47%	24%	19%	76%	67%	30%	25%
1960	56%	51%	64%	59%	35%	30%	84%	78%	37%	64%
1970	62%	59%	73%	70%	46%	42%	87%	83%	47%	73%

출처: 브라질응용경제연구소(IPEA)

1930년대 바르가스 정부에서 보건교육부 장관을 지냈던 까빠네마 (Capanema)는 중·고등학교 과정을 엘리트 양성 과정이라고 인식했고, 당장 시장에 필요한 일꾼을 만들기 위해 기술고등학교를 만드는 데 주력했다. 군정 시절에는 상황이 조금 나아졌지만, 브라질의 교육정 책은 의도치 않은 방향으로 가게 된다. 여기에는 몇 가지 이유가 있 었는데, 먼저 군정이 주도한 조세개혁의 영향도 있었다. 당시 정부는 1967년 개헌을 통해 세수구조를 바꿨는데, 주 정부에는 ICM(유통세), 시청에는 ISS(서비스세)를 걷을 수 있게 했다. 당시까지만 해도 주 정부 는 수입세와 수출세에 직접 참여했는데, 세금 조달 방법이 달라지자 상당한 세금이 연방정부에 집중됐다. 정부는 이에 대해 주 정부 참여 기금(FPE)과 시청 참여기금(FPM) 등을 만들어 연방정부가 먼저 세금을 걷어 주와 시청에 지원했다. 그러나 교육에 대한 책임은 시청과 주 정부에 있었으니, 예산 집행은 비효율적이고 비효과적이었다.

당시 기획부 장관이었던 깜뽀스는 고등교육이 가장 큰 문제라고 판단했다. 고등학교를 마치면 상류층 자녀들만 대학교에 진학했기 때문에 기초교육의 질을 높여야 했고, 그러려면 저소득층 대상 예산을 늘려야 했다. 다만, 연방정부의 교육 관련 예산은 기획부 장관이나 재무부 장관이 단독으로 결정하는 것이 아니라 교육부 장관과 연방 교육자문회의(CFE)의 합의로 진행되어야 했다. 그런데 당시 연방 교육자문회의에는 모든 연방 대학교 총장이 위원으로 참가하는 반면 기초교육 관계자는 2명뿐이었고, 예산은 항상 대학에 집중됐다. 이러한 대학교육 중심 정책은 계속 반복됐다. 대학에 예산을 집중하면 효과가 금방 나왔기 때문이다. 수십 년이 지난 후, 브라질의 경제 호황이었던 룰라 정부 시기에도 기초교육보다는 대학교육에 예산이 집중됐다.

사회 측면에서는 1964년 군정 시작을 기점으로 국민소득이 매우 가파르게 증가했다. 1973년에는 1964년 대비 66% 성장했지만, 최저임금은 오히려 17%가 줄어들었다.

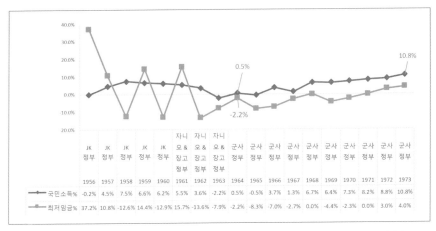

○ 〈그래프 4.1〉 1999년 헤알 기준 1956〜1973년

국민소득과 최저임금 성장률(%)

	JK 정부	JK 정부	JK 정부	JK 정부	JK 정부	자니오&장고 정부	자니오&장고 정부	자니오&장고 정부	군사 정부	군사 정부	군사 정부	군사 정부	군사 정부	군사 정부	군사 정부	군사 정부	군사 정부	군사 정부
	1956	1957	1958	1959	1960	1961	1962	1963	1964	1965	1966	1967	1968	1969	1970	1971	1972	1973
국민소득%	-0.2%	4.5%	7.5%	6.6%	6.2%	5.5%	3.6%	-2.2%	0.5%	-0.5%	3.7%	1.3%	6.7%	6.4%	7.3%	8.2%	8.8%	10.8%
최저임금%	37.2%	10.8%	-12.6%	14.4%	-12.9%	15.7%	-13.6%	-7.9%	-2.2%	-8.3%	-7.0%	-2.7%	0.0%	-4.4%	-2.3%	0.0%	3.0%	4.0%

출처: 브라질지리통계원(IBGE). 1964년부터는 군정시대로, 국민소득 성장과 최저임금 성장이 확연히 차이가 난다

　　초기 PAEG는 높은 인플레이션에 따른 임금동결정책으로 함께 어려운 시기를 참아내자는 구호가 통했지만, 이후 지속해 소득이 올라가는 상황에서 최하단 노동자의 임금은 떨어졌으니 분명 문제가 있었다. 산업 관련 일자리가 늘어나 초임 노동자가 많았다는 점과 헤알로 환산하는 과정에서 소득이 낮게 책정됐기 때문이라는 분석도 있지만, 물가가 매년 20% 상승했음을 감안하면 노동자들의 소득만이 아니라 구매력 역시 매우 낮아졌음이 분명하다. 이는 다른 사회적인 지수로도 확연히 드러난다.

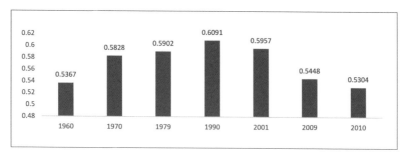

○ 〈그래프 4.2〉 1960~2010년 브라질 사회의 지니계수

출처: CPS/FGV(FGV재단 사회정치센터)에서
PNAD, PME와 Census/IBGE, Langoni 1973 데이터 기반으로 분석한 마이크로데이터

지니계수는 소득분배의 불공정과 빈부격차를 보여주는 지표로, 0에 가까울수록 균등하고 1에 가까우면 빈부격차가 심하다는 뜻이다. 위 차트를 보면 브라질의 지니계수는 60년대부터 90년대까지 꾸준히 커졌다. 따라서, '브라질 경제 기적'을 통해 커진 소득의 파이는 대부분 상류층에게 돌아갔고, 정부는 실질적인 계획과 행동이 부족했음을 알 수 있다.

브라질은 JK 정부 이후로 산업화에 많은 노력을 해왔다. 실제로 1930년 대공황 이후 브라질은 수입제품 대체정책을 통해 산업화 확장을 노렸고, 이를 위해 많은 제품의 수입을 제한했다. 이론적으로는 수입제품 대체정책은 일정 기간을 두고 국가의 경제력을 뒷받침할 교육과 혁신, 나아가 기업에 우호적인 환경을 구축한 후 국내 제품들을 해외로 수출할 수 있는 여건을 만드는 것이었다. 그러나 1930~1960년 브라질 정부는 사실상 이러한 노력들이 미미했다. 군정 전반기에 수많은 공기업을 만들어 국가주도 경제개발을 했다는 것도 장기적인 관점에서는 제대로 된 산업화를 포기한 것이나 마찬가지였다. 그리고 군정의 전반기는 1973년을 끝으로 새로운 전환점을 맞게 된다. 전 세계 경제를 강타했던 제1차 오일쇼크가 발생한 것이다.

제1차 오일쇼크

1973년, 호황이었던 브라질 경제는 외부에서 직격탄을 맞았다. 일명 오일쇼크로, 제4차 중동전쟁이 발발한 시점에 맞추어 아랍 석유 수출국 기구인 OAPEC에서 석유 생산을 감산하고, 이스라엘을 지원한 국가들을 대상으로 석유 수출 제한 및 가격 상승을 통해 경제 압박을 가한 것이다.[27]

브라질도 원유생산국이었지만, 오늘날에 비하면 생산량은 터무니없이 낮았다. 2022년 기준 브라질의 원유 생산량은 월 300만 배럴이지만, 당시는 월 18만 배럴에 불과했다. 뿐만 아니라, 정제소에도 문제가 있었다. 당시 해외에서 수입되는 원유는 브라질의 몇 안 되는 정제소에서만 정제할 수 있었는데, 자국 내에서 발굴한 원유를 정제하기에는 기술력이 부족했다. 그러니 많은 원유가 발굴된다 해도 국내 생산량으로는 수요에 대응할 수 없어 주로 수입에 의존했다. 당시 국제 원유가격은 워낙 저렴했으니 수입에 의존하는 것이 나쁘다고는 볼 수 없었고, 경제가 호황이었던 브라질은 재정이 충분했다. 그러나 1차 오일쇼크로 인해 모든 것이 달라졌다. 1차 오일쇼크가 발발한 1973년, 배럴당 평균 4.1달러였던 석유 가격은 1년 만에 3배까지 치솟았고, 수입에 의존하던 브라질은 다른 국가들과 마찬가지로 큰 위기에 빠지게 된다.

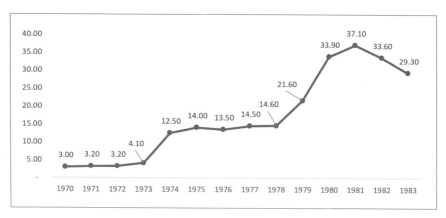

단위: 달러/ 출처: Statista(2022년)

여기에 한 가지 덧붙여, 세계 경제 역시 변화하고 있었다. 먼저,
1971년 '닉슨쇼크'라 불리는 금태환정지사건이 있었다. 당시까지만
해도 국제 통화는 브레턴우즈 체제(1944년)에 따라 미국 달러를 기축통
화로 한 금본위제였다. 금 1온스당 35달러로 계산해 국가는 이에 부
합하여 화폐를 발행하는 것이었다. 그러나 당시 미국은 베트남 전쟁
으로 인해 무역적자가 지속되고 있었고, 그 여파로 물가도 꾸준히 상
승해 경제 조치가 필요했다. 여기에 화폐 발행 역시 금에 묶여 자유롭
지 못하자 금본위제 정지를 택한 것이다.

또 다른 흐름은 오일쇼크로 인해 일어났다. 석유의 주도권을 쥐고
있던 아랍 국가들이 부를 축적하면서 발생한 현상으로, 이렇게 축적
된 부는 세계 주요 은행에 입금되었다. 은행들은 이를 후진국들에 적

극적으로 대출해 주었다. 브라질도 외국 자본을 유치해 오일쇼크에 대응해 갔다. 이렇게 아랍 국가들이 석유 수출로 얻은 이익을 은행에 유치하고 은행들이 아랍 국가들로부터 수입하는 국가들을 대상으로 대출해 주는 이 사이클을 당시 미국 국무장관이었던 헨리 키신저는 "페트로달러의 재활용(Recycling of petrodollars)"이라고 칭했다.

이때, 브라질은 중대한 결정을 내렸다. 이 위기를 정면 돌파하기로 한 것이다. 군정은 이미 1964년에 PAEG(정부경제 실행계획), 1967년에는 PED(전략개발계획), 1972년에는 PND(국가개발계획)를 통해 정부의 국가 발전 계획을 추진했는데, 오일쇼크로 제2차 PND를 출범시키기로 했다. 당시 브라질은 국내에서 소비되는 석유의 80%를 수입하고 있었기 때문에, 수출 우호 정책으로 무역수지가 좋아지긴 했지만 높아진 석윳값으로 단숨에 재정수지가 적자로 돌아섰고, 이에 더욱더 엄격하게 경상수지를 관리해야 했다.

제2차 PND는 군정의 네 번째 대통령인 가이젤(Geisel)의 임기 아래, 전 정권의 재무부 장관이었던 델핀 네또가 기획부 장관으로서 주도했고, 시몬센(Mario Henrique Simonsen) 재무부 장관이 후방에서 지원했다. 총 136페이지로 발간된 이 계획은 총 4개의 전략 분야와 15개의 중점 실행계획을 수립하여, 국가 경제성장을 위해 정부의 적극적인 개입을 암시했다. 전략 분야로는 기초산업인 화학, 철강, 제지, 석유화학, 에너지 쪽에서는 플랜트 건립을 비롯해 주요 시설 투자가 진행됐고, 이미 오래전부터 추진하던 수입제품 대체정책을 더욱 강화하는 것으로 방향을 잡았다. 다만, 정부의 적극적인 주도 아래 진행된 이 계획은 투자를 국영기업 대상으로 진행했다는 특징이 있다. 주요 건설로는 이따이뿌 수력발전소(포스 도 이과수에 있는 발전소), 제1 앙그라 원자력 발전소, 까라자스 광산프로젝트(북쪽) 등이 있으며, 이때 에탄올 연료를 개발하기 위한 Proálcool 프로젝트도 가동됐다.

○ 〈그래프 4.4〉 연도별 외채, 물가상승률(%), 경제성장률(%)

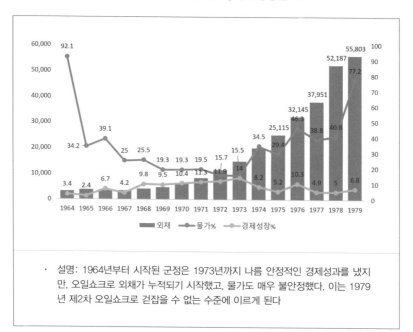

- 설명: 1964년부터 시작된 군정은 1973년까지 나름 안정적인 경제성과를 냈지만, 오일쇼크로 외채가 누적되기 시작했고, 물가도 매우 불안정했다. 이는 1979년 제2차 오일쇼크로 걷잡을 수 없는 수준에 이르게 된다

단위: USD, 100만 달러/출처: IBGE/정리: 이재명

적극적인 외자 유치를 통해 국가발전계획인 2차 PND를 진행하며 브라질 경제는 성장한다. 그러나 물가가 오른 만큼 성장하지 못한 경제성장이 무슨 의미가 있는가? 가이젤 정부는 지난 정부에 비하면 낮은 성과이긴 해도 경제성장은 평균 6%대로 나름 선방하는 듯했다. 그러나 외채가 가파르게 치솟아 1차 오일쇼크 때 114억 달러에서 78년

에는 521억 달러로 5배 가까이 증가했다. 물가상승률 역시 20% 미만으로 유지되었다가 같은 해에 41%로 치솟았다.

뿐만 아니라, 자국 산업을 강화하기 위해 집행한 전략투자의 성과도 더뎠다. 궁극적으로는 브라질에서 생산되는 제품들을 자국 산업에 사용해 공급 문제를 해결하고, 나아가 그 품질을 수출할 수준까지 끌어올리는 것이 수입제품 대체정책의 골자였지만, 시간도 너무 짧았고, 이를 받쳐줄 인력이 부재해 큰 성과는 없었다. 그럼에도 당시 경제수장들은 어차피 외국 자본을 계속해 끌어다 쓸 수 있으니 이런 문제는 시간이 지나면 곧 해결되리라는 믿음으로 투자를 지속했지만, 갑작스러운 이란 혁명으로 인해 제2차 오일쇼크가 터지면서 모든 노력이 수포가 됐다.

제2차 오일쇼크

예일대학교 경제학 박사이자 Plano Real(헤알 플랜) 팀의 일원이었던 경제학자 에지마르 바샤(Edmar Bacha)는 한 칼럼을 통해 70년대의 브라질 모습을 벨린지아(Belíndia)라고 묘사했다. 벨린지아는 벨기에(Belgium)와 인도(India)를 조합한 단어로, 당시 브라질의 소수 상류층은 벨기에 사회처럼 예술과 문화의 식견이 높은 엘리트인 반면, 나머지 브라질인들은 인도처럼 사회 인프라(수도, 전기 등)는 물론 심지어 지붕과 창문도 제대로 갖추지 못한 열악한 환경에서 사는 모습을 꼬집은 것이다. 그는 2009년 《오 글로부(O Globo)》와의 인터뷰에서 제1차 오일쇼크 때 한국의 대응을 브라질과 비교하기도 했다. 그는 "한국은 1972년 오일쇼크 당시 수입제품 대체정책을 포기하고 외자를 통해 수입 품목을 확대하는 동시에 장기적인 국가재정 건전성을 고려해 자본을 확보하는 데 집중했다면, 브라질은 제2차 PND를 통해 수입제품 대체정책을 강화하여 생산성이 부족함에도 맨땅에 헤딩하는 식으로 산업정책을 운용했다."고 맹렬히 비판했다.

1차 오일쇼크(1973년) 때 배럴당 4.1달러였던 석웃값이 3배로 올랐다면, 2차 오일쇼크 때는 14.6달러였던 배럴당 가격이 최고 평균 37.1달러까지 치솟았다. 브라질에 있어 제2차 오일쇼크는 단순히 석웃값 상승에 그치지 않았다. 적극적인 외자 유치로 1차 오일쇼크의 재정수지 적자를 흑자로 만들었지만, 외채는 정부 초기에 비해 2배로 늘어난 터라 해마다 막대한 이자를 지출할 추가적인 재정 의무가 생겨, 더는 재정수지 흑자를 유지하기 어려웠다. 여기에 더 큰 악재가 덮쳐왔으니, 미국의 물가상승이었다. 미국은 이미 금 태환을 정지(1971년)하면서 자체적으로 물가를 억제하기 위해 노력했지만, 지속된 화폐 발행은 인플레이션을 불러왔고, 성장마저 둔화된 상태였다. 바로 스태그플레이션(Stagflation)이었다. 이때 미국의 새 연준의장(중앙은행장 격)으로 임명된 사람이 그 유명한 폴 볼커(Paul Volcker)다.

1979년 연준의장으로 취임한 폴 볼커는 물가와 경기부양 중 한 가지만 잡겠다고 공언했다. 미국의 70년대 물가지수는 평균 9%였다. 당시 재무부 장관은 물가를 잡기 위해 금리인상을 주장했고, 연준의장인 윌리엄 밀러는 반대했다. 물론 금리인상은 닉슨 정부 때부터 주장한 것이지만, 금리인상은 곧 시장 침체라고 인식했던 정치인들은 절대 불가하다며 반대했다. 참고로, 금리를 올리면 시장에 돈이 줄어들어 경기가 침체하고, 금리가 유지되거나 내려가면 시장에 돈이 더 많이 풀려 경기가 활발해진다는 것이 경제 상식이다. 경기가 침체하면 실업자가 늘어나기 때문에 정치인들은 반대했지만, 볼커는 1979년 10월 미국의 기준금리를 15.5%로 올리는 과감한 조치를 단행했다. 당시의 언론은 이를 보고 "토요일 밤의 학살"이라 불렀다. 당시 미국 대통령이었던 지미 카터는 이러한 반포퓰리즘 정책으로 대선에서 공화당의 레이건에게 패했고, 볼커는 신자유주의 경제정책을 내세운 레이건을 통해 고금리 정책을 더욱 강하게 밀어붙인다. 결국 미국 물가는 1982년부터 하향하기 시작했다. 은행에 돈이 몰리자 시장의 현금 유동성이 줄어들었고, 경제는 점점 살아났다. 그러나 이러한 미국의 정책이 브라질에는 핵폭탄급 충격이 되었다.

이미 치솟은 석웃값과 높은 외채 이자, 지속되는 재정 적자로 1979년 브라질은 매우 골치 아픈 경제 환경에 직면했다. 성장 또한 고공행진이 멈춰 40년 만에 처음으로 마이너스 성장을 기록한 것이다. 엎친 데 덮친 격으로 미국이 고금리 정책을 펴자 달러가 미국으로 집중되면서 브라질 화폐 가치는 지속적으로 떨어져 상황이 더욱 악화됐다. 당시 브라질의 모든 외채 계약은 변동환율제였기에 브라질 화폐 가치 하락으로 빚이 몇 배로 늘어나면서 외채 관리는 대외적으로 매우 어려운 상황에 처하게 됐다.

또한, 앞서 설명한 '페트로달러의 재활용' 당시 멕시코가 모라토리엄(지급유예)을 선언하자, 국제 시장에서 후진국은 대출받을 길이 막히기 시작했다. 브라질은 상황을 타개하기 위해 더 많은 자본이 필요했지만,

국제은행들을 포함한 기구들로부터 더 이상 대출을 받지 못하게 되면서 어마어마한 빚을 지게 된다. 당시의 경제 상황은 단지 후진국들에만 문제가 되는 것이 아니었다. 제2차 오일쇼크로 석유값이 치솟으면서 OECD 국가들 역시 성장이 둔화됐다. 이렇게 70년대 후반부터 80년대 초반까지 세계 경제는 브라질에 매우 부정적으로 흘러갔다.

역사는 이 시기의 중남미 경제 현상을 "잃어버린 10년" 또는 "중남미 외채 위기(Latin Amercia Debt Crisis)"라고 부른다. 이런 80년대 세계 경제 흐름은 브라질에게만이 아니라 여러 나라에 큰 영향을 끼쳤다. 가장 먼저 폴란드가 모라토리엄을 선언했고, 곧이어 아르헨티나와 멕시코도 나날이 늘어나는 외채에 결국 손을 들게 된다.

IMF와의 협상 그리고 수입제품의 전면 제한

1982년, 브라질 역시 88억 달러에 달하는, 사상 최대치의 재정 적자를 기록했고, 결국 다른 중남미 국가들과 마찬가지로 모라토리엄을 선언하면서 IMF와 협상에 나섰다. 세르지오 아마라우(Sérgio Amara)는 전문 외교관으로, 수년간 브라질 미국 대사관에서 근무했고, 1999년에는 런던 대사, 2001년 개발 산업통상부 장관을 거쳐 2016년에는 미국 대사로 지냈다. 아마라우는 80년대 브라질 미국 대사관의 경제 담당 참사관으로서 브라질 재무부 장관을 대동해 세계은행, IMF, 미국 재무부를 방문하면서 외채 협상을 주도했다. 그가 후에 말하길, 브라질은 차환을 통해 이미 존재하는 부채를 상환하기 위해 새로운 대출을 받아 상환하는 방법을 택했다고 한다. 이를 위해 브라질은 다양한 채널을 통해 대출을 받아 기존 은행과의 협약을 지키기 위해 노력했는데, 이때 생긴 일화가 바로 7개의 협상의향서다.[28]

IMF의 구제금융 협상은 국가가 금융시스템을 비롯하여 사회 전반 관련 개혁안을 IMF에 보고하는 형식으로 시작된다. 브라질은 1983년부터 총 7번의 협상의향서를 제출했다. 첫 번째 협상의향서를 보내고 모든 협상이 종료되는 시점이 되자 이행할 수 없는 항목들이 생겨나 다시금 협상에 나서는 일이 여러 차례 반복된 것이다. 당시의 브라질은 1분기의 실제 통계가 4분기에나 나올 정도로 제대로 된 통계도 없었으니, 각 부처에서 재정이 어떻게 운영되는지 또는 시장에서 어떤 반응이 있는지를 관리할 수도 없었다.

또한, 브라질은 보유 외환을 관리하기 위해 수입제품을 전면 제한했다. 당시 브라질은 석윳값과 외채 이자 비용이 너무 많이 들어 수출을 통해 얻은 이익만으로는 충당할 수 없을 정도였다. 이에 빠르게 줄어드는 외환을 관리하기 위해 수입을 제한하는 정책을 발표한 것이다. 80년대 초반, 수입 품목들은 반으로 줄어들었고, 모든 환율 정책과 세부사항까지 중앙은행이 관리 및 집행하기로 했다. 당시 수입제한 품목으로 선정된 약 3,000개의 품목은 세금을 내야 했음은 물론이고 중앙은행의 허가를 받아 Guia de Importação(수입발행증서)를 발급받아야만 수입이 가능했다. 그나마도 무역수지가 계속 악화하자 이내 수입발행증서 발급 자체를 중단했다.

연도	인구	국민소득 (R$)	물가상승률 (%)	경제성장률 (%)	외채	무역수지
1973	100.4	4,053	15.5	14	14,857	2,179
1974	102.9	4,263	34.6	8.2	20,032	− 936
1975	105.4	4,361	29.3	5.2	25,115	− 950
1976	107.9	4,681	46.3	10.3	32,145	1,192
1977	110.5	4,786	38.8	4.9	37,951	630
1978	113.1	4,898	40.8	5.0	52,187	4,262
1979	115.8	5,104	77.2	6.8	55,803	−3,215
1980	118.6	5,446	110.2	9.2	64,259	−3,472
1981	121.4	5,100	95.2	−4.3	73,963	625
1982	127.1	5,032	99.7	0.8	85,487	−8,868
1983	130.0	4,783	211.0	−2.9	93,745	−3,334
1984	133.0	4,939	223.8	5.4	102,127	7,034

단위: 인구(100만), 국민소득(1999년 헤알 기준 조정), 외채(USD, 100만), 무역수지(USD, 100만)

혼란스러웠던 1980년대 초반, 군정의 마지막 대통령인 조엉 피게레이도(João Figuereido)는 기존 대통령들에 비해 매우 초라한 경제 성적을 남기고 퇴임했다. 그가 취임할 당시 100%였던 물가가 퇴임하던 시기에는 2배로 늘어난 200%에 이르렀다. 그의 임기 동안 막대한 무역 및 재정 적자로 1,021억 달러의 외채가 늘어났고, 국가재정에 총 8억 달러 마이너스를 남겼다. 그리고 이 시기, 브라질에서도 민주주의의 바람이 서서히 불기 시작한다.

군사정부의 퇴장

유대인계 유고슬라비아 출신 기자인 블라드미르 헤르조그(Vladimir Herzog)는 4살에 브라질로 온 이민자로, 대학에서 철학을 전공한 후 《Estado de São Paulo》 신문사에서 기자 생활을 시작했다. 그는 언론계에서 나름 자리를 잡아 런던 BBC에서도 근무했고, USP 신문방송학과 교수로도 지냈다. 또한, 군사독재에 저항하는 세력으로 틈틈이 정치활동을 했는데, 브라질 공산당(PCB)에 연루되었다는 이유로 군 정보국에 체포되어 숱한 고문 끝에 죽임을 당했다. 이때, 정부는 그가 스스로 목숨을 끊었다고 밝혔다. 블라드미르는 유대인이었는데, 유대교에서는 자살한 사람은 쉬바(7일 추모)와 쉬로심(30일 추모)을 적용하지 않는다. 장례는 장례위원회인 헤브라 카디샤에서 진행했는데, 이때 브라질에서 활동하던 랍비 헨리 소벨은 블라드미르의 몸에 고문 흔적이 있음을 지적하며 자살이 아닌 타살이라고 언론에 밝혔다.

물론 당시는 군정 시절이었고, 언론은 엄격하게 통제되어 있어 소벨의 주장은 영향력이 그리 크지 않았다. 1978년 소송에서 판사 마르시오 모라에스는 블라드미르의 죽음에 연방정부의 책임이 있다고 보고 수사를 지시했지만, 이행되지 않았다.

70년대 말 브라질의 경제 상황은 매우 악화하고 있어, 이를 인식한 가이젤 대통령은 남동부 지역을 관할하던 군사령관을 해임하고 군의 정치활동을 점차 줄여 민주주의 정권이 들어설 초석을 다지겠다고 밝히곤 했다.

군사독재 초반의 대통령 중에는 온건파 까쓰뗄로 브랑꼬를 거쳐 강경파 꼬스따 이 실바와 메디씨 등으로 이어졌다. 꼬스따 이 실바와 메디씨는 강경파 중에서도 매우 과격했는데, 블라드미르 사건은 메디씨에서 가이젤로 대통령직이 넘어가는 상황에서 발생했다. 가이젤 정권 시기에는 제1차 오일쇼크로 브라질 경제가 본격적으로 하향했고, 피게이레도가 후임 대통령이 될 무렵, 이미 경제는 파탄에 가까웠을 정도였다. 그렇게, 국민들은 서서히 일어나기 시작했다.

1974년 총선거는 예외적으로 국민들이 시장과 의회 의원들을 대상으로 투표할 수 있었다. 정부 여당의 예상과 달리 국민의 지지에 힘입은 야당은 하원의회에서 160석(총 364석), 상원의회에서는 16석(총 22석)을 확보했다. 이에 위기를 느낀 가이젤 정부는 야당을 탄압할 정책을 만들었다. 그러면서도 가이젤 대통령은 "느리지만 순차적으로 그리고 안전하게(A abertura lenta, gradual e segura)" 민주주의가 진행될 것이라고 누차 말했다. 그가 취임하자마자 맞은 총선거에서 큰 패배를 거뒀기에 조치가 필요했던 이들은 다음 총선거에서 상원의회는 2/3를 교체하고 그중 1/3은 간접선거로 진행하는 정책을 내놓았다.

그러나 당시 악화하는 경제 상황으로 군정은 국정운영의 동력을 잃어갔고, 전국에서는 많은 시위가 일어나고 있었다. 더욱이 IMF 구제금융으로 서민경제가 파탄 수준에 이르자, 일각에서는 'IMF 아웃'이라는 구호를 외치면서 반대운동을 펼쳤다. 이때 대통령으로 취임한 피게이레도는 흐름에 맞춰 중요한 개혁안을 통과시켰다. 그 대표적인 법안인 정치인 사면령은 1979년 8월 28일 5표 차이로 아슬아슬하게 통과됐는데, 1961년부터 1979년까지의 정치범들을 사면한다는 법이었다. 피게이레도 대통령은 대승적으로 재가했다. 다당제 도입도 통과됐다.

그전까지 브라질에는 정부 여당인 Arena와 여당 겸 야당 역할을 하는 MDB가 있었는데, 다당제를 도입하자 사면령을 통해 정치권이 복구된 거물급 정치인들이 각자 자신이 원하는 세력들을 구축해 갔다.

● 〈표 4.4〉 새 정당법으로 생겨난 정당들

기존 정당	다당제 도입 후 변경	성향	내용
ARENA (정부 여당)	PDS (사회민주당)	–	군 출신과 옹호 세력들
MDB (야당)	PMDB (민주운동당)	보수*중도	기존 MDB 세력들이 울리쎄스 기마라엥스(Ulysses Guimarães) 중심으로 남음
	PDT (민주노동당)	진보 (노동)	조앙 굴라트(Joao Goulart) 전 대통령의 처남 레오넬 브리졸라 (Leonel Brizola) 중심으로 창당
	PTB (브라질노동당)	중도*진보 (노동)	Ivete Vargas, 바르가스 전 대통령 여동생의 손녀. 바르가스 정치를 표방하여 PTB 부활. 참고로 브리졸라도 바르가스계
	PT (노동당)	진보 (노동)	노조 활동을 하던 노동계와 사회주의 사상 인사들이 룰라(Lula) 중심으로 창당

이들 정당은 1982년 총선거를 치르게 됐는데, 당시 총선에서 정부 여당은 235석으로 제1당 자리를 유지했고, MDB에서 PMDB로 바뀐 야당은 200석을 확보했다. 인구 증가를 감안하여 총 하원의원 의석수가 1978년 420석에서 1982년에는 479석으로 늘었다.

전국적으로 민주주의 바람이 강하게 불고 있었다. 이는 예술계와 언론계, 사회 지식층 대다수로 이어졌다. 특히 1979년 사면받은 좌우의 정치인들은 블라드미르의 죽음을 비롯해 많은 사람의 희생을 헛되이 하지 않겠다며 길거리로 나서기 시작했다. 1983년, 떼오또니오 빌레라 상원의원은 〈Canal Livre〉와의 인터뷰를 통해 대통령 직선제 운동을 시작하겠다고 밝혔고, 같은 해 3월 31일 헤시피(뻬르남부꼬)에서 집회가 열렸다. 집회는 고아이나, 꾸리지바, 상파울루(빠까엠부 경기장) 등 브라질 전역에서 지속됐다. 노동자들은 노조를 통해, 일반 시민들은 자신들의 자유의사를 통해 운동을 전개해 갔다.

1983년 말, 피게이레도는 군정의 마지막 대통령으로서 정권 이양을 하겠다고 밝혔으나, 이를 믿지 않았던 야당은 계속해 직선제 운동을 진행했다. 그리고 1984년 1월 25일, 상파울루에서 30만 명, 2월 24일 벨로 오리존찌에서 40만 명, 3월 21일 리우데자네이루에서 20만 명, 4월 10일 또다시 리우에서 100만 명, 마지막으로 4월 16일 상파울루 센뜨로인 쎄 성당에서 아냥가바우까지 150만~200만 명이 집결하여 직선제를 외쳤다.

1984년 4월 25일, 의회에서는 직선제 법안이 제출되었다. 그러나 피게이레도 대통령과 여당의 의도적인 방해로 법안 통과 최소 의원 숫자를 맞추지 못해 부결되었고, 기존 룰에 따라 간접선거로 새 대통령을 뽑게 됐다. 이때 야당은 연합하여 미나스 주지사였던 딴끄레도 네베스를 대통령 후보로, 여당에서 탈당한 그룹의 일원인 사르네이 마라냥(Maranhão)주 상원의원을 러닝메이트인 부통령 후보로 내세운다. 군정의 기반이었던 정부 여당의 후보로는 상파울루 주지사를 지낸 빠울로 말루피가 나섰다.

이 선거에서 총 686표 중 480표를 획득한 딴끄레도가 말루피를 꺾고 간접선거에서 대통령으로 당선됐다. 20년 만에 군정시대의 막을 내리며 시민으로서 당선된 그는 이미 산전수전을 다 겪은 74세의 노련한 정치인이었다. 미나스 주의원, 하원의원, 상원의원, 주지사를 거쳐 바르가스 정부 법무부 장관, 혼란스러웠던 조엉 굴라트 정권의 유일한 국무총리도 역임했다. 특히, 그는 군정시대에도 망명을 가지 않은 정치인으로, 야당임에도 군과 잘 화합하려 노력했다.

그러나 딴끄레도는 당선된 지 2개월도 되기 전에 지병이 악화되어 취임하기도 전에 죽고 말았고, 그토록 바랐던 대통령궁의 경사로를 브라질 국기로 감긴 관속에서 오르게 된다. 그는 증세가 심해지는 상황에서도 수술을 받지 않았다. 공식적으로 대통령직에 취임해야 정권이 완전히 이양되는 것이라는 생각에 긴장을 놓지 않았던 것이다. 만약 그가 병상에 누운 채 부통령인 사르네이가 취임식에 오르면 군 출신들이 정통성이 없다며 거절할 수 있다고 판단했기 때문이다. 실제로 당시는 엄연히 군정시대였기에, 딴끄레도가 간선제로 당선되었음에도 피게이레도 대통령은 자신의 임기를 국가 행정명령(Ato Institucional)으로 연장할 수 있다고 공공연히 말해왔다. 그는 정권 약속대로 정권을 이행했지만, 딴끄레도가 단상에 올라오지 못하자 부통령으로 자리에 오른 사르네이에게 대통령 어깨띠를 이양하기를 거절했다.

사르네이는 엄연히 말하면 정부·여당 출신이다. 그는 JK의 PSD 당에 있다가 보수당인 UDN에서 마라녕 주지사로 당선됐다. 다만, UDN이 해산하자 MDB로 옮긴 다른 야당 정치인들과 달리 그는 군정 정당인 ARENA에 입당하여 상원의원을 지냈다. 또한, 딴끄레도의 러닝메이트가 되기 전에는 ARENA 정치인들이 만든 PDS에 몸담았고, PMDB(민주운동당)에 입당했다. 그렇다 보니 군 출신들은 그를 배신자로 보았고, PMDB의 사실상 리더였던 울리쎄스 기마라엥스(Ulysses Guimaraes)도 그를 탐탁지 않게 여겼다.

이런 정통성 없는 대통령이 연평균 1.7%의 경제성장, 1,021억 달러의 외채, 223%의 물가와 모라토리엄 선언이라는 암담한 경제 상황에서 대통령직을 승계했으니 앞들은 매우 어두웠다.

〈브라질 중앙은행. 수도 브라질리아市〉

5

인플레이션과의
대전 속
8년 연속 패배

(1985~1992년)

역사적 사건

1985년 1월 15일	딴끄레도 네베스(Tancredo Neves), 현행 선거제도로 대통령 당선
1985년	소비자 확대 물가지수(IPCA) 242%(년) 기록
1986년 2월 28일	끄루자도 정책으로 화폐 변경
1987년 2월 20일	조세 사르네이 대통령, 외채에 대해 모라토리엄 선언
1987년 4월	물가안정화를 위한 브레쎌 정책 발표
1988년 10월 5일	새 헌법 공포
1989년	소비자 확대 물가지수(IPCA) 1,973%(년)
1989년 1월	'여름 정책' 발표
1989년 11월 9일	베를린 장벽 붕괴
1989년 12월 17일	페르난도 꼴로르 후보, 직선제로 대통령 당선
1990년 3월	물가상승률 82%(월)
1990년 3월 16일	꼴로리 정책 발표. 가격 동결 및 계좌 압류 진행
1991년 1월 31일	꼴로르II 정책 발표. 가격 및 임금동결, 세금 인상, 이자 기준지수(TRF) 도입
1991년 3월 26일	메르코술(Mercosul) 창설
1991년 12월 26일	소련 붕괴
1992년 8월 12일	NAFTA(북미자유무역협정) 공포
1992년 9월 29일	꼴로르 대통령 탄핵안 시작
1992년 12월 29일	꼴로르 대통령 하야. 이따마르 부통령 대통령직 승계

"물가지수를 만드는 것은
이류 경제학자의 애용 도구이다."

- 밀턴 프리드먼(Milton Friedman, 1912~2006년), 미국 경제학자, 노벨 경제상(1976년)

1985년 딴끄레도 대통령의 러닝메이트이자 부통령이었던 사르네이가 대통령직을 승계했다. 그는 여당인 PMDB(브라질민주운동당) 소속이었지만, 내부적으로 정통성이 없다는 지적을 받고 있었다. 그의 정치 행적 때문이다. 사르네이는 군정 때 여당이었던 Arena 출신으로, 다당제가 도입되자 군부의 유지를 이어간 PDS에 잠시 몸담았다가 PMDB에 입당했다. 당시 제1야당인 PMDB로서는 간접선거에서 이겨야 하는 상황이었으니 PDS의 전신인 Arena에 뿌리가 있던 사르네이를 부통령으로 택했지만, 정말로 그를 원해서는 아니었기에 심기가 매우 불편했다. 부통령의 '부(副)' 자는 브라질에서 Vice라고 하는데, 유명한 브라질 방송인인 조 소아레스(Jo Soares)가 "Vice는 길 이름으로도 삼지 않는다."고 할 정도였으니 새로 대통령직을 맡은 사르네이의 위상이 어느 정도인지 짐작할 수 있다.

1985년 4월, 대통령에 취임한 사르네이는 223%라는 높은 인플레이션 상황을 해결하는 것이 급선무였지만, 현실은 녹록지 않았다. 그는 오랫동안 정치를 했음에도 중앙무대에서는 대중에 알려지지 않았고, 국민은 물론 재계 인사들의 지지도 없던 무명 정치인이었다. 이런 상황에서 그가 취할 수 있는 경제정책은 매우 제한적이었다.

인플레이션 원인 찾기: 관성 인플레이션

정통성이 없는 대통령이 반대세력을 단번에 사로잡을 방법은 국민의 막대한 지지를 받는 것뿐이다. 기적에 가깝지만, 국민들의 최대 관심사인 고물가 문제만 해결하면 가능했다. 그렇다면 물가를 잡을 방안에는 어떤 것들이 있을까? 전통적인 방식이라면 총수요를 줄이는 것과 기준금리인상 같은 수축정책들이 있다. 그러나 미국 연준의장이었던 폴 볼커가 물가를 잡기 위해 급격하게 기준금리를 올려 지미 카터가 재선에 실패한 것처럼, 전통적인 방식은 예외 없이 국민이 어려움을 겪게 되며, 취약한 산업이나 계층의 타격이 커지니 국가 지도자에게는 매우 부담스러운 조치였다. 국민의 지지율도 낮고 심지어 자신의 정당에서조차 지지를 받지 못하는 사르네이 입장에서는 매우 도전적이고 제한적인 상황이었다.

그렇다면 전통적인 방식이 아닌 비전통적인 방식으로는 과연 어떻게 해야 물가를 잡고 가장 효과적으로 성과를 낼 수 있을까? 사르네이의 경제팀은 먼저 물가 문제의 원인을 분석하기 시작했다. 그 결과, 첫째는 사람들의 인식이 문제요, 둘째는 가격과 임금이 무분별하게 물가와 연동되어 있기 때문이라는 결론을 내린다. 물가와 연동되면 모두 같은 시기에 하나의 기준으로 금액이 조정되고, 전월 기준으로 다양한 지수가 도미노처럼 올라가기 때문에, 경제 관점에서는 관리하기가 매우 어렵다. 더욱이 10여 년간 평균 100% 상승이 지속되자, 사람들의 머릿속에는 오랫동안 '이번 달에도 지난달 대비 10%는 올려야 한다.'라는 관성적인 사고가 박혀 있었다. 그래서 당시 경제학자들이 브라질을 가리켜 '관성 인플레이션'을 겪고 있다고 주장한 것이다.

말만 들어서는 이해하기 힘든 '관성 인플레이션'은 물리학의 '관성의 법칙'에서 차용한 개념이다. MIT에서 경제학 박사학위를 받은 전 중앙은행장 뻬르시오 아리다(Pérsio Arida)는 이를 "축구장에서 한 사람이 경기를 더 잘 보려고 갑자기 일어나면, 이어서 다른 사람이 일어나면서 결국 모든 사람이 일어나게 된다. 결론은, 모두가 앉아서 보는 것이나 일어서서 보는 것이나 똑같은데, 그 누구도 앉을 생각 없이 불편하게 서서 보는 것이다."[29]라고 설명했다. 이 주장을 처음 한 것은 70년대 중후반 재무부 장관이었던 마리오 엔히께 시몬센(Mario Henrique Simonse)이었지만, 구체화한 것은 1984년 9월 《가제따 메르깐찌우(Gazeta Mercantil)》에 〈물가연동 화폐: 관성 인플레이션을 제거하기 위한 제언(A moeda indexada: uma proposta para eliminar a inflação inercial)〉이라는 제목으로 칼럼을 기고한 안드레 라라 헤센지(André Lara Rezende)다.[30]

라라는 당시 PUC-RJ 경제학 교수로, MIT에서 경제학 박사학위를 받았다. 많은 전통 경제학자는 라라의 칼럼을 불편해했지만, 당시 FGV 경제학 교수였던 시몬센은 공개적으로 이 칼럼을 지지했다고 한다. 이때부터 라라는 관성 인플레이션의 존재를 공개적으로 부각하는 동시에 해결 방안을 화폐에서 찾아야 한다고 주장했다. 그러나 시장은 이 제언을 매우 위험한 논리로 받아들였고, 비전통적인 물가 해결 방식은 그 어느 경제학자들의 호응도 받지 못했다. 이를 인지한 라라는 같은 해 12월 〈물가연동 화폐: 마법도, 만병통치약도 아니다(A moeda indexada: nem mágica nem panacéia)〉[31]라는 칼럼을 개재해 비판에 정면으로 대응했다. 훗날 인터뷰에서 라라는 두 번째 칼럼에 대해 자신의 논리를 비판한 전통 경제학자들에게 사춘기 청소년 같은 마음으로 반항하기 위해 썼다고 했다.

안드레 라라는 모교인 PUC-RJ에서 경제학 강의를 하고 있었는데, 이때 PUC-RJ 방문교수였던 존 윌리엄스 MIT 및 프린스턴 경제학 교수가 관성 인플레이션을 좀 더 구체화할 필요가 있지 않느냐고 물었다. 이에 라라는 아리다와 함께 자신의 두 칼럼을 조금 더 보강하고 영문으로 번역해 〈브라질의 관성 인플레이션과 화폐개혁(Inertial inflation and monetary reform in Brazil)〉이라는 논문을 MIT 학회에서 발표했다.[32] 훗날 미국 재무부 장관을 지내게 된 로런스 서머스(Lawrence Summers) 당시 하버드 대학교 경제학 교수도 이 학회에 참가했는데, 그는 라라와 아리다에게 "당신들이 제언하는 해결 방책은 매우 위험하다. 고물가 문제를 고통 없이 해결하는 것은 결국 정치인들을 비롯해 사회에게 잘못된 메시지를 전달하여 이는 곧 사회에 커다란 파탄으로 돌아올 것이다."라고 했다. 라라는 인터뷰를 통해 "시간이 지나고 보니 서머스 교수의 의견은 예언적이었고, 우리는 끄루자도 정책을 통해 이를 몸소 느꼈다."라고 회상했다.[33]

인플레이션의 원인을 알게 된 사르네이 정부는 새로운 화폐 및 경제 개혁안을 준비했고, 당시 기업인 출신 재무부 장관 지우손 푸나로(Dilson Funaro)와 기획부 장관 조엉 사야지(João Sayad, 예일대 경제학 박사), UniPuc이라 불리던 Unicamp(깜삐나스대학교)와 PUC-RJ의 경제학 교수 및 연구원 출신들이 자문 역할을 맡아 끄루자도 정책을 준비한다.

끄루자도 정책을 구성한 경제팀

브라질은 전쟁이 없는 나라로 유명하다. 뿐만 아니라, 외교적으로도 중립적인 스탠스라 비교적 분쟁에서 자유로우며, 한편으로는 분쟁을 조정하는 역할까지 한다. 그러나 과연 브라질에 전쟁이 없었을까? 나는 80년대 후반 태생이라 다행히도 브라질의 초인플레이션 시기를 겪지 못했지만, 많은 사람은 이 기간을 그 어느 전쟁보다 더 치열했던 시기라고 기억한다. 그렇다. 브라질 국민들이 몸소 참가한 전쟁은 70년대 후반부터 90년대 초반까지 지속된 하이퍼인플레이션 또는 초인플레이션(경제학자들은 이 기준을 월 단위 물가상승률 두 자릿수로 정했다) 시기로, 당시 서민들의 가장 큰 자산은 저축이 아니라 상하지 않는 음식을 최대한 많이 확보하는 것이었다고 한다. 지금도 브라질 국민 중 은행 계좌를 가진 사람은 절반 정도에 불과하만, 그때는 훨씬 적었다. 어쨌든, 당시 서민들은 급여를 받으면 슈퍼마켓으로 달려가 새 가격표를 붙이는 점원보다 빨리 제품을 카트에 넣으려고 애썼다고 한다.

사르네이 정부 경제팀은 관성 인플레이션이 물가상승의 원인이라 판단했고, 이를 해결하기 위해 비전통적인 방식의 경제정책을 준비하기 시작했다. 앞서 말했듯 당시의 정부는 지지율이 매우 낮은 상황이라 모든 국민이 큰 고통을 겪게 될 전통적인 방식은 취할 수가 없었기 때문이다.

브라질 정부 경제팀원 중 PUC-RJ 교수였던 뻬르시오 아리다는 1985년에 비전통적인 방식으로 물가를 안정시킨 경험이 있는 이스라엘을 방문했다. 당시 이스라엘은 수축경제정책으로 물가연동을 중단했음은 물론이고, 모든 제품과 서비스의 가격을 동결했다. 또한, 정부에서 가격표를 관리해 시장의 공급가격을 조정했다. 이러한 비전통적인 정책으로도 이스라엘의 물가는 안정됐고, 이를 가까이서 본 뻬르시오는 끄루자도 플랜을 준비했다.

당시 경제학자들은 브라질의 인플레이션 원인에 대해서는 의견을 통일했지만, 해결 방책에 대해서는 의견이 둘로 나뉘었다. 뻬르시오 아리다와 안드레 라라가 주장한 것은 일명 '라리다(Lara Resende-Arida) 플랜'으로, 달러와 연동된 가상화폐를 도입해 2개의 화폐를 운용하자는 것이었다. 반면, 시코 로뻬스(Chico Lopes, PUC-RJ 경제학 교수)와 브레쎌 뻬레이라(Bresser Pereira, FGV 경제학 교수), 요시아키 나카노(Yoshiaki Nakano, FGV 경제학 교수)는 적극적인 수축정책으로 임금과 가격을 동결시킬 것을 주장했고, Unicamp 교수 출신 벨루죠(Luiz Gonzaga Belluzzo), 조엉 마누엘 까르도죠 멜로(João Manual Cardoso Mello)는 로페스-브레쎌-나카노와 결을 같이하면서도 소득분배는 적극적으로 해야 한다고 주장했다.

의견은 많이 갈렸지만, 대다수는 정부의 일원으로서 참가했다. 안드레 라라는 중앙은행에서 외채 협상을 담당하게 됐고, 뻬르시오 아리다는 재무부 사회경제정책 담당, 벨루죠는 재무부 차관, 조엉 마누엘은 재무부 장관 특별보좌관으로 임명됐다. 이외에도 예일대에서 경제학 박사 학위를 취득한 PUC-RJ 출신 에지마르 바샤가 IBGE(브라질지리통계원) 원장, USP 경제학 박사이자 버클리 경제학 박사인 안드레아 깔라비(Andrea Calabi)가 IPEA(경제응용연구소) 소장, 하버드 경제학 박사 출신 시코 로페스(Chico Lopes)는 기획부 장관 보좌를 맡았고, BBA투자은행 창립자 페르넝 브라셀(Fernão Bracher)까지, 말 그대로 국내외 경제학

석학들과 경제 실무를 잘 아는 사람이 모두 모인 드림팀을 구성했다.

끄루자도 정책의 초안에는 가상화폐 신설이 있었다. 이를 뒷받침한 논문 〈Larida Paper〉가 가상화폐 신설을 제안하는 데는 크게 두 가지 중요한 배경이 있다. 첫째, 정부의 재정수지인 수입과 지출 및 금융정책이 안정적으로 운영되어야 한다는 것이다. 이를 위해서는 과도한 재정지출을 예방하고, 시장에 혼란을 일으킬 수 있는 금융정책들을 제한해야 한다. 특히, 수요와 관련해 정부의 적극적인 개입을 지양하고, 농업을 촉진하기 위한 환율 절하도 없어야 한다. 둘째, 앞서 말한 대로, 물가상승이 발생하는 이유가 통화량이나 소비제품 원가 상승이 아닌, 오로지 관성 인플레이션 때문에 발생하는 것이라 간주한다. 이들이 제안한 가상화폐의 역할은 관성 인플레이션을 적극 퇴치하는 것이다. 쉽게 말해, 모든 사람에게 2개의 화폐에 대한 기준점과 선택권을 부여하고, 국민 스스로 자신이 원하는 방식으로 가격을 올리는 방안이다. 여기서 가상화폐는 달러와 연동되어 있지만, 실제 물가와는 연동되지 않는 비물가연동화폐다. 실제 통용 화폐가 물가상승으로 가치가 떨어지더라도 가상화폐는 물가와 연동되지 않기 때문에 가치도 떨어지지 않고 안정적으로 운영될 것이다. 이를 목격한 많은 사람이 가상화폐 기준으로 가격을 연동하기 시작하면 물가가 잡힌다는 것이 핵심 논리다. 그러나 정부 법률가들은 이를 위헌이라 보았고, 결국 이들이 제안한 가상화폐 신설은 현실화되지 않았다. 1986년 2월, 사르네이 대통령은 결국 핵심이 빠진 끄루자도 정책을 절대적인 지지로 의회에서 통과시킨다. 이때까지만 해도 브라질 경제는 연평균 약 5% 성장하고 있었고, 물가상승률은 1985년 230%, 월 15% 정도였다. 결국 끄루자도 정책은 물가연동 중단과 가격 동결을 무기로 물가와의 첫 대전을 시작한다.

⊙ **〈표 5.1〉 끄루자도 정책의 주요 내용**

항목	설명
새 화폐 도입	새 화폐는 끄루제이로에서 끄루자도로 변경하며, 1,000 끄루제이로는 1 끄루자도로 변환한다.
가격 동결	모든 소비 물품의 가격은 동결된다. 또한, 일반 시민은 자발적으로 물가 감시자 (Agente Fiscalizador)가 되어, 가격 동결을 위반하는 상점을 고발할 수 있다. 가격 동결 중단은 오로지 행정부의 결정으로만 가능하다.
물가연동 중단	1964년 깜뽀스—불료엥스가 만든 국가재정 물가연동 의무제 (Obrigação Reajustável do Tesouro Nacional, ORTN)는 폐지되며, 이를 대체하기 위해 국가재정 의무(Obrigação Tesouro Nacional, OTN)를 만든다. 국가재정 또한 1987년 3월 3일까지 동결한다. 단, 근로자 연금(FGTS, PIS/PASEP)과 저축통장의 화폐 가치 변동은 유지된다.
급여: 끄루자도 변환	급여는 소비자물가지수(IPCA) 기준치인 8%로, 끄루자도로 변환된다. 최저임금은 16% 인상한다.
급여: 물가연동	급여의 물가연동은 물가가 20%에 도달해야만 조정 가능하다.
월세, 학비, SFH (주거재정 시스템) 조정	해당 비용들은 기준치에 부합하여 조정된다. 기준치는 직전 6개월 평균치로 정한다.
환율 정책	환율은 1달러에 13.8 끄루자도로 정한다. 단, 환율은 일시적 동결로, 중앙은행은 필요에 따라 개입할 수 있다.

끄루자도 정책의 핵심은 가격 동결인데, 광활한 브라질 땅에서 거래되는 모든 품목을 정부가 관리하기는 어려웠다. 그래서 정부는 국민들에게 감시관 역할을 요청했고, 국민들은 자발적으로 '사르네이의 감시관(Fiscal de Sarney)'을 자청하며 정부에서 정한 가격표를 위반하는 상

점들 대상으로 '사르네이 대통령 이름으로(Nome do Presidente Sarney)' 문을 닫으라고 외쳤다. 정책 발표 다음 날인 1986년 3월 1일, 꾸리찌바의 한 슈퍼마켓에서 어떤 시민이 2개의 마요네즈 중 하나에 방금 가격표를 붙인 것을 보고는 화를 내며 곧장 상점 입구로 가서 문을 닫았다. 이어서 그는 "조세 사르네이, 우리의 새 공화국 대통령의 이름 그리고 국민의 명으로 이 상점을 닫는다!"라고 외쳐 많은 사람의 환호를 받았다.

◎ 〈그래프 5.1〉 1986년 1월에서 12월까지의 물가

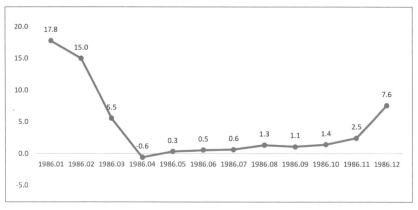

출처: 브라질지리통계원(IBGE)/IGP–DI(국내총가격지수)

약 20년의 군부독재 동안 국민은 제대로 목소리를 낼 수 없었는데, 민주정권이 들어서자 감시관 역할을 자처하며 적극적으로 목소리를 내기 시작했다. 이어서 가격 동결로 물가가 잡히기 시작했고, 정책이 시행된 3월에는 전월 15%였던 물가상승률이 5.5%로 내려갔으며, 4월에서 7월까지는 1% 미만으로 유지됐다. 국민들은 열광했고, 정통성이 없었던 대통령의 지지율은 일시적이지만 가파르게 올랐다.

늦게나마 이루어진 금융시스템의 개혁

1944년, 브레턴우즈 협정에서는 국가의 통화정책과 금융경제를 책임지는 중앙은행 설립에 합의했다. 이미 중앙은행이 있는 국가들은 그 기능을 조정해야 했고, 브라질처럼 중앙은행이 없는 국가에서는 설립이 추진됐다. 그러나 당시 브라질 정치권에서는 독립적인 중앙은행보다는 자신들이 영향력을 행사할 수 있는 대안을 찾았고, 이를 위해 국영은행이자 상업은행 역할을 하는 브라질은행(Banco do Brasil) 내에 수모끼(Sumoc, 통화금융국)를 만들어 중앙은행 역할을 맡겼다. 20년이 지난 1964년, 군정이 들어서자 중앙은행 설립이 현실화됐다. 초기의 브라질 중앙은행은 독립적으로 운영됐지만, 시간이 지나자 금융계에서 막강한 영향력이 있던 중앙은행 총재에 불만을 느낀 꼬스따 이 실바 대통령이 "국가에 프레지덴찌(Presidente, 대통령)는 나 한 명뿐이다."라고 외치며 중앙은행 총재를 비롯한 주요 국장들을 강제 해임했다.

이때, 금융과 통화를 총괄하는 중앙은행과 시중은행인 브라질은행 사이에는 '공통계좌'라는 기형적인 관계가 있었다. 화폐 발행 권한은 중앙은행에 있지만, 공통계좌를 통해 브라질은행이 필요에 따라 재정을 추가로 지출할 수 있는 아이러니한 구조였다(중앙은행은 일반 시중은행과 달리 수입이 없는 구조이기 때문에, 추가 지출이 발생한다는 것은 곧 화폐 발행을 의미한다).

당시의 브라질은행은 지금처럼 단순한 상업은행 역할만 한 것이 아니라, 정치인들의 이해관계에 따라 특정 산업 촉진 정책을 위한 대출을 해주거나, 주지사들의 관리하에 있던 주(州) 은행들을 대상으로 적극적인 대출을 해주었다. 또한, 중앙은행에는 농업 관련 사업을 파이낸싱(대출)하는 농업촉진국이 있을 정도로, 두 은행은 서로의 역할이 뒤바뀌어 운영되는 구조였다. 어쨌든 공통계좌는 말 그대로 브라질은행의 '필요에 따라' 사용됐는데, 이 계좌에서 자금을 출금하는 것은 화폐를 발행하는 것과 마찬가지였다. 또한, 공통계좌를 자율적으로 사용하는 부처는 바로 정부인데, 이때까지만 해도 브라질 정부에는 국고국이 없어 정부는 예산을 무분별하게 사용했다.

에르나니 갈베아스(Ernane Galvêas)는 70년대부터 중앙은행 총재와 재무부 장관을 역임했다. 그는 당시 재무부 장관의 권력에 대해 "영국의 여왕보다 높고, 금융 관련해서는 대통령보다 막강했다."고 회고했다. 재무부 장관이 중앙은행 총재와 브라질은행의 은행장을 임명했고, 두 은행의 대출 한도를 의회 승인 없이 확대할 수 있었으며, 공통계좌를 통해 정부의 지출을 원하는 만큼 늘릴 수 있었으니 틀린 말도 아니다. 더욱이 공통계좌에서 충당되는 지출은 본예산에 포함되지 않았다. 당시 정부 예산에는 국영기업예산, 연금예산, 특별회계예산과 본예산이 있었다. 본예산은 지금처럼 입법부 심의를 거쳐 통과되지만, 그 규모 30% 미만이었고, 브라질 은행과 중앙은행이 사용하던 공통계좌는 특별회계예산에 있어 관리가 불투명했다.

이러한 제도적인 한계를 잘 알고 있었던 재무부는 1984년에 이미 공통계좌 폐지를 추진했지만, 권력 싸움에서 밀려 실패했다. 그러나 1986년 사르네이 정부는 끄루자도 정책이 표면적으로 물가를 안정시켜 지지율이 높아지자 이런 근본적인 개혁이 가능해졌다. 공통계좌 폐지뿐만 아니라 1986년에는 다양한 금융제도 개혁을 진행했다. 아래 정리한 개혁들은 행정명령 차원에서 진행된 것이었고, 이후 1989

년, 헌법을 통해 보다 진보적인 개혁을 추진하기도 했다. 또한, 이때부터는 국고국 신설과 국가시스템 통합으로 회계정보들이 신뢰할 만한 수준으로 개선됐다.

○ **〈1986년 주요 금융 개혁〉**

◆ **공통계좌 폐지**: 1984년 재무부 차관인 마일손 노브레가(Mailson Nobrega)가 추진한 정책. 실제로 갈베아스 재무부 장관의 지원으로 추진됐지만, 폐지에 실패한다. 1986년, 끄루자도 정책에 힘입어 사르네이 정부의 재무부 장관이었던 푸나로(Dilson Funaro)의 임기 내에 최종 폐지됐다.

◆ **국고국 신설**: 이때까지 브라질 정부는 국고국이 없었다. 국고국 신설은 단순히 나라의 살림살이를 책임질 부처를 신설하는 것이 아니라, 국가의 회계체계를 시스템화하는 것이었다. 재무부 산하에 국고국을 신설하여 국가의 재정을 체계적으로 관리할 수 있게 됐다. 또한, 동 기간 연방정부 금융통합시스템(SIAFI)을 만들었다. SIAFI는 연방정부의 모든 부처 회계를 통합관리 하는 시스템으로, 정부는 한눈에 회계를 관리할 수 있게 됐다.

◆ **국가 예산 통합**: 총 네 가지였던 국가 예산을 하나로 통합하여, 의회의 승인으로 국가재정이 운영되도록 했다. 이로써 재무부 장관은 모든 지출에 사전 승인을 받게 되면서 국가재정체계가 잡혔다.

브라질 금융 역사상 가장 많은 개혁이 추진된 시기는 체계를 잡기 위해 여러 개혁안을 시행한 1930년대 대공황 이후와, 1964년 군정이 들어선 후 깜뽀스-불료엥스 장관이 중앙은행 설립 등 개혁을 추진한 시기, 마지막 한 번이 바로 이 시기였다. 그러나 안정되는 것 같던 물가는 조금씩 파열음이 나오기 시작했고, 정부는 이에 대처하기 위해 끄루자징유(Cruzadinho)를 7월에 발표했다. 당시 정부의 경제정책 방향은 물가연동 중단으로 물가상승을 억제하고 가격 동결로 공급과 수요 균형을 맞추는 것이었다. 실제로 기준금리도 마이너스 또는 한 자릿수로 유지해 표면적으로는 모든 것을 동결하되 시장은 더 활발하게 하려 했지만, 암달러 시세가 크게 올라가고 있었고, 시중에는 대출과 같은 금융상품 공급 붐이 일어났다. 이 모든 것이 소비자의 구매력을 상승시켰는데, 높아진 구매력에 대응할 만한 수요가 없다면 물가는 오를 것이 뻔했다. 여기서 경제팀의 의견이 나뉘었다. 동결을 전면적으로 풀자는 쪽, 일부만 가격을 풀자는 쪽, 높아진 금융상품 공급과 수입으로 인해 국가재정수지 적자가 나고 있으니 IMF의 구제금융을 받자는 쪽이었다. 이 세 가지 옵션 중 가격 동결을 전면적으로 푸는 것은 다시 폭발적인 인플레이션이 시작될 우려가 있어 정치적인 부담이 컸고, 여론은 IMF에 여전히 부정적이었다. 결국, 차선책이 선택됐다. 특별세금으로 자금을 확보하여 국가주도 주요 사업에 투자하는 것으로, 가솔린(에탄올 포함)과 자동차 구매에 대해 세금을 부과해 3년 뒤 환급한다는 계획이었다. 또한, 달러 거래세의 환급을 중단한다는 안도 포함되어 있었다.

이처럼, 지지율이 높았음에도 정부는 다가올 11월 총선 때문에 적극적인 정책을 펼칠 수 없었고, 실제로 발생하고 있던 문제에도 대처하지 못하고 질질 끌다가, 제2차 끄루자도를 발표했다. 제2차 끄루자도는 여당인 PMDB가 총선에서 압승을 거둔 1주일 뒤에 발표됐다. 당시 PMDB는 하원의회의 과반 이상, 상원의회의 2/3 이상을 확보했고, 23개 주(당시는 아마빠(Amapa)와 또까찐스(Tocatins)가 없었음)에서 22명의 주지사를 배출했다. 그러나 국가 경제는 매우 불안정해져 갔고, 물가 문제 외에도 정부의 재정 적자가 심각한 수준이었다. 사르네이 대통령 취임 당시 브라질의 외채는 1,021억 달러에 달했고, 계속 늘어났다. 1982년부터 1986년까지 경상수지는 누적 878억 달러 적자였다.

제2차 끄루자도는 소비 관련 간접세를 올려 경제성장률을 4%대로 유지하고자 했다. 이를 위해 기준금리(Taxa SELIC)와 오버나이트 금리(SELIC Over)를 올렸는데, 효과는 미미했다. 이어서 간접세를 올렸다. 자동차, 담배, 술, 전기, 전화, 우체국 비용 등이 올랐다. 그럼에도 12월에 7.6%가 상승한 물가는 1987년 1월 10% 이상 올랐고, 누적 물가상승률이 20%에 이르자 급여도 상승했다. 인플레이션을 억제하기 위해서는 공급과 수요의 균형을 맞춰야 하는데, 급여의 상승은 곧 수요의 증가를 의미하니 정부 입장에서는 난감할 수밖에 없었다.

○ 〈브라질 기준금리〉

브라질의 기준금리는 SELIC(Sistema Especial de Liquidação e Custódia, 직역하면 '자산매매 특별시스템')으로, 시중은행들은 매일 입금되는 금액의 일정 비율을 중앙은행에 입금해야 한다. 이를 충당하기 위해 국채를 매입 또는 매매한다. 해당 이자 기준을 'Taxa SELIC(오버나이트 금리)'이라 하는데, 이를 기준금리로 정한다. 또한, 오버나이트 금리는 대형은행들이 은행 간의 단기대출에 지급하는 이자로, 중앙은행 역시 은행 간 거래되는 국채에 대해 해당 금리를 1일 기준치로 계산하는 것이다. 따라서, 기준금리는 일정 기간 유지되는 금리인 반면, 오버나이트 금리는 매일 거래되는 물량에 따라 변동된다. 초인플레이션 시기에는 은행에 입금하면 오버나이트 기준으로 이자를 지급했으니 상류층은 고물가 상황에서 자신들의 자산을 보호할 수단이 됐고, 이를 통해 이들의 구매력은 물가상승과 동일하게 유지됐다.

제2차 끄루자도가 효과를 보기도 전에 시장은 이미 실패한 정책으로 인식했는데, 이는 정책 발표 한 달 뒤의 물가지수 때문이다. 첫 30일이 지난 뒤의 인플레이션은 월 7.6%를 기록했고, 그다음 달인 1987년 1월에는 12.0%를 기록하여 정부도 사실상 실패를 인정했다.

브라질 경제는 물가상승 외에도 외채 때문에 골머리를 앓았다. 1·2차 오일쇼크로 인해 외채는 지속적으로 증가했고, 이에 대응하기 위해 자국 산업을 보호하고자 오랫동안 수입제품 대체정책을 펼쳤다. 그러나 물가상승을 멈추기 위해 정부가 가격을 동결하자, 시장에서는 공급난이 일어나기 시작했다. 이를 완화하고자 조금씩 수입을 허가했지만, 오랫동안 수입제품 대체정책을 펼쳤던 시장에서는 갑작스럽게 늘어난 '수입'으로 인해 외환고가 빠르게 줄기 시작했고, 동시에 외채와 이자가 눈덩이처럼 불어났다. 결국, 정부는 이 상황을 타개하고자 1987년 3월 국제 시장과 상호 합의하에 외채 이자 지급을 무기한 중단하는 외채 모라토리엄을 선언했다.

모라토리엄이 국가에 미치는 가장 치명적인 타격은 바로 국제금융 사회와의 신용 하락이다. 외국 자본을 더 이상 사용하지 못하게 되는 것이 그 시작으로, 한번 잃어버린 신용을 회복하기는 매우 어렵다. 또한, 당시의 상황을 타개하려면 지속 가능한 성장동력이 필요했는데, 이를 내부적으로 창조하기에는 당시 브라질의 산업은 매우 취약했고, 무역도 폐쇄된 상황이었다. 언론을 통해 후에 밝혀진 이야기지만, 사르네이 대통령은 당시 모라토리엄 선언이 온전히 경제적인 결정이 아니라 정치적인 상황을 타개하기 위해서이기도 하다고 말했다. 여기서 말하는 정치적인 상황이란 제헌국회를 의미한다. 1986년 11월 총선에서 당선된 상하원의원들은 1987년 2월 제헌국회를 구성하여 본격적으로 새 헌법에 대한 논의를 시작했다. 당시 하원의원들은 대통령제보다 내각제를 선호했다. 특히 PMDB의 상원의원이었던 페르난도 엔히께 까르도소(Fernando Henrique Cardoso, FHC. 1994~2002년 브라질 대통령), 마리오 꼬바스(Mario Covas, 1995~2001년 상파울루 주지사) 등 진보 정치인들은 내각제를 지지했다. 반면 중도 또는 중도보수층이었던 사르네이 대통령과 그의 세력들은 대통령제를 유지하고 싶어 했기에 정치적인 대립이 있었다. 결국, 정치적인 문제를 해결하기 위해 경제와 관련해 더 큰 문제를 가져오는 상황에 이른 것이다.

끄루자도의 실패 원인

브라질의 인플레이션 문제는 다른 국가들과는 차원이 달랐다. 비록 80년 전부터 오르고 있었던 물가는 70년대 오일쇼크와 그 여파로 생겨난 중남미 국가들의 외채가 큰 원인이었지만, 당시 브라질 경제는 농업 기반이었고, 수출 성적도 그리 나쁘지 않았다. 그러나 인플레이션은 관성적이라 모두가 매달 말일에 판매되는 상품의 가격을 조정했고, 급여 역시 일정 기간을 두고 조정됐기 때문에, 문제 해결 방책은 매우 복합적이었다. 모든 사람의 급여 인상을 중단하는 것은 사실상 불가능에 가까웠고, 급여가 오르면 구매력이 커져 자연스럽게 물가도 오르니 도미노와 마찬가지였다. 참고로, 브라질이 따라가고자 했던 이스라엘은 노조들과의 합의로 가격과 임금동결을 이루어 낸 것이었다.

그러나 끄루자도가 실패한 가장 큰 원인은 '가격 동결'이라는, 강력하지만 효과가 일시적인 약을 처방한 정치인들 탓이라고 할 수 있다. 가격 동결은 원래 3개월 정도만 진행할 계획이었지만, 즉각 효과를 보이자 정부는 계속 유지하기로 했다. 이를 뒷받침하는 근거는 급여다. 끄루자도는 누적 물가상승률이 20%에 달하면 임금을 올리기로 했는데, 당시 인플레이션을 고려하면 그리 오래 걸리지 않을 것이 분명했고, 실제로 12개월밖에 걸리지 않았다.

이런 예외적인 상황이 발생했음에도 불구하고, 정부는 가격 동결 외의 다른 정책을 취하지 않았다. 재정 및 통화와 관련된 정책은 부재했고, 재정수지가 적자를 기록하자 추가 세수를 확보하기 위해 끄루자징유나 제2차 끄루자도를 발표했다. 그러나 이마저도 내부적으로 제대로 된 회계정보조차 확보하지 못해 도미노 현상은 계속됐다. 그 마지막은 달러 문제였다. 끄루자도는 달러를 동결하는 정책을 취했지만, 갑작스레 늘어난 수입에 대처하지 못한 채 외환고가 줄어드는 결과를 가져왔다.

이외에도 구조이론에 근거하는 중남미 경제학자들은 보다 거시적인 측면에서 원인을 찾는다. 브라질 같은 농업 기반 국가는 물가상승과 경제성장이 양립한다는 것이다. 즉, 경제성장을 위해서는 농업을 촉진해야 하는데, 그렇게 되면 농산물 공급이 국제사회에 집중돼 고스란히 국내시장의 가격 상승으로 이어진다는 논리다.

빈부격차에서 근거를 찾기도 한다. 브라질처럼 빈부격차가 심한 나라는 자본가와 노동자의 현실이 너무나도 달라 공급의 균형이 맞지 않는다는 것이다. 이는 '빅맥지수(The Big Mac Index)'를 보면 쉽게 알 수 있다. 빅맥은 거의 모든 나라에서 판매되는 맥도널드의 대표 메뉴다.

이런 상품은 대체로 선진국에서는 비싸고 후진국에서는 저렴한 것이 상식이다. 여기에 한 가지 더해 살펴볼 것이 공급과 수요다. 이런 정보들을 종합적으로 취득하면 국민들의 구매력을 대략 알 수 있다. 빅맥지수를 임금 수준과 비교해 보면 그 나라의 통화 가치와 물가 수준 등을 파악할 수 있는데, 2022년 1월 기준 한국의 빅맥지수가 3.82달러, 브라질은 4.31달러다. 양국의 임금은 엄청난 차이가 있으니, 브라질에서 어떤 이가 가격을 올리는지 쉽게 알 수 있다.

관성 인플레이션이 문제였을까? 끄루자도 정책을 비판했던 고전파 경제학자들은 정부의 바람과 달리 실제 국민들이 과연 인플레이션 0%를 원했는지에 대해 의문을 제기했다. 정부가 관성적으로 내놓은 카드는 물가연동 중단과 기준금리 동결로, 이를 통해 국민들의 행동이 변화하길 기대했지만, 실제로 이루어지지는 않았다. 오히려 구매력이 충분한 국민들은 오버나이트 이자를 받고자 돈이 들어오면 은행에 입금하기 바빴다.

마지막으로, 자국 무역정책도 문제였다. 수입제품 대체정책을 오랫동안 펼친 브라질로서는 자국 산업이 수요를 따라가기에는 역부족이라, 시장에서는 Shortage(상품 부족) 사태가 반복됐다. 참고로 2차례 오일쇼크로 인해 70~80년대 브라질은 수입 품목 관리체제를 펼치고 있어, 국민들은 세금을 내고 물건을 정식으로 가져오고 싶어도 정부로부터 허가를 받아야 했다. 그만큼 외채와 외환으로 큰 어려움을 겪던 시기였다. 예를 들어, 1986년 중반 시보레 몬자의 1년 된 중고차 가격은 실제로 판매되는 새 차보다 비쌌다.

끄루자도를 축구 경기에 비유하자면, 약팀이 강팀을 상대로 후반전 15분까지 1-0으로 선방하다가, 갑자기 한 골을 더 먹더니 도미노처럼 무너지기 시작해 1-7로 대패한 경기라 할 수 있다(브라질 월드컵에서 브라질이 독일에 패배한 스코어로, 이때부터 참담한 패배를 1-7로 칭한다). 1987년, 모라토리엄으로 인해 푸나로 재무부 장관이 사임하고 후임으로 FGV경제학 교수인 브레쎌이 취임하면서 '브레쎌 정책(Plano Bresser)'을 발표했다.

끄루자도 정책 이후, 사르네이 정부는 총 세 가지 추가 물가안정 정책을 발표했다. 새 재무부 장관으로 취임한 브레쎌-뻬레이라(Bresser-Pereira) 교수의 '브레쎌 정책(1988년 7월)', 브레쎌 사임 후 마일손 노브레가(Mailson Nobrega) 장관의 '훼이죵 꽁 아호스(Feijão com Arroz, 1988년 1월. 경제의 기본적인 것에만 집중한다는 의미에서 브라질인의 주식인 밥과 콩죽에서 따온 이름)', '여름 정책(Plano Verão, 1989년 1월. 여름에 발표되어 '여름'을 뜻하는 '베라웅' 정책이라 칭함)'이다. 그중 브레쎌 정책과 여름 정책은 기존 끄루자도 정책과 달리 새로운 물가지수를 만들어 기존 물가지수들의 영향을 줄이기 위해 조금 더 긴 텀으로 물가를 계산해 임금과 가격 상승을 억제했다. 화폐의 단위 또한 변경(1,000을 1로)했다. 이 모든 정책 역시 관성 인플레이션 이론을 기반으로 했기 때문에, 정부는 또다시 가격 동결을 시행했다. 그러나 한 번 실패한 가격 동결이 다시 한다고 성공할 리는 없었다. 훼이죵 꽁 아호스 정책은 마일손 장관이 취임하자마자 기자들의 집요한 질문에 "가장 기본적인 것에 충실할 것이다.", "가격 동결과 같은 비전통적인 방법이 아닌 전통적인 방식을 취할 것이다."라고 답하면서 언론이 명명한 정책이다.

오일쇼크, 중남미 외채 위기, 늦어진 금융 개혁 등이 종양을 키웠다면, 이때 취한 비전통적인 정책들은 이 종양을 암으로 변이하게 만든 과정이었다. 정부는 수술로 문제의 근원을 해결하기보다는 검증되

지 않은 대체의학 약들로 대처한 꼴이었다. 결국, 초인플레이션 문제
는 80년대 초반에 비해 너무나도 커져서 과연 '비전통'적인 경제정책
을 취해야 했는지 아니면 그냥 그대로 놔두는 편이 차라리 나았을지
도 헷갈릴 정도로 혼란스러웠다.

1988년 헌법과 경제

1987년도는 브라질 역사에 한 획을 긋는 대형 프로젝트가 진행됐
다. 바로 새 헌법이다. 비록 주요 경제정책들은 실패했지만, 당시 헌법
은 1967년 군사 쿠데타로 만들어졌기 때문에 개헌은 불가피했고, 이
제 정치인들 간의 주도권 싸움이 시작되고 있었다. 새롭게 공포되는
헌법에 대해서는 여당인 PMDB(브라질민주운동당)의 울리세스 기마라엥스
가 국민의 사회보장권을 대폭 강화하는 안을 주장한 반면, 대통령인
사르네이는 브라질의 경제적인 상황을 더 고려해야 한다고 했다. 결국
개헌이 되자, 사르네이는 언론을 통해 "새 헌법은 국가경영을 어렵게
만들었다."라고 공개적으로 밝혔고, 울리세스는 "새 헌법은 국가에 새
빛을 줄 것이며, 국가경영의 표본이 될 것이다."라고 받아쳤다.[34]

새로운 헌법을 준비하는 제헌국회는 1987년 2월 1일 구성되어 16
개월 21일의 대장정을 마무리했다. 총 559명의 의원 중 진보 계열인
PDT(민주노동당), PT(노동당), PCB(브라질인공산당), PCdoB(브라질공산당), PSB(브
라질사회당) 전원 반대에도 통과돼 1988년 공포됐다. 기존 딴끄레도-사
르네이 정부는 직접선거가 아니라 군정이 세운 헌법인 간접선거로 당선

됐기 때문에 88년 헌법은 브라질 문민정부의 시작을 뜻하는 것이었다.

헌법의 경제 부문은 제6장인 '국가의 재정계획 및 조세'와 제7장 '경제 및 재정 기본법'이다. 제6장은 제145조에서 제169조까지로, 연방정부, 주 정부, 연방 행정구역(Distrito Federal), 시청의 조세에 대한 책임, 국가 조세 시스템과 세금의 종류, 국가의 수입 분배와 국가재정계획 수립에 대한 법을 담고 있다. 제7장인 제170조에서 제192조까지는 경제 활동에 대한 정의를 비롯해 도시, 농업, 토지 관련 경제 기본법이 담겨 있다. 특히, 그동안 국가재정을 방만하게 경영한 것을 의식해 국가재정계획의 구체적인 규정들을 헌법으로 제정했다.

국가재정계획 관련해서는 세 가지 규정을 통해 행정부와 입법부의 구체적인 실행계획을 의무로 정했다. 첫째, 모든 국가가 기본적으로 운영하는 국가재정계획을 재정법이 아닌 헌법으로 의무화했다. 둘째, 각 행정부 수장에게 임기 첫해에 다년 국가투자계획(Plano Plurianual)을 의무적으로 제출하도록 했다. 이는 임기 동안 지출할 예산 기획안으로, 정부의 행정수장은 국가 비전을 단기적인 관점이 아닌 장기적인 관점에서 기획해야 한다는 의미였다. 마지막으로 재정계획지침법(Lei Diretriz Orçamentária, LDO)이 있다. 이는 국민과 주를 대변하는 여러 의견이 있는 입법부가 일정한 권한을 가지고 행정부의 재정계획에 의견을 제시하는 것이다. 의견을 제시한다고 해서 자신들의 이해관계나 이익에 기반하는 것은 아니었다. 국가계획이 준비되는 시점에서 행정부와 입법부 일원이 현재 시점에서 가장 시급한 예산안은 무엇인지, 어떤 것을 후순위로 배정할 수 있는지 등 종합적인 규정을 정하는 것이다. 여기에 한 가지를 추가한다면, 의회 의원의 재정계획개정안(Emenda

Parlamentar)이다. 이 개정안에 따라 지출을 늘리려면 수입 출처가 분명해야 하고, 의원은 행정부처 예산에 적극적인 의견을 개진할 수 있다. 예를 들어, 한 하원의원이 자신의 도시에 있는 병원 예산을 늘리고 싶다면, '쪽지 예산'이 아니라 공식적인 루트를 통해 의견을 개진하고 관철해야 한다는 것이다.

브라질 재정계획과 관련해 입법부의 권한을 단순히 심의 및 통과가 아닌 적극적인 참여와 개정안 제시까지로 확대한 것은 군정을 막 끝낸 의회의 의견이 컸다고 볼 수 있다. 그렇다고 부정적으로만 볼 필요는 없다. 행정 수반이 4년간 투자계획을 기획하고, 매년 입법부에서 재정계획 지침을 수립한 후, 입법부 의견을 반영하여 세운 국가재정계획(Lei Oraçamentária Anual, LOA)에 하원의원들의 의견까지 수렴하여 마련되는 것이기 때문이다. 4월 중순까지 재정계획지침(LDO)이 의회에 제출되면 수많은 공청회와 상임위원회 그리고 의원들의 개정안(Emenda Parlamentar) 과정을 거쳐 8월 말까지 제출되며, 12월 중순까지 그다음 해의 예산을 통과시킨다.

새 헌법은 재정계획에 대한 국가의 책임과 의무에 대해 매우 구체적이고 엄격한 룰을 만들어 전문가들에게 칭찬을 받았지만, 경제적인 측면에서는 몇 가지 문제를 보인다. 큰 틀에서 브라질 헌법의 경제 조항은 자본주의 시장경제시스템을 채택하면서 몇 가지 기준점을 제시한다. ①공공주도 경제정책, ②독점 분야(석유, 통신, 등), ③사회적 책임, ④노동자의 가치 준수, ⑤정부의 총괄 및 감시권, ⑥소비자 권한 보호 등이다. 따라서, 자본주의 시스템을 채택하긴 했어도 정부는 적극적으로 시장에 개입할 수 있고, 국가의 최대 이권이라 할 수 있는 전략

분야에서는 독점을 유지했으며, 노동자와 사회에 대한 책임을 우선시하는 노동자 중심 기본권이 채택된 것이다.

가장 먼저, 사회보장과 관련해 경제 활동에 직접적인 영향을 끼친 것은 바로 반값 정책이었다. 브라질에 사는 사람이라면 알다시피, 문화, 스포츠, 엔터테인먼트와 관련해 반값 정책이 시행되고 있다. 이를 누릴 수 있는 사람은 주로 학생이나 60세 이상의 노인이다. 반값 정책이 비헌법적이라는 소송을 연방최고법원(STF)이 부결함으로써 반값 정책은 사실상 영구 유지되게 됐다. 공연 기획자는 비록 소수지만, 반값 정책을 이용해 가격을 더 높였고, 이는 소수를 위해 다수가 희생하는 사례가 됐다. 2022년 현재, 반값 정책이 워낙 일반화되어 있어 일부 영화관에서는 은행이나 통신사와의 파트너십을 통해 로열티(고객 유지) 명목으로 반값 정책을 유지한다. 이를 자유경제 관점에서 보자면, 기업은 절대로 손실을 보지 않으려 하니 비싸진 가격은 고스란히 모든 사람에게 '피해'로 돌아간다.

반면 안전 관련해서는, 어느 한 주에서 "모든 주차장에는 경비원이 의무적으로 있어야 한다."는 법을 통과시켰다. 그러나 STF에서는 "보안은 중요하지만, 주차장 업주의 자유와 권한을 과도하게 침해한다."고 하여 법을 무효화했다.

1988년, 헌법은 노동자의 노동권을 강화했다. 옳고 그름을 떠나, 현재 기준에서는 매우 진보적이라 볼 수 있다. 아직도 세계 일부 국가에서는 브라질 헌법이 보장하는 수준의 노동권에 미치지 못한다.

다음은 새롭게 보장된 대표적인 노동권리로, 상당수는 지금도 유효하거나 보다 강화됐다.

· 부당한 사유 또는 분쟁 목적으로 해고 시 보호권 · 실업급여 · 근속연수 보장기금(FGTS) · 최저임금 · 분야별 최저임금 · 변동임금제 채택 시 최저임금으로 기본수당 보장	· 급여 인하 불가 · 제13 봉급 · 야간수당 보장 및 초과근무 시 최소 50% 이상 추가 지급 · 주 44시간 또는 일 8시간 근무 조정(기존 주 48시간) · 30일 휴가 보장 외 1/3의 휴가 유급화 가능 · 임산부 120일, 임산부 남편 5일 유급 휴가

이외에도 헌법에서는 노동조합과 관련된 조항들을 유지했다. 특히, 오랫동안 큰 논란이 된 노동자의 노조회비 의무 납부에 대해, 제2장 사회권한 부분 제4조에 "노조는 정기회의에서 노동자의 의무 납부비를 산출한다."라고 명시했지만, 제5조에서는 노동자의 노조 가입 자율성을 보장했다. 노동자가 노조에 지급해야 할 의무 비용은 지난 2017년 떼메르(Temer) 정부가 통과시킨 CLT(근로기준법)의 개정안인 13.467/2017 법령을 통해 폐지했다. 이에 반발한 노조는 최고법원인 STF에 소송을 제기했다. 실제로 이 법령은 노조의 수익을 80% 하락시켜, 바르가스 정부가 강화했던 노조의 권한을 한 번에 내려놓게 만들기도 했다. 결국 STF에서 소송 건에 대해 정부의 손을 들어주면서 오랫동안 유지된 노조의 기득권은 폐지된다.

1988년 이전의 조세 시스템은 군정이 시작되던 1967년 헌법을 따랐다. 80년대 후반은 그때와 분위기가 사뭇 달라졌지만, 큰 틀에서 브라질 경제를 책임진 주체는 산업이었다. 1967년 조세 시스템은 연방정부의 세입을 강화하기 위해 주 정부에서 걷던 수입세와 수출세를 없앴다. 1988년 헌법 조세 시스템의 관건은 주 정부와 시 정부의 세입을 어떻게 늘릴 수 있는지, 또한 지역의 불균형, 즉 북쪽과 북동쪽 개발을 어떻게 할 것인지였다. 이에 대한 논의가 치열하게 진행됐다. 참고로 당시 조세 시스템은 연방정부가 걷는 세금에서 일부를 주와 시 정부에 떼어 줄 수 있는 기금을 운용하고 있었다. 최종적으로 채택된 조세 시스템은 주 정부와 시 정부의 세수를 높이기 위해 지방 정부의 기금 비율을 높이고, 각 정부가 정해진 조세 범위 안에서 세율을 자율로 정할 수 있는 권한을 부여했다. 이로 인해 연방정부의 세수가 줄게 될 것이 분명해지자 개헌의원들은 중앙정부의 주요 지출인 사회복지 관련 자금을 확보하기 위해, 35%가량이었던 법인세를 25%로 낮추고 순이익의 9%를 부가하는 사회세(Contribuição Social sobre Lucro Líquido, CSLL)를 만들었다.

○ 〈그래프 5.2〉 연방정부 시 정부 대상 교육기금(FPM)&
   주 정부 대상 교육기금(FPE) 비율 변화

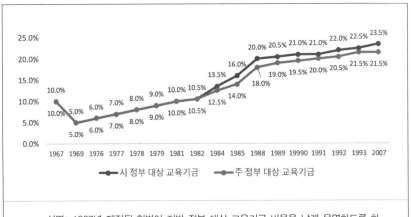

· 설명: 1967년 제정된 헌법이 지방 정부 대상 교육기금 비율을 낮게 운영하도록 하자, 1988년 개헌으로 지방 정부 대상 교육기금을 늘렸다. 연방정부의 주요 세입인 IPI(공업제품세)와 IR(개인 및 법인 소득세)의 일부를 기금으로 배당하는 것인데, 이 규모는 80년대 12~13%에서 90년대에는 21~22%로 늘어났다

출처: 브라질 국고국 – Tesouro Nacional

결과론적으로, 이러한 개혁들은 브라질의 조세 시스템을 전 세계 어느 국가보다 복잡하게 했다. 여기서 전문가들이 지적하는 부분은 연방, 주, 시 정부 간의 시스템이 조화롭지 못하여 세금 부과 시 누적효과가 발생한다는 것이다. 브라질은 전 세계에서 드물게 간접세를 표방하는 국가이기 때문이다. 판매에 따르는 직접세와 달리 판매되기도 전에 여러 세금이 발생하니 이러한 간접세를 고려하여 판매가를 정하게 되고, 결국 브라질에서 판매되는 완제품 가격은 다른 나라보다 현저히 높다.

브라질 조세 시스템의 큰 원리는 앞서 말한 대로 '간접세'다. 이는 징벌적이라는 지적이 많은데, 이를 피하고자 헌법에서는 생산된 완제품에 대해 '생산성'을 기준으로 환급해 주는 시스템을 만들었다. 이는 회계사들이 쉽게 말하는 'Crédito(환급)'와 'Débito(납부)' 개념이다. 환급은 연방정부의 세금인 Pis/Cofins(Programas de Integração Social/Contribuição para Financiamento da Seguridade Social, 사회보장세)와 주 정부의 세금인 ICMS(Imposto sobre Circulação de Mercadorias e Serviços, 유통세)가 대표적이다. 그럼에도 여전히 많은 세금 전문가는 '생산성' 기준을 어떻게 정할 수 있는지를 지적한다. 기업이 생산에 사용한 전기세나 직원들의 복지비용 또는 생산효율을 높이기 위해 집행하는 투자 등은 매우 추상적인 개념으로 적용되다 보니, 법적인 다툼의 여지가 많다. 실제로 '환급' 관련 소송 규모는 GDP의 75%에 달하는 5.4조 헤알에 이른다.[35]

이중과세를 조금 더 살펴보자면, 주 정부의 세금인 ICMS(유통세)는 완제품에 직접 사용되는 부품의 일부여야만 환급받을 수 있다고 정의했다. 예를 들어 가구 생산업체는 나무를 다듬는 데 사포를 많이 사용할 수밖에 없다. 그러나 사포는 가구 완제품 구성에 들어가지 않는 제품이니 가구업체가 대량의 사포를 구입하려면 유통세를 지급하고 이에 대한 환급은 전혀 받지 못한다. 마찬가지로, Petrobras의 경우 석유 정제 과정에서 촉매를 많이 사용하는데, 이 역시 완제품 구성에 포함되지 않기 때문에 환급받지 못한다.

정부 발표에 따르면, 브라질의 조세 부담률은 2021년 기준 GDP의 33.9%에 달했다. 물론 이 통계는 코로나19 때문에 올라간 경향이 있는데, 이를 감안하더라도 매우 높아서 지난 10년간 31~32% 정도였다. 이는 선진국과 비슷한 수준이지만, 사회복지를 포함해 정부가 제공해야 할 안전이나 인프라는 선진국에 비해 턱없이 부족하다. 참고로, 한국의 조세 부담율은 2020년 기준 약 20%다.

꼴로르 정부(1992~1993년)의 인플레이션 대전

1989년 대선은 열기가 뜨거웠다. 국민들은 1960년 이후 처음으로 선거에 참여했는데, 당시 참여율이 전체 국민의 19%인 약 1,300만 명에 불과했던 반면, 1989년에는 8,200만 명이 참여했다. 1989년 브라질 인구가 약 1억 4,700만 명이었으니 국민의 55% 정도가 참여한 셈이다. 명망 높았던 PMDB(브라질민주운동당)의 울리세스 기마라엥스, PMDB에서 탈당해 창당한 신생정당 PSDB(브라질사회민주당)의 마리오 꼬바스, 군정시대에 상파울루 주지사를 지냈던 빠울로 말루피, 노동정치의 대부이자 장고(조영 굴라트 전 대통령)의 처남이었던 PTB(브라질노동당)의 브리졸라는 물론, 노동계의 신진 리더였던 PT(노동당)의 룰라까지 총 22명이 출마해 1차 예선투표와 2차 결선 투표를 치렀다.

○ 〈표 5.2〉 1989년 대통령 선거 결과 – 1차

이름	이념	득표율	비고(출마 전 최종 경력)
페르난도 꼴로르	중도, 중도–보수	30.47%	40세. 알라고아스 주지사
룰라	진보	17.18%	44세. 하원의원, 노조 지도자
브리졸라	진보	16.51%	67세. 리우데자네이루 주지사
마리오 꼬바스	진보, 중도–진보	11.51%	59세. 상파울루주 상원의원
빠울로 말루피	보수	8.85%	58세. 상파울루주 하원의원

비고: 이념은 정당의 강령과 당헌에 따라 정리

　1차에서는 놀랍게도 선거기간 내내 정치 개혁을 외친 꼴로르가 1위를 차지했고, 룰라는 근소한 차이로 브리졸라를 눌러 꼴로르와 함께 2차 본선에 올랐다. 브리졸라와 꼬바스는 결선에 진출한 룰라를 지원했다. 2차 결선 투표에서는 총 6,616만의 유효표에서 53.03%를 획득한 꼴로르가 브라질의 제32대 대통령이자 29년 만의 문민 대통령으로 선출됐다.

　무명에 가까웠던 그가 당대의 정치 지도자들을 누르고 당선된 것만 봐도 국민들은 자신들이 원하는 후보를 민주적인 방식으로 선출하는 데 희망을 품었고, 정치도 경제도 곧 안정될 것이라 믿었음을 알 수 있다. 꼴로르는 경제학을 전공했지만 알라고아스 언론계의 지주이자 대단한 언변가로, 그가 사용하는 단어들은 매우 절제된 데다 격식이 높았다. 그는 취임하자마자 PICE(무역 및 산업정책)를 통해 무역 개방정책을 총괄하게 했고, PND(국가민영화계획)를 출범시켰다. 무역 개방은 경제정책인 꼴로르 I(Collor I)에 포함되어 있는데, 단계적으로 수입제품들의 제한을 해제하고 특정 분야 수입세를 절감하는 정책이다. 수입세

는 1990년 약 40%에서 1년 후인 1991년에는 20%로, 같은 기간 자동차 수입세는 약 85%에서 59%로 떨어졌다. PICE의 핵심은 '당근과 채찍'의 논리다. 자국 산업을 자극하기 위해 수입제품을 허용함으로써 채찍질을 하고, 대신 R&D(연구개발) 지원이라는 당근을 동시에 공급하여 산업을 가속화한 것이다. 실제로, 브라질의 GDP 대비 R&D 투자 비율은 1989년 0.5%에서 1994년 1.3%까지 올랐다.[36]

민영화 정책은 재정이 여의치 않았던 정부의 숨통을 틔우기 위해 시작됐다. 이때만 해도 브라질은 모라토리엄 선언으로 국제사회의 신용을 잃어 세계은행, 미주개발은행들과 지속적인 외채 협상을 하고 있었기 때문에 돌파구가 필요했고, 너무 오랫동안 많은 국영기업을 유지한 터라 민영화 시기로는 적절했다. PND는 총 68개의 국영기업을 민영화한다고 발표했다. 꼴로르 임기 내에 끝내지는 못했지만, 1991년 Embraer(항공기 제조사)를 시작으로 Usiminas(광산업) 등의 민영화가 1994년 완료됐다.

민영화를 통해 꼴로르 정부는 총 36억 달러의 자금을 확보했다. 이는 당시 기준으로 GDP의 1%가 넘는 규모였다.

꼴로르는 선거 때부터 자신을 보좌해온 37세의 USP 경제학 교수 출신 젤리아 까르도소 지 멜루(Zélia Cardoso de Mello)를 새 경제부 장관으로 임명했다. 젤리아는 70년대 후반부터 주요 은행의 이코노미스트로 일했고, 1981년에는 런던 브라질 대사관에서 이코노미스트로 활동한 뒤, 80년대 중반에는 상파울루주 정부에서 일했다. 여기서 중요한 것은, 경제팀에 힘을 실어주기 위해 정부 조직을 조각했다는 점이다. 당시 내각은 재무부가 재정, 통화, 금융정책을 담당하고 기획부에서는 경제개발 관련 정책을 펼쳤는데, 꼴로르는 재무부, 기획부, 산업통상부와 농업부 일부를 통합시킨 경제부를 출범시켰다. 그리고 조각 발표 한 달도 되기 전에 정부는 인플레이션을 잡기 위해 꼴로르 I(Collor I) 정책을 발표했다.

정부는 월 80%의 인플레이션을 멈추기 위해 세 가지 대원칙을 세웠다. ①시장의 통화량을 줄여 소비자의 구매력을 억제한다. ②정부의 재정 적자를 줄인다. ③물가조정지수를 폐지한다. 통화량을 줄인다는 통화정책은 인플레이션의 근본적인 원인을 공격하겠다는 의지였다. 이전 정책들은 단순히 관성 인플레이션 논리로만 접근해 가격 동결을 주 무기로 삼았다면, 통화량을 줄이는 것은 소비를 억제하여 수요를 점진적으로 감소시키는 것이다. 처음 시도하는 통화정책은 이론상 의미가 있었지만, 방법은 매우 과격했다. 먼저, 기존 화폐였던 끄루자도 노보를 유지하면서 끄루제이루를 도입했다. 또한, 정부는 저축통장에 5만 끄루자도 노보(NCz$, 당시의 통화) 이상이 있는 사람은 18개월간 출금을 제한하였으며, 해당 통화량은 1991년 8월부터 12회로 나누어 끄루제이루로 지급하기로 했다(5만 끄루자도 노보는 1990년 3월 기준 약 1,300달러).

젤리아 경제팀의 이런 결정은 당시 브라질에서 은행 계좌를 가진 국민이 적었고, 계좌의 약 90%가 5만 끄루자도 노보 이하였기 때문에 가능했다. 그러나 이론은 이론일 뿐, 결과는 최악이었고, 시장은 혼란의 연속이었다. 먼저, 이에 대응하는 은행들조차 하루아침에 발표된 정책을 제대로 이해하지 못했고, 어떻게 대처해야 할지 몰랐다. 돈을 출금하러 몰려오는 성난 사람들은 각자 사정을 대면서 더 많은 돈을 출금해 줄 것을 요구했다.

세계 역사를 보면 이와 비슷하게 개인의 유동자산인 현금 압류 정책을 펼친 적이 몇 번 있다. 대표적으로는 제2차 세계대전 종전 후 동독을 비롯한 주요 유럽 국가들이다. 통화량이 급격히 줄자 물가상승률은 월 80%대에서 10% 미만으로 하락했다. 그러나 너무도 과격한 정책에 시장은 빠르게 위축됐고, 자금 흐름이 원활하지 않아 기업들은 규모와 상관없이 파산하기 시작했으며, 자영업자들이 극심한 피해를 봤다. 특히, 환율은 물가와 반대 방향으로 움직였다. 구스따보 프랑코 전 중앙은행장은 꼴로르 I(Collor I)을 가리켜 "마치 정부가 무인(無人)과의 전쟁을 멈춘 뒤 전쟁 상대가 없어지자 국민들과 전쟁을 시작하는 모습"이라고 했다.

꼴로르 I(Collor I)은 환율이 오르기 시작한 시점에서 이미 사실상 실패가 확실시됐다. 환율은 단 한 번도 안정적이지 않았지만, 7월부터는 크게 오르기 시작해 9월에는 정책 발표 시점에 비해 2배로 올랐으며, 12월에는 4배에 이르렀다. 당시 많은 사람은 정부의 공식 환율을 피할 수 있다면 피하려 했고, 대체로 암달러 기준으로 가격을 조정했다. 따라서, 실제 체감물가는 정부 공식지수와는 매우 달랐다.

이렇게 되자 젤리아 경제팀은 꼴로르 Ⅱ(Collor Ⅱ)를 발표했다. 1991년 3월 공포된 꼴로르 Ⅱ는 물가연동을 폐지했던 꼴로르 I과는 달리 지난 정권에서 자주 사용했던 가격 동결을 시행했다. 그 외에 경제학자들에게 그나마 '혁신적'이라고 인정받는 정책은 Taxa Referencia(TR, 직역하면 '기준지수')를 만든 것이다. TR은 다양한 수입과 이자의 월평균으로 계산하는데, 세금의 순수입, 은행의 장기채권, 정부의 채권 등을 기준으로 한다. 경제학자들은 이런 지수를 포워드 루킹

(Forward Looking)이라고 부르는데, 이는 현상에서 발생하는 종합적인 정보에 기반하여 형성되는 기대를 통해 구성되는 모델이다. 대표적인 예가 바로 채권이다. 채권은 저마다 일정한 이자를 보장하면서 판매되는 금융상품인데, 만기에 따라 지수를 사전에 정한다. 이에 따라 소비자는 해당 상품에 투자하면 이자가 대략 얼마나 나올지 계산 가능한데, 이는 시장이 미래를 바라보는 기준이 된다. 기존 경제정책에 사용되던, 과거나 현재에 상승하는 가격으로 인해 올라가는 백 워드 루킹 모델(Backward Looking Model)과는 차이가 있다.

　TR을 기준으로 화폐 가치를 조정하고자 했던 정부의 의지는 오래가지 못했다. 너무 혁신적이라서 그랬는지, 아니면 자신들이 갖고 있던 계약들, 즉 받아야 할 돈의 가치가 떨어지는 것이 두려워서 그랬는지, 시장은 이를 호의적으로 받아들이지 않았다. TR 기준으로 화폐 가치를 조정하는 것은 위헌이라는 소송이 연방최고법원(STF)에 제기됐다. 일반적으로 법률적 절차가 '느렸던' 대법관들이 놀라울 만큼 빠르게 움직여, 정책 출범 1달을 갓 넘긴 시점에서 TR 기준 가격 조정은 위헌 판정을 받았고, 젤리아 경제부 장관은 사임했다.

　이때부터 PSDB(브라질사회민주당)에 새로운 팀이 생겼다. 헤알 정책의 일원이자 페르난도 엔히끼 까르도조(FHC) 정부 때 중앙은행장을 지낸 구스타보 프랑코에 따르면, 젤리아 장관이 사임하자 여당에서는 PSDB의 내각 참여 가능성을 타진했다. 이때 경제부 장관으로는 PSDB 소속으로 훗날 대선 후보를 2차례 지내고 상파울루 주지사와 시장을 역임한 조세 세하(José Serra)가 추천되는 분위기였다. 세하는 자기 집에서 다양한 경제학자들과 토론하기를 즐겼는데, 참여자가 1명씩 늘어나 헤알 정책을 만드는 팀이 됐다. 그러나 꼴로르의 지지율은 크게 떨어지기 시작했고, 이에 부담을 느낀 PSDB의 내각 참여는 불발됐다. 세하의 입각도 물거품이 됐지만, 브라질 경제의 안정화라는 사명 아래 주요 인원들은 모임을 지속했다.[37]

젤리아의 후임으로는 브라질 미국 대사였던 마르씰리우 마르께스 모레이라(Marcílio Marques Moreira) 외교관이 임명됐다. 마르씰리우 장관은 물가와의 전쟁에서 한발 물러나, 1,239억 달러에 달하던 외채와 2년 연속 재정 적자를 기록한 정부 살림에 조금 더 집중했다. 모험적이었던 전임 장관들과는 달리 외교관 특유의 신중함으로 경제 문제를 해결하고자 했다. 특히, 미국에서의 오랜 외교관 경험을 통해 모라토리엄 상황이었던 브라질 외채 문제를 IMF의 지원을 받아 해결하고자 했다.

브라질 외채와 브래디 플랜

1987년에 모라토리엄을 선언한 브라질은 외채를 방관하지 않았다. 먼저, 브레쎌 장관은 미국 정부와 지속적으로 외채를 협상했다. 그가 제안했던 것은 1970년 뉴욕시가 외채를 해결한 것처럼 상업은행들의 부채를 배제하는 방안을 제시했다. 당시 미국 재무부 장관이었던 제임스 베이커는 이 제안을 거절했지만, 후임인 니콜라스 브래디는 80년대 중남미를 강타한 외채 문제를 해결하기 위해 '브래디 플랜'을 출범했다. 이로 인해 브라질에도 새로운 희망이 보이기 시작했다.

브래디 플랜은 개발도상국들의 채무구제 방안으로, 외채 원리금 삭감, IMF와 세계은행의 적극적인 역할을 요구했다. 브라질은 IMF, 세계은행, 미주개발은행과 지속적인 협상을 했는데, 이때 협상가로 뻬드로 말란(Pedro Malan)이 선임됐다. 말란은 UN에서 ECOSOC(국제 경제 및 사회 이사회) 이사직과 세계은행 이사회의 중미 및 브라질 담당 이사를 역임했고, BID(미주개발은행) 브라질, 에콰도르, 수리남 담당 이사로 재직 중이었다. 이때 그의 요청으로 등장한 사람이 바로 아르미니오 프라가(Armínio Fraga)다. 마르씰리우 장관이 말란에게 외채 협상을 요청하자, 합류 조건으로 아르미니오를 중앙은행에 배치해 달라고 한 것이다.

○ 〈그래프 5.3〉 연도별 외채, 외환보유고, 순 외채 및 수출(%)

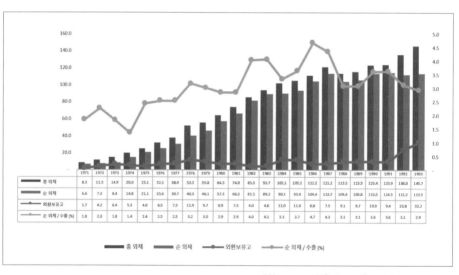

	1971	1972	1973	1974	1975	1976	1977	1978	1979	1980	1981	1982	1983	1984	1985	1986	1987	1988	1989	1990	1991	1992	1993
총 외채	8.3	11.5	14.9	20.0	25.1	32.1	38.0	52.2	55.8	64.3	74.0	85.5	93.7	102.1	105.2	111.2	121.2	113.5	115.5	123.4	123.9	136.0	145.7
순 외채	6.6	7.3	8.4	14.8	21.1	25.6	30.7	40.3	46.1	57.3	66.5	81.5	89.2	90.1	93.6	104.4	113.7	104.4	105.8	113.5	114.5	112.2	113.5
외환보유고	1.7	4.2	6.4	5.3	4.0	6.5	7.3	11.9	9.7	6.9	7.5	4.0	4.6	12.0	11.6	6.8	7.5	9.1	9.7	10.0	9.4	23.8	32.2
순 외채/수출 (%)	1.8	2.3	1.8	1.4	2.4	2.5	2.5	3.2	3.0	2.9	2.9	4.0	4.1	3.3	3.7	4.7	4.3	3.1	3.1	3.6	3.6	3.1	2.9

■ 총 외채   ■ 순 외채   ●외환보유고   ●순 외채 / 수출 (%)

단위: USD 10억/출처: 중앙은행, bcb.gov.br

아르미니오는 PUC-RJ에서 경제학을 전공했고, 말란과 존 윌리엄슨(Larida Paper 지도교수)의 지도 아래 동 대학에서 석사 학위를 받았으며, 미국 프린스턴대학에서 경제학 박사 학위를 받았다. 이후 가란찌아 투자은행에서 수석 이코노미스트로 지내면서 FGV와 PUC-RJ에서 경제학을 강의했다. 중앙은행의 국제업무 실장을 맡기 전에는 펜실베이니아대학교 와튼스쿨 방문교수 겸 세계적인 투자은행 살로몬 브라더스의 부사장을 역임했다. 특히 중앙은행 국제분야 담당으로서 여러 차례 외환시장 투기 공격을 막아내는 데 중요한 역할을 했다. 그는 물가와 재정의 복합적인 문제를 겪고 있던 브라질을 언제나 환율이 위험한 상황이라 여겼고, 자신이 외채를 협상할 동안 이론과 실무를 겸비한 아르미니오가 국내에서 수성전을 펼치면 협상이 매끄럽게 진행될 수 있을 것이라 판단했다.

'브래디 플랜'은 세계은행과 IMF의 보증하에 외채와 관련된 채권인 Brady Bonds를 발행하는 것을 기본으로 한다. 증권화 과정은 시장에 맡기되 국제금융기구가 정한 범위 안에서 협상이 이루어져야 했다. 채무자는 자신의 자산 외에는 사용할 수 없고, 채권자는 채권 구성의 구체적인 참여권을 보장했다. 결국 채무국이 근본적인 재정개혁을 통해 자본을 형성하는 노력을 보임으로써 해당 채권을 국제사회와 협상하는 것이다. '브래디 플랜'은 1987년에 시작됐지만, 브라질은 1992년 7월 말란의 리더십 아래 550억 달러의 외채 협상을 시작했다. 이해를 돕기 위해 덧붙이자면, 1992년 당시 브라질의 GDP는 3,873억 달러였다(2021년 1조 8,030억 달러).

브래디 플랜으로 모든 외채를 청산하지는 못했지만, 브라질의 숨통을 틔워준 것만은 분명하다. IMF에 따르면 브래디 플랜은 평균적으로 약 35%의 외채를 절감했다. IMF는 브래디 플랜 이전과 이후에 대해 자체 평가를 했는데, 플랜 이전에는 채권자가 채무자의 불이행을 IMF에 제기하면 해당 채무국에 대한 IMF 지원이 중단됐다. IMF는 1989년부터 정책을 바꿔, 금융지원 이자를 성실히 이행한다는 조건으로 채무국들이 활동할 수 있는 룸(Room, 영역)을 보장하고 있다.

〈헤알 화폐〉

페르난도
엔히끼(FHC)와
헤알 플랜

(1993~2002년)

역사적 사건

───

1993년 5월 19일	페르난도 엔히끼(FHC) 외무부 장관, 재무부 장관으로 취임
1993년 7월	경제 안정화(PAI) 즉각 실행프로그램 출범
1993년 12월 7일	경제 안정화 정책(FHC) 정책 발표
1994년 3월 1일	새 화폐 도입을 위한 물가지수(URV) 도입
1994년 7월 1일	새 화폐 헤알(Real) 도입
1994년 10월 3일	페르난도 엔히끼(FHC) 후보, 1차 선거에서 대통령 당선
1994년 12월	멕시코 페소 환절하
1996년 9월 23일	분쟁조정법 제정
1997년 5월 6일	Companhia Vale do Rio Doce(국영광산회사) 민영화
1997년 6월 4일	헌법 개정. 행정부 수장직 재선 가능(대통령, 주지사, 시장)
1997년 7월	아시아 금융위기
1998년 7월 29일	Telebras(국영통신기업) 민영화
1998년 10월 4일	페르난도 엔히끼(FHC) 후보, 1차 선거에서 대통령 재선
1998년 11월 13일	IMF 구제금융(410억 달러)
1999년 1월	헤알 환절하와 고정환율제 정책 포기
1999년	거시경제 삼각대도입, 물가안정 목표, 유동환율제,재정책 임법
2000년 5월 4일	재정책임법 제정

2001년 1월 1일 ~ 2002년 2월 28일	에너지 공급 위기
2002년 10월 10일	룰라, 대통령 당선 확실시. 환율, 달러당 R $3,99(헤알 도입이래 최고)
2002년 10월 27일	룰라, 대통령 당선

"어떤 때는 브라질리아-수도-에서
가장 어려운 것은 아무것도 안 하는 것이다."

- 구스따보 프랑코(Gustavo H.B Franco, 1956~), 헤알 플랜 주역이자 중앙은행장(1997~1999년)

"인플레이션은 가난한 자가
주머니에 돈뭉치를 갖고 다니는 것이다."

- 우고 또그나찌(Ugo Tognazzi, 1922~1990년), 이탈리아 영화인

   1992년 5월, 주간 매거진 《Veja》에 충격적인 인터뷰가 실렸다. 바로, 꼴로르 대통령의 동생인 뻬드로 꼴로르 지 멜루(Pedro Collor de Melo)가 꼴로르 정부에서 일어나는 부정부패를 공개한 것이다. 꼴로르 대선캠프 재정을 총괄한 사업가 빠울로 세자르 파리아스(Paulo César Farias)가 여러 사건에 연루되었지만, 실제로는 그는 허수아비일 뿐, 뒤에는 페르난도 꼴로르 대통령이 있었다는 인터뷰였다. 더욱이 약 1억 달러

규모의 공적자금이 이들의 계좌에 흘러갔다고 밝혔다.

탄핵 과정이 시작됐고, 인터뷰 후 한 달 만에 의회에 'PC 작전(Esquema PC)' 청문회가 설치됐다. 대통령의 동생인 뻬드로 꼴로르가 직접 참석해 정부 내에서 조직적인 부정부패가 있다고 밝혔다. 연이은 경제정책 실패로 1991년부터 지지율이 이미 30% 미만이었던 꼴로르에게 이 인터뷰는 결정타였다. 국민들은 분노했고, 시민들과 학생들은 얼굴에 노란색과 초록색 물감을 칠한 채 거리로 나와 "Fora Collor(꼴로르 퇴진)."를 외쳤다.

6월에 설치된 청문회는 85일의 대장정을 거쳐 "대통령 꼴로르는 언론에 제기된 부정부패 건과 직접적인 연관이 있다."는 보고서가 채택돼 탄핵 일정이 시작됐다. 9월에는 브라질 언론인협회, 브라질변호사협회 그리고 법률가 2인의 요구로 탄핵안이 통과됐고, 12월 29일 꼴로르는 탄핵됐다. 이렇게 수차례의 군사 쿠데타 이후 선출된 첫 민간인 대통령이 국민의 요구에 따라 의회와 사법부 시스템을 통해 합법적인 방식으로 물러났다. 꼴로르의 탄핵은 부패 문제가 결정적이었지만, 연이은 경제정책 실패로 인한 낮은 지지율도 국민을 움직였다.

뒤이어 대통령이 된 이따마르는 자기주장이 뚜렷한, 신념 있는 정치인이었다. 그는 부통령 시절 몇 차례 꼴로르와 공개적으로 충돌한 적이 있다. 자신의 정치 텃밭인 미나스에 있던 국영기업 Usiminas의 민영화로 인한 마찰이 대표적이다. 그의 경제지향점은 자유주의 경제 아젠다로 당선된 꼴로르에 비해 매우 진보적이었고, 노동자와 저소득층의 소득 증가에 많은 관심을 두었다. 이따마르의 대통령직 승계가 분명해지자 의회는 분주하게 움직였다. 상원의원이었던 PSDB의 페르난도 엔히끼 까르도조(FHC)는 이따마르에게 국가의 혼란을 빠르게 수습하기 위해서는 통합정치를 해야 한다고 조언하며, 꼴로르 내각에서 참여하지 않았던 제1야당 PMDB와 PSDB를 내각에 참가시켰다.

  PMDB의 내각 참여는 결정적이었다. 꼴로르 때는 여소야대 정국으로, 초반에는 높은 지지율을 등에 업고 의회를 장악했다면, 지지율이 빠지기 시작하면서 개혁 동력을 빠르게 잃고 탄핵에 이르렀다. 이제 PMDB의 참여로 여당이 의회의 다수를 차지하게 되었지만, 이따마르 경제 사령탑은 초반부터 우왕좌왕하는 모습을 보였다. 첫 장관으로 선정된 인물은 특정 정책이나 이론을 가진 인물이 아니라 연립정부의 한 축이었던 PFL(자유운동당, 현 União Brasil) 출신 구스따보 끄라우세(Gustavo Krause)다. 법률가이자 정치인이었던 끄라우세는 3개월 만에 사임했고, 이따마르의 이너서클(Inner Circle, 내부 핵심층)이었던 Juiz de Fora 출신 빠울로 호베르또 아다지(Paulo Roberto Haddad)가 후임으로 임명됐다. 그러나 아다지도 4개월 만에, 그 후임 엘리제우 헤센지(Eliseu Resende)도 2개월 만에 해임됐다. 3명의 장관이 단명한 이유는 제각각이었다. 끄라우세는 대통령이 다양한 경제 전문가들과 새로운 정책을 개발하고 있다는 이야기가 언론에 나오자 사임했다. 빠울로 호베르또 아다지는 재정 적자 문제를 해결하기 위해 새로운 세금을 만들려다가 대통령과 충돌했고, 엘리제우는 오데브레찌(Oderbreth) 건설사의 로비설이 원인이 됐다.

  이렇게 3명의 장관이 연달아 사임하자 이따마르는 안전한 대안이 필요했고, 즉시 외교부 장관이었던 페르난도 엔히끼(FHC)에게 도움을 청했다. 이따마르는 실제로 왜 FHC를 지목했는지 고인이 될 때까지

명확히 설명하지 않았다. 다만, FHC가 외교부 장관으로서 직책을 매끄럽게 수행했고, 정치인들로부터 합리적인 인사로 평가받고 있었으니, 대외적으로 큰 도전 과제에 당면한 경제팀에 동기를 부여하고 내부 혼란을 수습하기에 적당한 인물이라고 판단했을 것으로 보인다.

1985년부터 브라질 경제팀은 경제 또는 비즈니스 사회에서 명망 있는 인물들을 임명해 왔지만 모두 실패했기 때문에, 이따마르는 단지 전문가라는 이유만으로 신뢰하지 않았고, 정치인을 재무부 장관으로 임명해 혼란스러운 경제 상황을 수습했다. 또한, PSDB 내에서도 경제정책을 오랫동안 토론하고 준비해 왔다. 이들은 조세 세하 하원의원이 젤리아 장관 후임으로 입각할 가능성이 생기자 매주 토론회를 열어 새로운 정책을 활발하게 논의했다.

62세의 사회학자이자 종속이론의 대가였던 FHC는 상원의원으로서 외교부 장관직을 수행하고 있었다. 그가 이따마르에게서 재무부 장관직을 제의받은 일화는 유명하다. 1993년 5월, 미국을 공식 방문한 FHC는 미국 브라질 대사관저에서 식사를 하던 중 이따마르의 전화를 받았다. 이따마르는 재무부 장관직을 맡아달라고 단도직입적으로 말했고, FHC는 "나는 경제학자가 아니니 적합하지 않다."며 거절했다. 그러나 그는 브라질로 귀국하자마자 "재무부 장관직에 임명되면 어떻게 물가를 잡을 것인가." 하는 언론의 집요한 질문을 받는다. 결국, 피할 수 없는 운명이라 여긴 FHC는 재무부 장관에 취임했고, 세계은행에서 외채를 협상하던 뻬드로 말란(Pedro Malan)에게 전화하여 끄루자도 정책 주역들의 연락처를 물었다.[38]

새 재무부 장관으로 취임한 페르난도 엔히끼(FHC)는 사회학자였지만, 많은 경제학자와 두루 잘 지냈고, 경제에 문외한은 아니었다. 그는 말란(Pedro Malan)을 통해 80년대 인플레이션 문제의 해결 방안을 제시했던 안드레 라라 헤센지(André Lara Resende)와 뻬르시오 아리다(Pérsio Arida)를 불렀다. 둘은 당시 큰 논란을 일으켰던 논문 〈Larida〉의 저자들로, 비전통적인 방식으로 물가를 잡을 방안을 제시한 사실상 첫 번째 사람들이었다. 또한, 이들은 MIT에서 경제학 박사 학위를 받았고, PUC-RJ 경제대학원 교수직을 역임하고 1985년 '끄루자도 플랜'에 직접적인 역할을 했다는 공통점이 있다. 이렇게 FHC의 팀이 조금씩 구성되기 시작했다.

이따마르 대통령으로부터 '백지수표'를 받았지만, 그가 임명할 수 있는 자리는 그리 많지 않았다. 먼저, 선발대로 '끄루자도 플랜'에서 활약한 전 IBGE(브라질지리통계원) 원장이자 예일대에서 경제학 박사 학위를 받은 에지마르 바샤(Edmar Bacha)를 재무부 장관 특별보좌관으로, 영국 케임브리지에서 경제학 박사 학위를 받은 윈스톤 프릿츠(Winston Fritsch)를 재무부 차관으로, 하버드에서 경제학 박사 학위를 받은 PUC-RJ 경제학과 출신 구스따보 프랑코(Gustavo Franco)를 재무부 차관보로 임명했다. 윈스톤 외의 두 사람은 PUC-RJ와 직간접적으로 연관이 있었다. 이후에도 많은 PUC-RJ 출신이 합류하면서 PUC-RJ는 명실상부 브라질의 경제 명문 대학교로 자리를 잡는다.

그러나 팀원 구성이 순조롭게만 진행된 것은 아니다. 직전 재무부 장관 3명의 근속 기간이 평균 3개월이었으니 모든 이는 FHC도 몇 개월 지나지 않아 해임될 것이라 생각했고, 저명인사들은 당시 정부에 참여하기를 꺼렸기 때문이다.

도전 과제는 엄청났다. 당시 물가상승률은 월 30%에 가까웠고, 부통령이 대통령직을 승계한 정부였으니 국민들은 희망보다는 낙담이 컸다. 또한, 이전에 추진된 경제정책만 이미 5번에 달했으니 또 다른 경제정책이 성공한다는 것은 불가능에 가깝다고 여겼다.

○ 〈표 6.1〉 1993년까지 공포된 통화들의 기간과 누적 인플레이션

통화	시작	종료	기간 (월)	누적 물가 상승률	월평균 물가 상승률	연평균 물가 상승률	환율
끄루자도	86.05	88.12	35개월	5,699%	12.3%	302%	1/1,000
끄루자도 노보	89.01	90.02	15개월	5,937%	31.4%	2,559%	1/1,000
끄루제이루	90.03	93.07	41개월	118,590%	18.8%	694%	1/1

출처: 브라질 재무부/정리: PUC–RJ 경제팀

FHC로서도 부담이 있었다. 불과 17개월 뒤에 대선이 있으니 새로운 경제정책을 준비한다고 해도 그 강도를 어느 정도로 해야 할지 알기 힘들다는 것이었다. 특히 몇 차례 경제정책은 가격 동결을 통한 수축 경제로 소비를 일시 중단해 물가를 잡는 식이었지만, 이는 경제를 위축시켜 실업률 증가와 시장생산성 저하로 이어져 모두가 힘겨워지는 부작용이 있었다. 더욱이 1993년 5월, 대선까지는 17개월밖에 남지 않았으니 새 정권이 들어선다 해도 물가안정 정책을 준비할 수 있는 기간은 공식적인 대선 종료 시점인 11~12월, 2개월가량으로 매우 짧았다. FHC는 정부의 일원으로서 눈덩이처럼 커지는 문제를 외면할 수 없었다.

FHC의 경제팀은 당장의 문제를 해결하려고 강한 약을 투여하기보다는 문제의 원인을 해결하고자 머리를 맞댔다. 이때부터 공식적으로 합류는 하지 않았지만, 팀원들의 수는 조금씩 늘기 시작했고, 과거의 경제정책들이 왜 실패했는지 또 국민들의 적극적인 참여와 지지를 받기 위해서는 어디에 집중하고 무엇을 하지 말아야 하는지에 대한 논의가 활발하게 진행됐다. 이때, '끄루자도 플랜'에 참여했던 인사들은 이구동성으로 국가재정수지 문제에 주목했다. 이렇게 준비된 경제팀의 첫 계획이 PAI(Programa Ação Imediata, 즉각 실행프로그램)다.

PAI는 1993년 5월 발표된 정책으로, 재정지출 감소, 주 및 시 정부 지원, 정부 수입 증가, 주립은행, 연방은행, 민영화라는 총 6개 분야를 비롯해 58개의 구체적인 실행계획을 담았다. 특히, PAI가 만들어진 배경 설명은 지금 읽어봐도 자주국으로서 번영을 이루기 위해 필요한 조건들을 나열하고 있다. 사실상 PAI는 재정 건전성 확보를 위한 개혁이었지만, 이외에도 '탈세'에 대한 문제를 해결하고자 복합적인 정책을 취했다.

PAI 내용 일부

1. 브라질은 자유민주주의 정부를 정립하고 자주국가로 거듭나기 위해 현존하는 정부 부재 문제와 국민의 하루하루를 지옥으로 만드는 사회 불균형 문제를 해결해야 한다.
2. 사회의 부채는 경제의 지속성장 가능 모델이 구현되어야만 해결할 수 있다.

3. 브라질 경제가 힘차게 성장할 방법은 직면한 '슈퍼 인플레이션 (Superinflação)' 문제를 해결하는 것이다. 이 문제는 국가의 투자를 줄이고, 생산활동을 어지럽게 한다.

4. '슈퍼 인플레이션'은 궁극적으로 연방정부와 지방 정부들이 재정을 온전하게 운영해야만 해결 가능하다.

5. 정부의 재정 문제는 정치 세력들이 자신들의 이익을 내려놓고 집중해야만 해결할 수 있다.

정부를 포함해 모든 경영인에게 '재정'에 대한 '개념'을 간단하고 명료하게 설명한다. 그만큼 당시의 브라질 재정은 상태가 심각했다. 재무부 장관 FHC는 PAI를 발표하면서 "인플레이션은 숨어서 암살하는 자객"이라며, 이를 잡기 위해서는 먼저 모두가 허리띠를 졸라매야 한다고 했다. PAI는 그렇게 브라질이 겪고 있는 문제가 무엇인지, 이를 해결하기 위해 어디에 집중해야 하는지를 보여주었다. 먼저 중앙은행과 각 주립·시립 은행 간의 관계 설정이었다. 당시 주립은행들은 엄연히 주 정부 산하에 있었기 때문에, 이들 은행의 부채 문제도 해결되어야 했다.

이따마르 대통령의 개입으로 중앙은행 총재가 교체됐다. 선일자수표인 Cheque Pré-datado는 상업에서의 오랜 관례였는데, 이를 공식화하자는 의견과 그래서는 안 된다는 의견이 충돌했다. 이때, 중앙은행 총재였던 시메네스(Ximenez)가 공개적으로 반대했고, 이따마르 대통령은 곧바로 그의 해임을 지시했다. BNDES의 총재도 발레 두 히우도씨(Vale do Rio Doce)의 민영화 문제로 대통령과 마찰을 일으키고 사임했다. 이렇게 국가 통화정책을 총괄하는 중앙은행과 민영화를 주도하던 BNDES의 총재직이 비자, FHC는 그 자리를 자기 팀 구성원들로 채웠다. 중앙은행 총재로는 워싱턴에서 외채를 협상하던 뻬드로 말란을, BNDES 총재로는 끄루자도 플랜에 참여했던 뻬르시오 아리다(Pérsio Arida)를 합류시켰다. 아리다와 함께 끄루자도 플랜에 참가했고, FHC를 지근거리에서 보좌하던 안드레 라라(André Lara)가 말란이 맡고 있던 외채 협상가 자리를 대신했다.

이들 그룹은 점점 인원이 많아졌고, 모두가 하나같이 중앙은행 총재급이자 경제 석학들이었다. 무엇보다 이들은 서로 '자리싸움'이 없었고, 국가 경제 안정화라는 사명감과 서로의 '지식'에 기반한 신뢰감이 있었다. 이렇게 '헤알 플랜' 팀이 재무부에서 구성되어 갔고, 의회는 마리오 꼬바스(Mário Covas)가 상원의회, 조세 세하(José Serra)가 하원의회에서 경제 관련 문제를 주도했다.

Plano FHC(FHC 플랜)

재무부 장관으로서 페르난도 엔히끼(FHC)는 정권이 반 정도 남았기에 물가안정화 정책이라는 최선의 정책보다는 최악을 면하는 차선의 정책을 취했다. 경제팀은 강한 재정개혁을 택했다. 이전 경제팀도 나름 재정개혁을 포함해 국고를 보다 투명하게 관리할 수 있는 방향으로 개혁을 추진했지만, 그 어떤 정책도 거대한 물가라는 '쓰나미'에 대처하기는 부족했다. 여기에 PAI(즉각 실행프로그램)를 통해 여러 개혁안을 내놓았지만, 효과를 보려면 시간이 필요했다. 매달 30%가 넘는 인플레이션 상황에서는 절대로 그 누구도 '평범한' 삶이 불가능했기 때문에, 정부는 조금 더 확실한 정책이 필요했다.

○ 〈표 6.2〉 1986년부터 1991년까지 경제정책에 따른 물가상승률

정책	시작	종료	기간 (개월)	정책 시작 전 물가상승률(%)		정책 집행 기간 물가 상승률 (%)	정책 후 물가상승률(%)	
				6개월	3개월		3개월	6개월
끄루자도	86.05	86.11	9	13.0	14.4	1.5	12.7	16.1
브레쎌	87.07	87.09	3	18.4	21.8	5.4	13.3	15.4
베라웅	89.02	89.04	3	27.7	30.7	5.7	24.5	30.3
꼴로르I	90.04	90.06	3	60.5	74.8	11.2	13.0	14.9
꼴로르II	91.03	91.05	3	17.7	20.1	7.8	12.9	17.0

· 출처 및 계산 방식: 정책 집행 기간에 물가상승률은 IPC(소비자가격지수)의 월 평균치로 계산했으며, 정책 시작 전과 후의 물가는 INPC(국가소비자가격지수)로 계산했음.

IBGE(브라질지리통계원)자료

　이전 7년간의 총 5개 경제 안정화 정책은 모두 처참히 실패했다. 그러니 시장은 6번째 경제 안정화 정책을 긍정적으로 보지 않았고, 국민들은 희망을 잃어가고 있었다. 당시의 경제팀은 매번 비밀리에 모여야 했다. 이들이 공개적으로 회의하는 모습이 목격된다면 시장은 즉각 새로운 정책이 나올 거라 여길 것이고, '정책'이라고 해봐야 기존에 되풀이한 가격 동결이나 물가연동의 일시 폐지일 거라는 생각에 매우 부정적으로 볼 것이 뻔했기 때문이다.

　공식적으로는 FHC가 재무부 장관이 된 지 약 7개월 만에 새로운 정책이 발표됐다. 많은 사람이 이 정책을 'Plano Real(헤알 정책)'과 혼동하는데, 실제 이름은 'Plano F.H.C(FHC 정책)'다. 1993년 12월 7일, 재무부에서는 FHC 경제팀과 연립정부 원내대표들이 함께 발표한 '안정화 정책'이 총 3단계로 나뉘어 진행될 것이라고 발표했다. 이때 FHC는

하루아침에 적용되는 긴급한 정책이 아니라 사전에 충분한 설명을 통해 국민적인 이해를 얻은 뒤 단계적이고 점진적으로 진행되는 것임을 강조했다. 이에 모든 사람은 '서프라이즈'가 없었던 것에 놀랐고, 정책들이 단계적으로 진행된다는 점에서 안정감을 느꼈다.

또한, 이전 경제팀이 정치적 리더십 부재로 진행하지 못했던, 금기에 가까웠던 개혁들을 추진했다. 각 단계의 실패는 곧 정책 전체의 실패를 의미했으니 FHC 경제팀은 배수의 진을 친 채 결사 항전의 심정으로 발표에 나선 것이다. 이날 기자회견은 정부가 FHC 정책으로 어떤 계획을 통해 경제 안정화 정책을 펼칠지에 대한 설명뿐이었고, FHC는 국민들에게 "모두가 고통을 겪게 될 것이다. 그러나 예산 삭감은 없다. 주 정부든 시 정부든, 교육이든 보건이든, 모두에게 해당한다."라고 발표했다. FHC 정책안은 단순히 새로운 정책과 의회에 프리패스 형식 MP(긴급조치) 외에도 헌법의 일부 항목을 개헌하는 '대수술'의 청사진을 제시했다. FHC정책의 3단계는 다음과 같이 나뉘었다.

○ 〈표 6.3〉 F.H.C. 정책

단계	정책	주요 내용
1단계	강한 재정개혁	· 지방 정부 대상 이전금을 15% 삭감. 해당 비용은 새로 만들어지는 긴급사회기금을 통해 보건과 교육에 사용 · 연방정부 세금을 일괄적으로 5% 인상. 인상한 비용은 긴급사회기금에 배치해 사회 및 보건 예산으로 사용 · IPMF(Imposto Provisório sobre Movimentação Financeiro, 금융거래 임시세금) 수입의 지출 고정 해제(이전 주택비용) · 정부 인건비 40% 삭감(내각 통폐합을 포함한 개혁) · 부채를 탕감하기 위해 국채 발행금지

단계	정책	주요 내용
2단계	새 물가지수	· URV(Unidade Real de Valor, 실질 가치 단위) 생성. 정부는 세금, 월급, 민간분야와의 계약을 URV 기반으로 조정. URV는 민간분야에는 의무가 아닌 선택 사항으로, 국민들은 원하는 지수에 기반하여 가격 조정 가능 · URV 지수는 중앙은행으로부터 매일 조정 · URV는 모든 국채의 조정 지수로 사용
3단계	새 화폐	· 모든 가격이 URV 기반으로 조정되는 시점이 오면 정부는 새로운 화폐 발표 · 정부는 중앙정부의 독립성을 강화하여 통화 정책을 체계적이고 장기적인 관점에서 운영

특히, 이들은 1단계에서 2단계로 넘어가는 시점을 1단계에 나열한 모든 정책이 완전히 이행된 후로 잡았다. 마찬가지로, 물가를 직접적으로 잡는 2단계에서 국민들이 가격 조정 지수를 URV 기반으로 한 이후에 3단계인 새 화폐를 발표하는, 목표 달성 위주로 성과에 기반한 단계적인 정책이다. 그러나 FHC의 리더십과 경제팀의 오랜 준비를 통해 발표된 정책을 모두가 긍정적으로 받아들이지는 않았다. 당시 분위기를 BNDES사회경제개발은행 총재였던 뻬르시오 아리다는 다음과 같이 전했다.

"정책 발표가 다가오자, 경제팀은 주기적으로 PSDB 핵심 지도층과 면담을 가졌다. 이때, PSDB의 경제 분야 핵심인 조세 세하 의원은 긍정도 부정도 하지 않고 조용히 있었다. 그러나 당의 실질적인 리더였던 마리오 꼬바스는 스페인계답게 다혈질적인 성격으로, 회의도 끝나기 전에 자리를 박차고 일어나 '이 정책이 국가와 당을 위한 것이라면 받아들이겠다. 그러나 내가 하는 말을 꼭 적길 바란다. 당신들은 국가를 포함해 당을 망치게 될 것이다.'라고 흥분에 차 경고했다. FHC는 꼬바스에게 진정하고 자리에 앉아줄 것을 부탁했지만, 그는 거절하고 떠났다."[39]

실제로 꼬바스는 정책을 신뢰하지 않았지만, 같은 상원의원으로 재무부 장관을 수행한 FHC에 대한 믿음이 있었기 때문에, 정책 발표 1주일 뒤 의회의 공개 발언에서는 F.H.C 정책을 적극적으로 지지했다.

FHC 정책의 1단계인 강한 재정개혁의 시작은 긴급사회기금(Fundo Social de Emergência, FSE) 조성이었다. 당시 정부 수입의 90%는 크게 연방정부의 지방 정부 재원 이전과 공무원 인건비 그리고 수입처에 따른 의무 지출 비용이라는 3개 부문에 치중되어 있었다. 이런 재정구조로는 늘어나는 지출을 줄이기도, 새로운 재원을 마련하기도 어려웠다. 여기에 1988년 헌법으로 인해 연방정부의 세수가 줄고 사회복지 비용이 눈덩이처럼 커지고 있었으니 재정수지를 맞추기 위해서는 근본적인 개혁이 필요했다. FSE를 통해 이를 해결하고자 한 것이다. 여기서 높은 인플레이션과 재정 적자의 상관성을 따져봐야 한다. 세금을 부과하는 시점과 내는 시점이 다르므로 납부할 때는 정부가 걷은 세금이 사실상 낮아져 재정 적자에 이른다는 것이다.[40] 실제로 당시 정부는 예산을 구성할 때 기대 물가지수를 낮게 잡았고, 재무부도 상황에 따라 예산 집행시기를 주기적으로 연기한 바 있다.

긴급사회기금은 긴급 성격으로 2년간 운영할 예정이었다. 그러나 연방정부의 세수 구조 때문에 FSE는 새로운 이름으로 여러 정권에 등장했다. 실제로 마지막 긴급사회기금은 예산 할당법(Desvinculação de Receita de União, DRU)이라는 이름으로 2018년에 또다시 개정된다. 브라질 정부는 여러 차례 예산 할당법을 통해 세수 구조를 바꿨지만, 그 실용성에 대해서는 '완벽하지 못했다.'는 것이 대체적인 의견이다.

FHC 정책의 1단계인 긴급사회기금은 헌법의 일부 항목 개정만을 통해 1994년 2월 말에 통과됐다. 긴급사회기금 통과를 위해 상원의회에서 살다시피 한 에지마르 바샤(Edmar Bacha) 재무부 장관특보는 의회와의 협상에서 "재정개혁이 진행되지 않으면 그 어떠한 물가안정 계획도 없을뿐더러 우리는 바로 퇴진할 것"이라며 배수진을 치고 협상했다. 이 과정에서 페르난도 엔히끼(FHC)의 지원이 매우 컸다.

그때까지 모든 경제정책이 실패한 이유는 여러 이유 중 대표적인 것은 두 가지였다. 첫째, 모든 정책이 기습적으로 발표됐다. 가격 동결 또는 조정을 위한 새로운 물가지수가 하루아침에 만들어져 국민들이 혼란스러웠다. 둘째, 정치 리더십이 부재했다. 사르네이(1985~1989년 브라질 대통령) 정권에서 끄루자도가 효과를 내기 시작했을 때, 경제팀에서는 "가격 동결은 일시적인 것이니 이제 중단해야 한다."고 했지만, 국가 최고지도자는 높아지는 지지율에 취해 이를 듣지 않았다. FHC는 대외적으로 경제팀이 일할 수 있는 환경을 조성했고, 정책과 관련해 정치적인 문제가 생길 때마다 자신이 직접 나서서 협상해 실마리를 풀었다. 특히, 이따마르 대통령이 정부 재정을 확대 운영하거나 일부 기업의 민영화에 소극적인 자세를 취할 때면 FHC가 직접 나서서 설득하기도 했다.

1단계인 강한 재정개혁이 통과되자, 경제팀은 분주히 움직였다. 1단계는 전쟁에 나서기 전 물자를 원활하게 공급하기 위한 공급개혁인 셈이었고, 2단계인 물가안정화 정책은 전장에서 싸울 군대와 무기라고 할 수 있었다. 지난 경제팀들이 여러 차례 수축정책을 사용해 경제는 더 혼란스러웠고, 시도 때도 없는 물가지수 변경은 일시적인 효과만을 보였을 뿐 지속적으로 물가를 안정화하지는 못했다. FHC의 경제팀은 물가를 안정시키려면 물가연동부터 해제해야 한다고 믿었고, 통화를 통한 물가안정 방안을 고민했다. 지난 경제팀들의 가격과 임금동결정책은 부작용이 컸으니, 경제가 원활하게 돌아가면서 물가상승률을 점진적으로 낮출 방안이 필요했다.

먼저, 이들은 끄루자도 기반이 되었던 〈Larida Paper〉(라리다 논문. 뻬르시오 아리다와 안드레 라라의 논문으로, 물가를 안정시키기 위해 물가와 연동된 통화를 만들자는 주장)에서 그 답을 찾으려 했다. 참고로 구스따보 프랑꼬(Gustavo Franco)는 PUC-RJ 경제학과 출신으로, 〈1920년대 독일의 초인플레이션〉 논문으로 하버드에서 경제학 박사학위를 받은 수재였다. 그러나 유럽 국가들에서 구현된 안을 브라질에 적용하기에는 여러 제약이 있었다. 이들은 대표적으로 1923~1924년 독일, 1945~1946년 헝가리, 1944년 그리스에서 추진된 화폐개혁 정책들을 분석했고, 그중 독일의 렌텐마르크화(Rentenmarks)를 모델로 삼았다. 렌텐마르크화는 오랫동안 이용된 화폐는 아니었지만, '긴급통화' 개념인 놋켈드(Notgeld)를 도입해 달러와 안정적인 관계를 유지하면서 독일의 물가를 일시적으로 안정시켰다. 단기간이었을지라도 두 화폐가 통용된 역사적인 사건이었기에, 경제팀은 이를 기반으로 Unidade Real Valor(URV, 실질단위가치)를 제안했다. URV 기획 과정에서 경제팀은 많은 반대에 부딪혔다. "계산기를 두들겨 계산해야 하는 URV를 국민들은 이해하지 못할 것이다."라는 반대도 있었다. 그러나 FHC는 지금까지 전통과 비전통 기반 경제정책이 번갈아 집행되는 것을 보았고, 그 어느 정책도 뚜렷한 답이 없었기에 더는 소비를 제한하는 방식은 취할 수 없었다.

우르비 또는 우-에히-베라 불리던 URV는 MP(임시조치)[41] 434를 통해 세상에 소개됐고, 1994년 5월 27일 법령 8,880으로 의회 통과 후 대통령의 재가를 받아 공식적으로 공포됐다. 그러나 MP에서 법령까지 이르는 과정은 매우 험난했다. 실제로 두 화폐를 공통으로 통용하는 안은 1985년 끄루자도 정책에서 뻬르시오와 안드레 라라가 이미 제안했지만, 당시의 정부 법무팀에서는 위헌으로 판단해 진행되지 못했다. 이런 상황을 알고 있었기에 뻬르시오(BNDES 총재)는 USP 법대 교수이자 금융법에 매우 밝은 조세 따데우 끼아라(José Tadeu de Chiara)를 찾아가 새로운 방안을 찾았다. 끼아라 교수는 "통화의 개념은 법률적인 정의로 비롯된 것이다."라는 주장으로 URV에 대한 법률적인 방어를 준비했다. 실제로 법률적인 시비가 있었지만, STF(연방최고법원)에 소송된 건에선 합헌이라는 결정이 나면서 경제팀은 한숨 돌렸다. 이제 실전에 나설 차례였다. 이론은 이론일 뿐, 현실은 다르기 때문이다. 먼저, 이들은 기존 정책이 번번이 실패한 이유―재정 관리의 혼란과 계속되는 적자―를 잘 알았기 때문에, 경제정책 1단계로 강한 재정개혁을 추진했다. 그러나 2단계인 새 물가지수와 관련해 경제팀은 "과연 국민들이 2개의 화폐가 통용되는 상황에서 매일같이 달라지는 URV를 기반으로 계산할 수 있겠는가."라는 강력한 비판에 부딪혔다. 성공한다면 엄청난 혁신이겠지만, 실패할 확률이 더 컸다. 전문가들도 대체로 너무 복잡한 정책이라 국민들의 지지를 받지 못할 것이라는 회의적인 시각이었다.

FHC 정책(페르난도 엔히끼 정책)은 기습적이 아니라 단계적으로, 사전에 기획한 목표를 달성해야 다음 단계로 넘어가는 방식으로 추진됐다. 또한, 지난 정부들에서 추진했던 개혁 정책 상당수가 포퓰리즘(대중영합주의) 또는 여러 정당과 얽힌 정치 아젠다에 기반한 것과 달리, 이번 플랜은 온전히 국민들의 삶을 안정시키기 위한 경제적인 관점에서 진행됐다. 이는 브라질이 전 세계에 모범을 보인 유일한 순간이라 할만했다. 그보다 20년 전인 1973년 1·2차 오일쇼크와 중남미 외채 문제로 생겨난 초인플레이션(고물가) 문제는 오랫동안 브라질 국민의 삶을 피폐하게 했고, 10년간 5차례의 경제정책 실패는 희망마저 잃게 만들었다. 바로 이런 상황에서, 1993년 5월 URV가 발표됐다.

◎ 〈URV의 주요 내용 정리〉

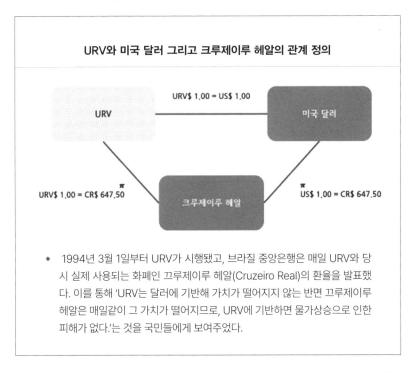

URV와 미국 달러 그리고 크루제이루 헤알의 관계 정의

URV

URV$ 1.00 = US$ 1.00

미국 달러

URV$ 1.00 = CR$ 647.50 $^\pi$

크루제이루 헤알

US$ 1.00 = CR$ 647.50 $^\pi$

◆ 1994년 3월 1일부터 URV가 시행됐고, 브라질 중앙은행은 매일 URV와 당시 실제 사용되는 화폐인 끄루제이루 헤알(Cruzeiro Real)의 환율을 발표했다. 이를 통해 'URV는 달러에 기반해 가치가 떨어지지 않는 반면 끄루제이루 헤알은 매일같이 그 가치가 떨어지므로, URV에 기반하면 물가상승으로 인한 피해가 없다.'는 것을 국민들에게 보여주었다.

- ◆ 또한 URV는 주요 물가지수의 상위 물가지수 개념으로 운영됐다. URV 자체가 단기 운영되는 것이라 하나의 물가지수가 아니라 3개 단체(FGV대학교, 브라질지리통계원(IBGE), 경제조사재단(Fipe))가 발표하는 IGP-M, IPCA-E, IPC-Fipe, 총 3개 물가의 기준치로 계산했다.

- ◆ URV는 가상화폐 형식이었고, 실제 통용 화폐는 크루제이루 헤알이었다. 따라서 크루제이루 헤알은 URV에 기반해 매일같이 가치가 변동됐다. 실제로 URV가 운영되는 기간에는 URV 기반 가격이 크루제이루 가격과 동시에 가격표로 등장했고, 정부는 이를 기반으로 해 가격을 물가 이상으로 올리는 업자에게는 벌금을 물렸다.

- ◆ 기준금리를 40%대로 유지하여 소비 폭등을 제한했다.

- ◆ 임금도 철저하게 통제했다. 정부는 솔선수범하여 URV 기준으로 임금을 조정했고, 다른 계약들은 유예기간을 거쳐 4개월 뒤인 7월 1일부터 변동기준을 URV로 교체했다. 여기서 정부가 강조한 것은, 시장이 가격을 조정하는 기준은 자율적으로 진행한다는 것이었다.

URV 이론은 혁신적이었지만, 경제팀이 대책 없이 이론에만 기반한 정책을 발표한 것은 아니었다. 이 혁신적인 이론 뒤에는 어떻게 현실로 구현할 것인지 깊은 고민이 있었고, 국민의 삶을 물가라는 숫자로만 본 것이 아니라 정책 하나하나가 실제로 어떤 영향을 끼칠지, 또 시장은 어떻게 반응할지에 대한 철저한 기획과 계산이 있었다.

정부는 투 트랙으로 정책을 운용했다. 먼저 이 모든 정책의 선봉인 페르난도 엔히끼(FHC)의 적극적인 언론 대응이다. FHC가 브라질 대중방송인 '실비오 산토스(Silvio Santos)' 프로그램에 출연해 복잡한 URV를 설명하는 모습을 지금도 유튜브에서 쉽게 볼 수 있다. 사회학자이자 브라질 명문대학교 USP(상파울루) 교수 출신인 FHC가 서민들의 눈높이에 맞추기는 쉽지는 않았지만, 방송인인 실비오 산토스의 부연설명 덕에 국민들도 이해할 수 있었다. 그리고 시장과 노조 간의 치열한 협상과 합의가 있었다. 재무부 특보인 바샤가 주도하여 진행한 협상 중 가격 동결처럼 시장이 거부감을 보일 정책은 없었지만, 이들 또한 정부가 물가를 실제로 어떻게 잡고 경제성장은 어떻게 이룰 것인지는 이해하지 못했다. 이때 추진한 것이 '비공식 포럼'이다. 이 포럼에서 바샤와 경제팀은 시장의 지도자라 할만한 관계자들에게 정책을 설명하는 중재 역할을 적극적으로 했다. 이 과정에서 놀랍게도 지난 정부가 몇 차례 시도했던 사회적인 대타협이라는 의도적인 행동 없이도 자율적으로 풀어진 퍼즐이 시장에 기준으로 맞춰져 갔다.

• 설명: 끄루제이루 헤알과 URV 가격표가 있는 코코넛 판매점. 끄루제이루 헤알은 변동되지만 URV은 그대로였고, 국민은 조금씩 물가가 안정화되는 것을 느꼈다

출처: O Globo

URV는 새로운 통화로 교체되기 전까지 4개월간 운영됐다. URV의 임무는 물가상승을 억제하고 국민이 새로운 통화에 부작용 없이 적응하여 부드럽게 전환하도록 돕는 것이었다. 물가는 URV가 도입된 시기에는 큰 변동 없이 그대로 유지됐고, 가격도 관성물가에 오염된 끄루제이루 헤알로 지급했지만, 시장은 서서히 URV 가격표를 보여주기 시작했다.

여기서 큰 무기가 된 것이 바로 환율이다. 브라질은 물가를 환율에 기반하는 것을 금지했는데, 중앙은행은 달러의 매입과 매매기준을 URV로 했다. 이렇게 되다 보니 달러가 URV의 기준이 됐다. 시장은 이미 오래전부터 달러에 기반했기 때문에, 시장과 국민은 자연히 URV에 신뢰가 쌓였다. 또한, 임금도 큰 역할을 했다. 물가상승의 근본적인 원인 중 하나는 소비자의 구매력이다. 구매하는 사람이 많으면 가격이 오르기 때문이다. 임금은 URV가 도입된 3월에 7.7%(IBGE) 올랐고, 최저임금은 URV 70달러에서 100달러까지 올랐지만, 그 이상은 허용되지 않았다.

URV의 성공적인 안착으로 정부는 새로운 통화를 준비했다. 그리고 FHC는 그해 있을 대선을 준비하고자 재무부 장관에서 사임했다. 새 재무부 장관으로 취임한 후벵스 히꾸뻬루(Rubens Ricupero)는 외교관 출신으로, 오랫동안 통상업무를 봤고, 장관으로 취임하기 전에는 환경부 장관과 주미대사직을 지냈다. 히꾸뻬루는 이따마르 대통령의 선택이었지만, 그는 합리적인 성향으로, 경제팀 인물을 교체하거나 새로운 인물을 임명하는 것을 자제하고 경제팀을 지원하는 역할을 자임했다. 그 역시 FHC와 마찬가지로 언론에 적극 대응하며, 경제정책과 새롭게 만들어지는 '헤알(Real)'통화를 설명했다. 헤알(Real)은 브라질의 첫 통화였던 헤이스(Réis)의 단수다.

브라질 화폐와 관련해 재미있는 이야기가 있다. 1985년부터 추진된 여러 경제정책과 다양한 화폐(끄루자도, 끄루자도 노보, 끄루제이루, 끄루제이루 헤알)로 인해 화폐에 사용할 위인이 거의 남지 않았고, 그래서 동물과 어류를 사용하기 시작한 것이다.

헤알의 탄생은 마지막까지 큰 어려움이 있었으니, 바로 정치인들의 포퓰리즘(대중영합주의) 의지였다. URV가 순항하기 시작하자 이따마르 대통령은 노동자들의 실질임금을 더 올리기 위해 경제팀과 협상했으나, 히꾸뻬루 장관은 부정적이었다. 이는 히꾸뻬루 장관의 개인적인 견해이기도 했지만, 끄루자도 플랜에서 임금을 올리면서 정책이 실패한 경험 때문이기도 했다. 이때 헤알을 공포하기 위한 MP(임시조치. 의회의 프리패스 형식 법안)를 가다듬고 있던 히꾸뻬루에게 법무부 장관이었던 뒤페하트(Dupeyrat)가 면담을 요청했다. 히꾸뻬루는 뒤페하트 장관의 갑작스러운 면담요청에 위기감을 느껴 경제팀의 지원을 요청했고, 뻬르시오 아리다(Pérsio Arida) BNDES 총재가 같이 참가했다. 히꾸뻬루 장관은 당시의 상황을 이렇게 회상했다.

"뒤페하트 장관은 곧 공포될 '헤알 법안'에 대해 나를 마치 불량학생을 지도하는 선생님처럼 대하며 구체적인 사항들을 지적하곤 했다. 그는 이따마르 대통령이 '법안이 금융권과 기득권층에게 특혜를 주는 것 같다.'는 걱정을 하고 있다며, 치열한 토론을 진행했다. 나는 여기서 물러선다면 헤알 정책은 공포되지도 못하고 끝날 수 있다는 위기를 느꼈다. 논쟁이 너무 심화됐기에 나는 결단을 내리기 위해 이따마르 대통령과의 전화 연결을 부탁했고, 뒤페하트 장관에게는 대통령이 나의 의견을 묵살한다면 재무부 장관에서 사임하겠다고 말했다."[42]

결국, 대통령은 히꾸뻬루 장관의 강한 드라이브를 받아들였고, 헤알은 FHC 경제팀이 준비했던 원안대로 공포됐다. 헤알은 물가가 안정되는 시점에서 시작됐지만, 그렇다고 브라질이 인플레이션 전쟁에서 완전히 승리한 것이 아니었다. 더욱이 개발, 즉 국가 생산성 기준에서는 아직도 추진해야 할 개혁이 너무도 많았다. 오랫동안 이어진 초인플레이션 문제로 브라질은 잠재력에 비해 성장이 매우 느렸고, 성장 국가가 되기 위한 시스템도 갖추지 못했다. 그렇게, 헤알은 물가안정화와 경제시스템 선진화라는 최우선 과제와, 성장동력을 만들어야 한다는 중요한 사명을 가지고 탄생했다.

페르난도 엔히끼 정부
(1995~2002년) 출범

　재무부 장관 취임 당시 페르난도 엔히끼(FHC)는 자신이 속한 PSDB(브라질사회민주당)에서도 그리 주목받던 정치인은 아니었다. 오히려 당시에는 세아라주 주지사 출신 따쏘 제레이사찌(Tasso Jereissati)가 1991년부터 당 총재를 맡아 그의 중심으로 당이 개편되고 있었고, 당도 일찌감치 그를 대선 후보로 내세웠다. 더욱이 FHC는 2006년 출간한《The Accidental President of Brazil(우연의 브라질 대통령)》을 통해 자신은 대통령이 될 마음이 없었다고 밝혔다. 그러나 운명은 그를 이끌었고, 기적처럼 물가안정이라는 성과를 내면서 대통령이 됐다. 헤알 플랜(Plano Real, 새 통화인 Real이 통용되기 전까지는 'FHC 정책'으로 불렸다)에 참가한 모든 경제인은 29년이 지난 지금도 헤알 플랜의 성공은 이론을 겸비한 경제학자들과 실무를 알고 있었던 관료들, 의회와 잘 화합하는 정부와 여당 그리고 그 중심에서 모든 것을 지휘하며 정책이 위기에 빠질 때마다 직접 나서서 해결한 FHC가 있었기에 가능했다고 이구동성으로 말한다.

　1994년 10월에 치러진 대선은 URV와 헤알 플랜의 성공에 힘입어

FHC의 승리로 끝났다. 특히, 54.24%인 3,431만 명의 막대한 지지를 통해 결선 투표 없이 1차 투표만으로 당선된 것은 지금까지 그 누구도 해내지 못한 일이다. 그러나 FHC 정권의 시작은 1부 리그에 갓 승격한 축구팀이 5경기 연속 승리한 것일 뿐, 시즌이 끝나려면 아직도 많은 경기가 남았다. 브라질은 물가만 안정됐을 뿐 재정수지는 여전히 불균형적이었고, 시스템은 투명하지 않았으며, 곳곳에 불평등과 비생산성이 남아 있었다. 따라서, 8년간 브라질을 지도했던 FHC 정부를 키워드로 보자면 ①민영화, ②개혁 정책, ③경제시스템 선진화라고 정리할 수 있다.

FHC는 취임사에서 물가안정을 통해 국민들의 삶이 안전해지고 자유로워졌으니 이제 사회정의 구현을 위해 정부가 힘써 싸울 것이라고 말했다. 특히 그는 구조적인 개혁을 통해 초인플레이션 위기에서 완전히 벗어나고, 바르가스 시대 때부터 추진된 '수입대체 전략'을 완전히 폐기한다고 밝혔다. 또한, 새 헌법이 공포된 지 불과 5년 만에 행정, 조세, 연금개혁을 추진하고, 정부 공기업이 독점하고 있던 석유, 통신, 에너지, 제철 산업도 독점을 풀고 민영화를 추진할 것이라고 했다.

FHC는 첫 경제수장(재무부 장관)으로 자신이 재무부 장관이었을 때 중앙은행 총재로 임명했던 뻬드로 말란(Pedro Malan)을 앉혔다. 민영화의 선봉장인 BNDES(사회경제개발은행) 총재로는 FHC의 특별보좌관이었던 에지마르 바샤(Edmar Bacha)가 임명됐고, 금융정책을 총괄할 중앙은행 총재로는 과거 BNDES 총재 출신이자 Larida 논문의 주역 중 하나인 뻬르시오 아리다(Pérsio Arida)가 임명됐다. 여기에 내각의 총괄이자 정부의 실질적 2인자인 국무장관직에는 헤알 플랜을 총괄한 재무부 차관 출신 끌로비스 까르발류(Clóvis Carvalho)가 임명돼 정부가 나아 갈 방향을 분명히 했다. 이들은 먼저 중앙은행의 독립성을 위해 국가 통화위원회(Conslho Monetário Nacional, CMN)의 참가위원을 조정하기로 한 다. CMN은 금융시스템의 상위기구로, 브라질 금융시스템의 금융, 신 용, 재정계획, 조세, 국가채무 규정을 정하고 선포하는 역할을 했다. 1964년 브라질 중앙은행이 설립되었을 때 9명이었던 위원이 1993년 에는 21명까지 늘어났으니, 국가의 경제정책이 얼마나 많은 이로부터 영향을 받았는지 알 수 있다. 1993년까지는 임명직이 6명까지 가능했 지만, 이외에도 노동부 장관과 노조 대표들도 참여할 수 있었다. 그러 나 1994년 통과된 개혁법안(9069/94 법안)을 통해 위원을 21명에서 재무 부 장관, 중앙은행장, 정부의 개발정책과 예산을 총괄하는 기획예산 부 장관, 이렇게 3명으로 줄이는 개혁을 이루었다. 브라질 통화정책 의 최고 권위는 중앙은행으로 돌아갔고, 이 구조는 2022년 현재까지 유지되고 있다.

1973년부터 시작된 인플레이션은 1985년부터 정부가 적극적으로 대처하기 시작하자 두 자릿수에서 세 자릿수로 넘어왔고, 80년대 후 반부터는 네 자릿수라는 천문학적인 숫자를 기록했다. 이때 은행들에 생긴 새로운 수익 방식이 인플레이션에 기반한 플로트(Float)다. 플로 트는 '부동자금'이라는 뜻으로, 수입과 지출의 시차에서 생기는 여윳 돈을 의미한다. 그러나 당시 브라질에서의 플로트 수익은 온전히 시 차만이 아니라 인플레이션에 기반해 생겨났고, 그 규모는 인플레이션 의 절정기이자 URV 도입 직전인 1993년에만 GDP의 4.2%를 차지했 다. 특히, 플로트는 당시 은행 전체 수익의 약 35%에 달했으니, 얼마나 많은 은행이 인플레이션에 기반해 돈을 벌고 있었는지 알 수 있다.

그러나 1994년 헤알 플랜으로 물가가 안정되기 시작하자 플로트의 규모는 급속도로 떨어졌고, 1995년에야 제로가 되어 시중은행들은 지점들을 폐쇄하고 비즈니스를 축소하기 시작했다. 은행이 문을 닫는 것은 그리 간단한 일이 아니다. 가장 먼저 피해를 보는 사람은 예금주였고, 이에 따라 시장의 혼란은 매우 분명해 보였다. 특히, 거미줄처럼 얽혀 있는 은행과 개인 또는 법인의 관계 속에서 소비자에게 피해가 가지 않도록 제도적으로 막아야 했다. 피해가 도미노처럼 이어지면 시장이 입을 피해는 천문학적일 것이고, 헤알 플랜으로 겨우 잡은 물가가 경제위기로 순식간에 무너질 수도 있었다.

대대적인 은행 구조조정 프로그램

정부는 이런 문제를 사전에 파악하여 주요 은행들과 소통하고 있었다. 물론, 정부 입장에서는 은행들에 플로트가 아닌 은행 본연의 업무를 통한 수익 중심으로 수익구조를 변경해야 한다고 했지만, 모든 은행이 이 의견을 따르지는 않았다. 이때 사전에 준비했던 은행들은 어려운 고비를 넘어 비즈니스 구조를 더욱 견고히 했고, 안일하게 대처했던 은행들은 파산에 이르렀다. 정부는 준비했던 대로 시중 및 주립은행들을 대상으로 구조조정 프로그램을 시행했다. 시중은행들에는 PROER(Programa de Estimulo à Reestruturação e ao Fortalecimento do Sistema Financeiro, 국가 금융시스템 강화 및 구조 재조정 촉진 프로그램)를, 정부가 운영하는 은행들 대상으로는 PROES(Programa de Incentivo à Redução do Setor Público Estadual na Atividade Bancária, 정부주도 금융업 축소 촉진 프로그램)를 출범하여 대대적인 은행 구조조정 프로그램을 진행한 것이다.

PROER가 시행되는 시점의 브라질 금융업에는 총 265개 은행의 1만 6,000개 지점이 있었다. 은행들은 인플레이션을 통해 쉽게 돈을 벌던 수익구조가 변경되자 혼란에 빠졌고, 많은 은행이 파산할 것이 분명해 보였다. 따라서 PROER 프로그램의 핵심은 예금주의 돈을 보호하면서 문제가 되는 은행에 돌파구를 마련해 주는 동시에 부실경영의 책임자들인 은행 대주주들 대상으로 자산압류와 소송을 시행한 것이다. PROER는 중앙은행의 관리·감독하에 소비자들의 자산을 보호하고 은행 간의 적극적인 합병을 추진했다. 여기서 중앙은행은 단순한 관리·감독이 아니라 적극적인 재원 투입을 통한 중재 역할을 했다. 중앙은행은 관리·감독이 필요한 부실 은행들의 채권을 좋은 채권과 나쁜 채권으로 나누었다. 부실 은행을 인수하는 은행들에게는 좋은 채권을 선택할 수 있는 옵션을 주는 대신 예금된 규모를 모두 소화할 의무도 부여했다. 부실채권은 정부의 자금을 투입해 예금주를 보호하고 PROER 프로그램이 관리했다. PROER로 1995년부터 2000년까지 총 300억 헤알의 장기채권이 발권됐는데, 이는 GDP의 2.5%에 달하는 규모다. 비슷한 다른 국가 사례에 비해 매우 적은 자금으로 운영되었기에 모범적인 사례로 평가받는다.[43]

PROER에 비판적인 평가로는, 공적자금이 투입되었음에도 실제로 회수된 금액이 현저히 적다는 것이 가장 크다. 야당에서는 1996년부터 청문회를 거듭 주장했고, 2001년 하원의회에서 마지못해 청문회를 개최하면서 중앙은행장으로 PROER 프로그램을 주도했던 구스따보 로욜라(Gustavo Loyola)를 비롯해 다양한 인사가 불려왔다. 청문회는 정부·여당의 주도 아래 "더 큰 문제와 혼란을 예방하기 위해 필요했던 프로그램이었다."고 결론을 내렸다.[44] 로욜라 전 중앙은행장은 PROER 프로그램으로 중앙은행이 은행들의 자산을 더욱 엄격한 체제로 관리할 수 있게 됐다고 했으며, 이를 위해 국가 금융시스템을 보완하는 방안과 은행들의 회계를 독립적인 시각으로 관리할 수 있는 체계를 만들었다고 밝혔다. PROER를 통해 총 100개 은행이 파산 및 인수됐고, 10대 은행 중 6개가 이 프로그램에 참여했다.

시중은행들의 문제도 컸지만, 정부가 운영하는 은행들의 문제는 더 심각했다. 각 주 정부가 운영하는 은행들의 주 거래처는 주 정부와 산하 기관들로, 이들은 무분별하게 대출을 해주었기 때문에 재정구조가 매우 부실했다. 주립은행의 주인은 그 주의 주민들이지만 실질적인 주인은 주지사였기 때문에 이를 정치적으로 사용하는 사례가 번번했다. 여기서 중요한 것은, 시중은행은 재정이 고갈되면 파산하지만 주립은행은 상황이 다르다는 것이다. 이들은 부채가 유지돼도 파산할 법적인 근거가 없었으니 그 손실을 중앙은행의 재정으로 보존했다.

결국 정부 입장에서는 PROER로 시중은행들의 문제만 해결한다고 물가와 경제 안정에 성공한다는 보장이 없었으니 본질적인 문제를 해결하기 위해 주립은행들을 대상으로도 근본적인 개혁의 칼을 꺼내 들었다. 대표적인 예가 바로 Caixa(까이샤)와 Banco do Brasil(방꾸 도 브라질)이었다. FHC 정부의 첫 중앙은행장이었던 뻬르시오 아리다는 까이샤의 적자 문제가 심각함을 알게 되자, CMN(금융위원회)를 통해 회계보고를 2년간 연기했다. 까이샤는 브라질에서 근로자연금(FGTS) 운용과 주택사업대출(Sistema Financeiro Habitação)을 주도하는 연방정부 은행으로, 만약 회계부실이 드러나게 되면 국가 신용등급에도 큰 영향을 주기 때문에 이런 조처를 한 것이다. 방꼬 도 브라질도 비슷해서, 1995년 한 해에만 적자가 130억 헤알에 달했다. 결국 이 2개의 주요 연방정부 은행도 개혁의 칼날을 통해 모던화(현대화)됐다. 이외에도 당시 규모가 매우 컸던 주립은행으로는 바네스빠(Banespa, 상파울루주립은행)가 있다. 바네스빠는 FHC와 같은 당 소속이자 리더격인 마리오 꼬바스 상파울루 주지사가 운영하는 은행으로, 그는 은행 매각에 결사반대했지만, 결국 1997년 산탄데르(Santander) 은행에 매각됐다. 이때, 헤알 플랜의 주역이자 FHC의 첫 중앙은행장이었던 페르시오 아리다가 꼬바스와의 정면충돌로 자진 사퇴하면서 후임으로 중앙은행 관료 출신인 구스따보 로욜라가 복귀했다.

이외에도 PROES를 통해 총 14개 주립은행이 파산 또는 매각됐고, 11개 주립은행은 부분 매각인 민영화를 거쳤으며, 10곳은 정부의 구조조정을 받았다.

강력한 민영화, 그 결과와 비판

물가가 안정되자 중장기적인 경제정책 기획이 가능해졌다. 새 정부의 방향은 분명했다. 오랜 인플레이션으로 둔화한 성장궤도를 바꾸는 것으로, 이를 구현하려면 단순히 장기적인 관점만으로는 충분하지 않았다. 그래서 정부는 단기적 성과를 내기 위해 헌법의 경제 부문을 전면 개정해야 했다. 정부는 이러한 개혁들이 재정 상황을 개선할 뿐만 아니라 시장에 새로운 기회를 제공해 공급자와 수요자의 관계를 더욱 활발하게 함으로써 자연스럽게 세수를 늘릴 수 있다고 믿었다. 그렇게 선택한 카드가 바로 '민영화'였다. 민영화는 이미 1991년, 오랜 군정 이후 직접선거로 당선된 꼴로르 대통령 때부터 시작됐다. 다만 당시는 정부의 재정 상황에 숨통을 틔우는 것이 주목적이었다면, 이때는 주요 회사들인 철강회사 Usiminas를 민영화했고, 항공사 제조업체 Embraer는 1991년에 시작해 1994년에 민영화가 완료됐다.

페르난도 엔히끼(FHC) 정부는 사회경제개발은행인 BNDES에 민영화 임무를 맡겼다. 재무부 장관으로 취임한 FHC가 처음으로 택한 사람은 끄루자도와 헤알 정책의 핵심이었던 뻬르시오 아리다(Pérsio Arida)였다. 이때, 뻬르시오는 BNDES가 민영화를 총괄할 수 있는 구조적인 정비를 했고, 1995년 중앙은행장으로 취임하면서 후임으로 에지마르 바샤(Edmar Bacha)가 들어왔다. 바샤 역시 두 정책의 핵심 인물이자 FHC가 재무부 장관이었을 때 특별보좌관으로서 의회와 협상하는 역할을 수행했기 때문에, 민영화가 어떤 방향으로 가야 할지 잘 알고 있었다. 바샤는 BNDES 총재로 있는 동안 재무부(장관 뻬드로 말란), 기획예산부(장관 조세 세하), 국무부(장관 끌로비스 까르발류, 차관 뻬드로 빠렌찌)와 함께 헌법 제7장 경제 부문을 개정했다. 헌법 제7장 경제 부문은 민영화의 방향을 잡는 매우 중요한 지표였다. 헌법 개정(PEC) 제6호부터 제9호까지, 1995년 한 해에만 브라질 내의 자연광물 개발에 외국 자본이 유입된 기업 허가와 정부의 독점 분야였던 석유(연구개발, 추출, 정제, 수입 및 수출), 해운 운송, 통신의 독점 해제, 철도와 고속도로 민영화 등이 추진됐다.

FHC 정부는 투 트랙을 취했다. 민영화를 하되, 국가 차원 에이전시인 '청(廳)'을 만들어 해당 산업을 관리·규제하는 방식이다. ANP(Agência Nacional de Petróleo, 석유청), ANATEL(Agência Nacional de Telecomunicação, 통신청), ANEEL(Agência Nacional de Energia Elétrica, 전기청) 등이 이렇게 만들어진 대표적인 청(廳)이다. 미국의 에이전시 모델에서 영감을 받았다고 전해진다. 특히, 이 모델은 FHC 정부가 시작했지만, 이어지는 진보 정부인 PT(노동당)에서도 이어져, 다양한 산업에 청(廳)이 만들어진다. 즉, 정부가 관리할 수 있는 이중장치를 만든 셈이다. FHC 정부에서 추진한 민영화는 단순히 적자 나는 국영기업을 민영화하여 정부의 수입을 늘렸다는 관점으로 봐서는 안 된다. 이 시기의 민영화는 시장에서 정부의 역할을 분명하게 했고, 오랫동안 적자를 통해 무분별하게 화폐를 발행하던 경제구조를 현대화한 것이다. 1976년 군정이 끝난 시기에 브라질의 국영기업 숫자는 131개였는데, 인플레이션 절정기인 1988년에는 258개까지 증가했다. 꼴로르 정부 때부터 추진된 민영화 정책은 FHC 임기 말까지 진행되어 국영기업은 100여 개로 줄었다. 2023년 3월 현재는 187개의 국영기업이 있지만, 이는 단순히 연방정부가 직·간접적으로 참가하는 국영기업으로, 주 정부 산하의 국영기업들까지 합치면 410여 개에 이른다.[45]

페르난도 엔히끼(FHC) 대통령은 신자유주의자라는 비판을 받기도 하지만, 그의 오랜 정치 경력이나 발언들을 살펴보면, 그는 자유주의자보다는 현실주의자가 더 맞는듯하다. 그의 경제팀은 자유주의자와 개발주의자로 나뉘어 있었고, 이들 모두 민영화와 정부주도 독점산업

해제에 공감했다는 것만은 분명하다. 다양한 기업 중 이 시기에 국민들의 삶을 실제로 바꿨다고 할만한 것은 1998년 6월 최종 완료된 뗄레브라스(Telebras)의 민영화다. 주 단위로 뿔뿔이 흩어져 있던 구조인 뗄레브라스를 3개 기업이 인수했는데, 당시만 해도 전화선을 개통하려면 시간이 오래 걸렸고 약 5,000달러의 비용이 소요됐다고 한다. 1998년, 브라질 전역에는 총 1,700만 개의 유선 전화기와 460만 개의 무선 전화기가 개통되어 있었다. 이는 인구 100명당 8.4개의 유선 전화기와 0.4개의 무선 전화기가 있었다는 것이다. 이 숫자는 2002년에 급격히 치솟아 인구 100명당 유선 전화기가 26.3개, 무선 전화기 21.9개가 됐다.[46] 이외에 민영화된 대표적인 기업이 발레(Vale S.A)다. PUC-RJ 출신으로 BNDES 총재 보좌관과 BNDES 민영화 프로그램 팀장을 역임한 엘레나 란다우(Elena Landau)에 따르면, 발레는 민영화된 기업 중 수익이 비교적 양호했다. 1997년 5월, 총 33억 헤알로 발레를 인수한 것은 단순히 정부의 재정 사정을 돕기 위한 민영화가 아니라 산업 자체를 성장동력이자 전략산업으로 선정하여 시장 변화에 빠르게 대응해 기업의 혁신을 지속화하는 전략에 부응하기 위함이었다.

1995년부터 2002년까지 진행된 민영화에 정부 재정 786억 달러가 투입됐고, 국가 부채는 148억 달러가 줄었다. 민영화된 기업의 80%는 인프라 분야였고, 약 53%는 외국기업이 투자했다. 그러나 민영화가 긍정적인 결과만 남긴 것은 아니다. 민영화 목적 중에는 재정적인 목적도 있었고, 이를 통해 얻은 추가 수입을 사회정책에 사용하기로 했지만, 이는 온전히 진행되지 못했다. 정부는 민영화를 통해 새롭게 탄생하는 기업들이 시장에 적극적으로 투자하기를 희망했지만, 예상대로 진행되지 않았다. 또한, 전기분야에서는 큰 실패를 겪었다. 당시 정부는 전기 유통을 민영화했는데, 전기 공급과 유통에 대한 투자가 사회 성장에 맞춰 적절히 진행되지 않으면서 브라질은 2001년에 전기공급난을 겪기도 했다.[47]

FHC 정부의 경제위기: 정부 경상수지 및 무역수지 적자

FHC 1기 정부의 성적은 양호했다. 1993년부터 시작된 일관된 경제정책으로 인플레이션을 잡는 데 성공했고, 민영화를 비롯해 많은 개혁이 곳곳에서 진행됐다. 이와 동시에 개헌개정안(Projeto Emenda Constituicional, PEC)도 진행했는데, 바로 재선에 관한 헌법 개정안이었다. 당시 브라질의 모든 행정부 선출직은 4년 단임제였는데, 이를 중임제로 바꾸는 방안이었다. 실제로 이 개정안은 1995년 초부터 추진돼 1997년 6월 최종 통과됐다. FHC는 지금도 인터뷰에서 4년은 너무 짧고 6년은 너무 길어 5년 단임제가 적절하다고 밝힌다. 또한, 경제팀은 재선에 관한 개정안 통과에 너무나도 많은 정치력을 소모해 일부 개혁을 진행하지 못했다고 불만을 표하기도 했다.

1994년 임기 첫해부터 많은 개혁과 민영화를 추진하던 FHC 정부에도 위기가 찾아왔다. 인플레이션이 안정되고 수입이 급속도로 증가했으나 수출은 이를 따라가지 못하면서 무역수지 적자가 지속된 것이 첫 위기였다. 1995년에 수입한 물량을 달러로 산출하면 전년 대비 51%가 늘었고, 1997년까지 3년간의 평균치는 21.8%였다. 반면 수출은 동 기간 6.8%밖에 늘지 않아 적자 폭이 컸다. 특히, 이 적자 폭을 어떻게 메웠는지가 중요하다. 정부는 재정 균형을 맞추기 위해 무역 적자의 해외자산 구축을 통한 수동수입, 외국인직접투자(Direct Foreign Investment, FDI), 국제 금융기관들로부터의 새로운 대출로 대처했다. 그런데도 FHC 1기 정부의 적자 폭은 1994년 20억 달러에서 1997년 300억 달러로 치솟았고, 외채 역시 비슷한 속도로 올라가고 있었다. 이 적자 폭을 최소화하기 위해 기획된 것이 민영화였지만, 민영화로 얻은 추가 수입의 사용에 대해서는 정부의 경제팀 내부에서도 의견이 달랐다. BNDES를 통해 투자를 적극 전개하자는 쪽과, 정부의 적자 를 줄이자는 쪽이었다. 여기에 환율 문제가 더해지면서 재정 적자는 더욱 급속도로 증가했다. 경제팀은 정부의 목표에 따라 고정환율제를 택했는데, 1994년부터 1996년까지는 달러와 1대1 수준을 유지했다. 덕분에 이 시기에는 수입이 활발했고 환율이 낮아 수출 금액도 매우 낮았다. 그러나 동 기간 기준금리는 20%가 넘었으니, 경제가 활발해 도 정부의 수입처는 분명해졌다. 이러한 정책을 유지하는 데 있어 정 부에는 확실한 동기부여가 몇 가지 있었다.

첫째는 멕시코 사례였다. 멕시코도 브라질과 마찬가지로 수입이 수 출보다 높아졌는데, 화폐 환절하를 통해 적자 폭을 메우려 했지만 완 전히 실패해 1995년에는 물가상승률이 50%에 육박했다. 둘째는 정 책의 우선순위였다. 당시 참가했던 경제팀의 분석에 따르면 헤알의 환절하 시기는 1995년이 가장 적절했다. 이때는 수입이 증가했지만, 그 규모가 아직은 관리 가능했기에 환절하가 가능했다. 반대로 초인 플레이션에서 벗어난 지 얼마 되지 않아 환율이 불안정해지면 인플레이션이 도미노처럼 발생할 위험도 있었다. 결국 1995년 3분기부터 브라질 경제는 성장궤도로 올라 환절하 시기를 놓친 셈이다. 또한, 앞서 밝힌 대로 비슷한 시기에 여러 개혁도 진행되고 있었지만, 대통령 임기 중임제가 의회에서 논의되고 있어 실제로 경제 기조를 바꾸는 것은 매우 어려운 일이었다. 셋째, 외국인직접투자(FDI) 증가에 대한 희망이었다. 브라질은 제도 정비와 사회 곳곳의 개혁 그리고 민영화를 통해 성장하고 발전 국가로 재편해 나가고 있었다. 이에 정부는 FDI를 확대하기 위해 노력했다. 실제로 헤알 플랜 이전의 FDI는 연 10억 달러 정도였는데, 1995년에는 44억 달러, 1997년에는 190억 달러의 투자가 집행됐다.

○ **〈그래프 6.1〉 외국인 직접투자**

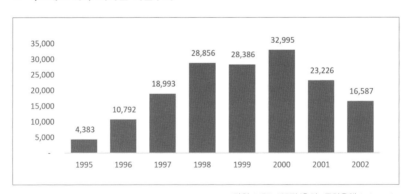

단위: USD 100만/출처: 중앙은행, bcb.gov.br

재정수지 적자도 큰 문제였다. 1995~1998년 공공부문 부채는 평균적으로 GDP의 6%였는데, 이자와 더불어 계속 늘어나는 추세였다. 특히 헤알 플랜으로 인플레이션이 안정되자, 이에 대비하지 못했던 공공부문에서 필요한 정부 지원 규모가 1994년에는 GDP의 24.7%에 이르렀다. 매년 약 6% 수준이 요구되면서 정부는 이를 충당하기 위해 꾸준히 고금리(20%) 정책을 유지했다. 브라질은 외국인 투자자들에게는 매우 매력적인 시장이었다. 재정 불균형으로 고금리 정책이 유지됐고, 제도적인 개혁과 민영화 덕분에 투자하면 일정 금리가 보장되었기 때문이다. 이에 외국인 직접투자가 늘고 있었다. 반대로, 브라질 경제팀은 국채와 달러로 지급해야 하는 이자, 이를 충당하기 위한 부채에 또 다른 부채 발행으로 대외적인 환경을 주시해야 했다. 브라질 경제는 언제나 외부 요인에 노출되어 있어 그 충격에 따라 거대한 위기로 돌아올 수 있었기 때문이다.

1994년부터 1998년까지 총 3차례 경제위기가 있었다. 우선 1994년 멕시코 경제위기로, 1995년 상반기 많은 개발도상국에 큰 충격을 안겼다. 1997년에는 태국의 고정환율제 포기로 경제위기가 빠르게 확산하여 한국, 인도네시아, 말레이시아로 이어진 아시아 금융위기가 찾아왔다. 마지막으로 1998년은 러시아의 루블화 환절하 및 모라토리엄 선언과 외채 재협상이라는 경제위기였다. 브라질은 이렇게 3차례 위기에 큰 영향을 받았고, 그 영향으로 선진국은 개발도상국 대상 대출을 제한하게 됐다.

그중 가장 큰 타격은 한국이 포함된 아시아 금융위기였다. 1997년 7월, 미국 금융사들의 태국 대상 투자성 환율 공격은 브라질 경제팀에게도 강력한 경고음이 됐다. 이에, 이전까지 민영화로 얻은 추가 세수를 온전히 국가재정 안정성에 투입하는 쪽으로 방향을 잡았다. 그러나 아시아 금융위기는 태국에서 홍콩과 한국까지 확산됐고, 브라질 역시 투자성 환율 공격을 피하지는 못했다. 이렇게 되자 브라질 중앙은행은 그해 8월 중앙은행장을 당시 중앙은행 국제분야 실장이었던 구스타보 프랑코(Gustavo Franco)로 교체했고, 11월에는 기준금리를 19.05%에서 45.9%까지 올리는 특단의 조치를 취했다. 뿐만 아니라, 중앙은행은 위기가 브라질 내수시장에 영향을 끼치지 않도록 GDP의 약 2%에 달하는 재정지출 관련 51개 안을 실행에 옮겼다.

1998년 4월에야 아시아에서 발발한 금융위기가 조금씩 힘을 잃어 갔고, 브라질도 이에 맞추어 기준금리를 23.16%로 내렸다. 그러나 정부 경상수지와 무역수지 적자라는 근본적인 문제는 해결되지 않았고, 환율 관련해 정부 내에서도 의견이 분분했다. 여기에 몇 가지 상황이 더해져 정부의 결정을 더디게 만들었다. 첫 번째는 통신 분야 최대 민영화로 평가받는 Telebras의 민영화가 눈앞으로 다가온 것이다. 1995년 8월 개헌개정안으로 인한 통신 분야의 정부 독점 분야 해제, 1997년 7월 통신종합법 통과로 인한 민영화가 시작되어 1998년 8월 총 740억 달러 규모의 민영화가 진행됐다. 두 번째는 선거였다. 이미 개헌개정을 통해 FHC 대통령 재선의 길이 열리자, 정부는 큰 혼란을 불러올 수 있는 모든 개혁을 중단하고 관망하는 자세로 임했다. 특히, 대통령 선거가 있는 해는 정부와 여당도 큰 개혁을 진행하지 않는 것이 오늘날까지 브라질 의회의 관례이자 정서다.

1998년 10월에 치러지는 대선까지 FHC는 여론조사 1위를 달리고 있었고, 2차 결선 투표 없이 1차 투표에서 승리가 점쳐졌다. 그러나 같은 해 8월에 발발한 러시아의 모라토리엄 선언으로 브라질 경제는 또다시 외국 경제위기에 큰 타격을 받는 모습을 보였다. 환율을 중심으로 한 브라질 금융은 여전히 불안정했던 것이다. 수년간 축적해

온 외환보유고가 1996년의 반 토막이 났을 정도였으니, 이 모든 과정은 큰 위기가 됐다. 정부는 선거가 끝나기 전부터 물밑에서 준비를 시작했다. 먼저, 정부의 지출에 대한 컨트롤을 보다 강화한다는 의지를 보였다. 단순히 정부의 정책으로 끝나는 것이 아니라 연방정부, 주 정부, 시청까지 이어지는 통합적인 재정책임법을 만들겠다고 밝혔다. 이 법안은 2000년 5월 통과됐다.

FHC 2기 정부(1999~2002년)

새 임기가 시작된 FHC 정부 경제팀은 수장을 뻬드로 말란(Pedro Malan)으로 유지했고, 중앙은행장인 구스따보 프랑코(Gustavo Franco) 역시 임기가 보장됐다. 국무장관직에는 뻬드로 빠렌찌(Pedro Parente)가 임명됐다. 이전 국무장관 끌로비스 까르발류(Clóvis Carvalho)가 다른 부처 장·차관과 마찰을 빚으면서 후임으로 임명됐는데, 빠렌찌는 중앙은행 역할을 수행했던 방꼬 도 브라질(BB, 브라질은행)에서 오랫동안 은행 업무를 하다가 80년대 중반 사르네이 정부 때 재무부에 들어가 국고국과 국가예산시스템 설치 실무자로 일했고, 이후 기획예산부에서 예산부처 고위공무원으로 지내다가 1992~1994년 IMF 자문위원으로 일했다. 이런 그를 1994년 말란이 재무부 장관으로 취임하면서 재무부 차관으로 임명했다. 차관으로서 그는 주 정부 산하 국영기업들의 민영화를 주도하고 연방정부와 주 정부의 부채 문제를 해결하는 데 앞장섰다. 바로 이런 빠렌찌 국정의 실질적인 2인자이자 장관 중의 장관인 국무장관 임명은 FHC의 의지가 어디를 향하는지 분명하게 보여주는 것이었다.

FHC 경제팀은 취임하자마자 경상수지 안정화라는 플랜을 발표했다. 세금을 올려 공공분야 경상수지를 2001년까지 GDP의 2.6%로 끌어올린다는 것이 대표적이었다. 이외에도 정부는 재정책임법(Lei de Responsabilidade Fiscal, LRF)을 만들어 재정을 무책임하게 사용하면 연방 정부든 지방 정부든 형사적인 책임뿐만 아니라 직위 박탈까지 할 수 있게 했다. 또한, 계속 늘어나는 연금 관련해서도 정부는 연금개혁을 추진하기로 했다. 이렇게 경상수지 적자에 대해 정부는 책임 있는 모습을 보여 IMF로부터 추가적인 구제금융도 추진했다. IMF에서 받아오는 금융은 국가가 처한 상황에 맞춰 효율적으로 사용한다면 부정적으로만 볼 수는 없다. 당시 브라질 정부에서 IMF와 협상했던 팀의 전언에 따르면, IMF는 노동시장과 관련해 브라질에 보다 포괄적인 개혁을 원했지만, 그러기에는 정치적인 부담이 컸고, 직면한 문제의 해결 방안도 여러 갈래였기에 굳이 큰 리스크를 감수하면서 구제금융을 받을 필요는 없다고 판단했다. 결국 정부는 약 420억 달러 규모의 구제금융 중 180억 달러는 IMF, 나머지는 G7 국가들과 여러 기관을 통해 받았다. 특히, 환율 정책 변동 없이 IMF의 지원을 받게 되면서, 정부는 환율 정책 유지파(재무부 장관, 중앙은행장)와 변경파(기획예산부 장관 및 PSDB 경제팀)로 나뉘었다.

그러나 이러한 지원은 온전히 진행되지 못했다. 먼저, 국제적으로 브라질 환율에 대한 신뢰가 부족했다. 비록 브라질 정부가 여러 정책을 펼치면서 경상수지를 흑자로 유지하기 위해 노력했지만, 당시의 브라질 경제는 매우 취약했다. 외부 충격이나 투자성 환율 공격에 쉽게 영향을 받으니 정부는 또다시 추가자금을 투입해야 했는데, 이들의 자금은 바로 이러한 명목으로 사용될 것이라는 불신이 있었다. 다음으로 더욱 결정적인 것은 연금개혁이다. 여기서 중점적으로 다룬 것은 연금을 받기 위한 조건의 변경이었다. 당시만 해도 남성은 25~30년, 여성은 30~35년을 근무하면 연금을 받을 수 있었다. 이를 전면적으로 폐지하고자 했으나, 결국 공무원만을 대상으로 은퇴하기 위한 최소 연령(남성 60세, 여성 55세)을 도입했고, 일반 근로자는 폐지하지 못했다. 또한, 은퇴한 공무원에게서 연금을 받는 개혁안도 있었지만, 이 역시 도입에 실패했다. 브라질은 이때까지만 해도 연금 관련 지출이 GDP의 약 5%에 달했다.

결국 브라질은 외환보유고가 계속 낮아지고 있었으며, 환율 역시 관리가 되지 않았다. 1998년 12월 1달러에 1.2헤알이었으나, 1999년 2월에는 1.89헤알로 올라갔다. 이에 대해 재무부와 중앙은행은 헤알이 도입된 이래 오랫동안 유지해 왔던 고정환율제에서 유동환율제로 기조 변경을 선언했고, 중앙은행장도 구스따보 프랑코에서 아르미니오 프라가(Arminio Fraga)로 교체했다. 새롭게 중앙은행장에 취임한 프라가는 프린스턴대 경제학 박사이자 와튼스쿨과 컬럼비아대학교 경제학 교수를 거쳐 세계적인 헤지펀드 살로몬 브라더스와 소로스 펀드에서 일했고, 이미 전 정부의 중앙은행 고위공무원으로 활동했다. 특히 중앙은행장에 취임하기 전에는 환율성 투기 공격으로 유명한 조지 소로스 자산운용사의 고위 임원이었음을 고려한다면, 브라질은 상대편에서 공격을 주도하던 감독을 자국의 금융정책 총괄 인사로 영입하는 묘수를 둔 셈이다. 프라가 총재는 원래 오래전부터 FHC는 물론 말란 과도 매우 우호적인 관계였지만, 개인적인 사정으로 FHC 1기 정부에는 합류하지 못하다가 환율 정책이 변경되는 가장 적절한 시점에 부임한 것이다.

프라가를 필두로 하는 브라질 경제팀은 적극적인 로드쇼를 통해 세계 각국의 기관들을 만나면서 브라질의 재정 건전성과 앞으로의 계획들을 보여주고 신뢰를 확보해 나갔다. 그렇게 큰 우려 속에 변동환율제가 채택되었지만, 예상과 달리 환율은 그리 불안정하지는 않았다. 환율은 1998년 2월 1달러에 1.89헤알로 도입 이래 가장 낮은 평가를 받았고, 이는 2000년 연말까지 유지됐다. 또한, 우려했던 환절하로 인한 물가상승도 일어나지 않았다. 여기서 반드시 생각해 볼 지점은, 왜 브라질은 오랫동안 환율제도를 바꾸지 못했는가 하는 점이다. 이는 앞서 소개한 1994년 멕시코 사례 때문이기도 하지만, 그보다는 기존 경제팀이 두려워했던 인플레이션 복귀가 주된 이유라고 볼 수 있다. 반대로 계속 유지해야 할 동기라면, 브라질이 더 개방적인 국가가 돼야만 성장할 수 있다는 믿음 때문인 것으로 보인다. 그러나 브라질이 개방적인 국가로서 성장궤도를 걷기 위해서는 해결해야 할 문제가 환율만은 아니었다. 복잡한 조세 문제를 해결해야 했다. 그러려면 수입하는 기업들이 브라질을 생산기지로 삼아 중남미 전체로 수출할 수 있는 기반을 만들어야 했는데, 그러기에는 당시 브라질의 교육 수준이 매우 낮아 기업이 굳이 브라질에 생산공장을 만들어야 할 동기가 없었다.

거시경제 기조의 변화

FHC 2기 정부는 거시경제 기조를 바꾸게 된다. 먼저, 유동환율제를 택했고, 2022년 현재까지도 이를 원칙으로 하고 있다. 유동환율제는 말 그대로 환율의 유동성을 보장하고 정부가 시장에 개입하지 않는 것이다. 다음으로, 엄격한 재정책임법(Lei de Responsabilidade Fiscal, LRF)을 도입했다. 브라질의 재정수지는 단순히 연방정부만의 노력으로 되는 것이 아니고, 지방 정부의 역할도 매우 중요하다. 따라서 2000년 5월에 도입된 재정책임법은 행정부, 입법부, 사법부 책임자들을 대상으로 매우 엄격한 법을 적용한다. 이 법은 모든 정부를 대상으로 하며, 공무원 인건비는 수입의 최고 60%까지 지출 가능하다. 또한, 구체적인 지출 제한과 연방정부의 승인하에 부채발급이 가능하도록 한다. 지방 정부는 새로운 지출에 대해 추가 세금 수입의 근거를 제출하거나 기존 지출의 조정을 해야만 할 수 있으며, 이 모든 이행 과정을 회계감사원(Tribunal de Contas de União, TCU)에서 감사하게 한다.

마지막으로 물가안정 목표다. 물가안정 목표는 1999년 6월 금융정책 최고결정기구인 통화위원회(Conselho Monetário Nacional, 재무부 장관, 기획예산부 장관, 중앙은행장, 3인으로 구성)에서 결정하며, 이를 이행하기 위해 중앙은행장은 독립적으로 국가의 금융 및 통화정책을 집행한다. 또한, 통화위원회의 결정은 매달 열리는 중앙은행 산하 통화정책위원회(Comitê de Política Monetária, COPOM)의 기준금리 설정에 지배적인 역할을 한다. 이론적으로 물가안정 목표는 1970년대 후반 핀 쉬들란(Finn Kydland)과 에드워드 프레스코트(Edward Prescott) 교수가 집필한 논문에서 나왔는데,

1990년 뉴질랜드 중앙은행에 실제로 적용된 바 있다. 참고로 두 사람은 2004년 노벨경제학상을 공동 수상했다. FHC 정부는 물가안정 목표를 도입한 이래 1999년과 2000년에만 목표를 달성했고, 2001년은 목표치(6%)보다 1.7%를 초과한 7.7%, 2002년은 목표치(5.5%)를 7.0% 초과한 12.5%를 기록했다.

일명 '거시경제 삼각대(Tripê Macroeconômico)라' 불린 FHC 2기 정부의 거시경제 기조는 환율을 풀어주었지만, 물가안정을 목표로 중앙정부는 금융정책과 관련해 적극적인 대처에 나섰고, 물가와 환율에 항상 큰 영향을 주던 재정수지에 대해서는 보다 엄격한 룰을 적용하기로 한다. 실제로 새 경제 기조가 도입되자, IMF를 포함한 국제기관에서도 자금이 유입되기 시작했고, 1999년부터 임기 마지막 해인 2002년까지 재정수지도 흑자로 전환됐다. 인플레이션은 브라질 공화국 선포 이래 가장 낮은 수준을 기록했다. 1999년 이후로는 매우 높은 수준이었지만, 기준금리도 계속 20% 수준을 유지했다. 이렇게 브라질 경제는 다시금 성장궤도로 올랐다. 그러나 2001년 예상치 못한 복병을 만나게 된다.

2001년, 에너지 공급난

정부는 헤알 플랜을 통해 물가안정을 도모했고, 직면한 위기를 인내하며 슬기롭게 헤쳐가고 있었다. 우려했던 헤알의 환절하도 안정적으로 안착했고, 정부의 경제 기조인 물가안정 목표, 유동환율제, 재정책임법이라는 거시경제 삼각대도 서서히 결과가 나오기 시작했다. 그 결과, 1998년 12월보다 환율이 50% 이상 올랐음에도 불구하고 1999년 1월과 2월의 소비자물가는 안정적이었고, 시장의 가격 상승도 없었다. 정부는 자신의 역할인 재정수지에 대한 노력을 꿋꿋이 보여줬다. 실금리(기준금리-소비자물가)는 1999년 15% 수준이었고, 정부는 IMF와 협의한 재정 목표를 연이어 달성했다. 비록 국제 시장에서 추가적인 자금을 얻지는 못했지만, 그 흐름은 끊이지 않았다. 여기서 정부와 시장의 성과와 달리 노동자에게는 달갑지 않은 점이 바로 최저임금 협상이었다. 정부는 노조들과 지속적인 협상을 통해 물가가 연 20%에 달함에도 불구하고 최저임금 인상을 5% 수준으로 묶었다. 1998년과 1999년은 경제성장률이 0.4%와 0.5%로 초라했지만, 2000년에는 4.4%에 달했고, 재정수지도 1999년에 이어 2년 연속 흑자를 기록했다. 무역수지는 적자였지만, 그 폭은 상당히 호전됐다.

2001년은 희망찬 한 해였다. FHC 2기 경제 기조의 성과가 2000년부터 본격적으로 성과를 내기 시작했으니 정부도 기대할 만했다. 물가안정 목표를 4%로 설정한 것만 봐도 그 기대감을 알 수 있었다. 그러나 예상치 못했던 복병을 만났으니, 바로 에너지 사태였다. 에너지 사태의 원인은 크게 두 가지로 나뉜다. 첫 번째는 에너지 수요가 지속해 늘어나고 있었다는 것이다. 이에 정부는 수력발전소 민영화를 추진했지만, 성공적으로 마무리하지 못했고, 민영화를 통해 투자를 늘리려던 계획이 실패로 돌아가 수요에 맞는 공급 증가를 이루지 못했다. 두 번째는 날씨였다. 당시 브라질의 에너지 공급은 89% 이상이 수력발전에 의존했다. 그러나 2001년 3월, 우기임에도 불구하고 강우량이 평년의 35%밖에 되지 않았고, 6월이 지나면 국가 전체의 에너지 공급에 차질이 생길 것이 분명해 보였다. 이에 정부는 국민들에게 에너지 사용을 전년 대비 20% 줄여줄 것을 권하기도 했다.

에너지 사태는 2002년 2월에야 해결됐지만, 성장하고 있던 브라질 경제에는 치명적이었다. 경제는 정체됐고, 에너지 비용은 올라가 기업들의 생산성이 큰 영향을 받았다. 여기에 국민들 역시 부담이 커지면서 국가 전체가 어려운 시기를 보내야 했다. 또한, 같은 해 아르헨티나 경제위기와 미국 9·11 테러 사건으로 세계 경제도 어려움을 겪고 있었고, 브라질 역시 이런 대외적인 충격에 노출되어 있었다. 결국, 희망찼던 2001년은 전년과 달리 1.4%의 낮은 경제성장으로 마무리됐다. 2009년 회계감사원(TCU)의 발표에 따르면, 에너지 사태로 인해 브라질 정부가 경제에 투입한 비용은 약 452억 헤알에 달했다.

2002년, 대선으로 인한 불투명한 경제 상황

1998년, FHC 2기 정부는 IMF로부터 지속된 재정수지 적자와 변경되는 환율 정책에 대비해 구제금융을 받았다. 실제로 총 180억 달러 규모였지만, 브라질은 현명하게 모든 재원을 가용하지는 않았고, 책임 있는 자세로 개선되는 상황에 따라 적절하게 자금을 투입했다. 그러나 최고의 한 해가 될 것이라는 전망과 달리 2001년은 에너지 공급 사태, 9·11 테러, 오랫동안 활발하게 무역 관계를 맺어온 아르헨티나의 모라토리엄 선언 등으로 다시 한번 IMF 구제금융을 찾아야 했다.

2001년 9월에 합의된 새 구제금융은 약 156억 달러 규모로, 위기 앞에서 긴장감이 돌고 있던 시장과 외환보유고를 안정시키기 위한 목적이었다.

이렇게 긴박했던 2001년이 끝나고 다가온 2002년은 FHC의 임기 마지막 해였다. 헤알 플랜 도입으로 재무부 장관에서 '우연히' 대통령이 된 FHC 후임으로는 일찌감치 그의 오랜 동지로서 기획예산처와 보건복지부 장관을 지낸 조세 세하(José Serra)가 준비하고 있었다. 당시 대선 초기는 3차례 대선 후보로 나선 PT(Partido dos Trabalhadores, 노동당)의 룰라(Lula)가 1위를 달리고 있었고, 전 브라질 대통령인 조세 사르네이(José Sarney)의 장녀로서 브라질 북동부 마라냥(Maranhão) 주지사를 지낸 PFL(Partido da Frente Liberal, 자유전진당)의 호세아나 사르네이(Roseana Sarney)가 바짝 뒤쫓고 있었다. PFL은 FHC 정부에 참가하고 있었고, 여당인 PSDB에서는 PFL에게 다시 한번 부통령직으로 러닝메이트를 제안했다. 그러나 PSDB에서 후임 대선 후보로 조세 세하가 거론될 것이 거의 확실한 상황에서 이를 공개적으로 반대했다. 더욱이 여론조사에서 호세아나가 상위권에 진입하자 PFL은 독자 후보를 내기로 결심했다.

호세아나는 2002년 4월까지 대선 후보직을 유지하다가 남편과 같이 만든 컨설팅 회사가 연방경찰에 비리 혐의로 연루되자, 얼마 후 사퇴했다. 호세아나의 사퇴로 PSDB는 세하의 지지율이 올라갈 것이라고 예상했다. 그러나 예상과 달리 세하가 아니라 세아라(브라질 북동부) 주지사와 이따마르 정부의 마지막 재무부 장관을 지낸 PSDB 출신 시로 고메스(Ciro Gomes)의 지지율이 상승했다.

당시 시장에서 과거의 오랜 이력과 룰라의 발언들 때문에 PT당은 극좌로 분류됐다. 특히 헤알 계획과 관련해 노동자들이 공개 시위를 한 것과 룰라가 "헤알 계획은 환상"이라고 비판한 기억이 있어 '이들이 정권을 잡게 되면 지금까지 이룬 모든 것이 한순간에 무너질 수 있다.'는 인식이 생겨났다. 그보다는 덜하지만, 시로 역시 정부의 경제 개입을 공개적으로 지지했으니, 다음 정부는 진보주의가 될 것이라 여겨졌다. 단, 여기서 알아야 할 것이 있다. FHC 정부는 자유주의 정부가 아닌 사회민주주의 정부로 보는 것이 맞고, 정부 내에서도 두 성향의 인물들이 지속적으로 엇갈린 의견을 가졌다는 것이다. 세하 역시 정부 경제팀과 많은 마찰이 있었을 정도로 자유주의가 아니었고, 그 스스로 인터뷰를 통해 진보주의라고 밝히기도 했다.

어쨌든, 오랫동안 PT당이 보여준 모습 때문에 시장은 룰라의 당선을 달갑지 않게 봤다. 당시 룰라는 IMF가 아르헨티나에 구제금융을 위해 내린 지침을 간섭이라고 비판했고, 현 정부의 신자유주의 (Neoliberalism) 기조는 중단되어야 한다는 발언을 서슴지 않았다. PT는 헤알 계획뿐만 아니라 민영화와 무역시장 개방에 대해서도 언제나 반대해 왔으니 시장은 이 발언을 곧이곧대로 믿을 수밖에 없었다.

룰라가 대통령에 가까워지자 시장에는 큰 혼란이 일었다. 우선 환율이 문제였다. 여러 위기와 IMF 구제금융으로 마무리된 2001년 12월 환율은 1달러에 2.38헤알이었다. 이는 헤알 도입 이래 가장 높은 수치였지만, 경제 기조가 유동환율제라 정부는 크게 개의치 않았다. 다만, 선거 분위기가 점점 다가오는 5월부터는 2.51헤알, 시로 고메스가 조세 세하를 제치고 여론조사 2위를 기록한 6월에는 2.71헤알, 8

월에는 3헤알을 넘어, 1차 선거를 통해 룰라가 사실상 대통령직이 확실시된 10월에는 3.85헤알을 기록했다. 실제 대선 결과에서 세하는 23.2%로 가까스로 결선 투표에 진출했다. 그러나 예상대로 1위를 기록한 룰라가 1차 선거에서는 46.44%, 2차 선거에서는 61.27%로 당선됐다. 1964년 조엉 굴라트(João Goulart, 일명 장고 Jango) 이후로는 처음 당선된 진보 성향의 룰라는 단순한 진보주의자가 아닌 노동운동의 전설이었고, PT를 창당한 실질적인 리더였다. 그의 쉰 목소리와 대중이 쉽게 이해할 수 있는 단어를 사용한 웅변은 브라질을 엘리트가 아닌 보통 사람이 이끌었으면 하는 국민의 열망을 자극했다.

그렇다면 1998년 손쉽게 1차 선거에서 당선된 FHC는 왜 정권을 유지하지 못했을까? 8년이라는 시간이 초인플레이션 상황을 잊게 하기에 충분했다는 것이 대다수의 의견이었지만, 정부에서는 이런 현실로 받아들이지 못했다. 초인플레이션을 중단시키고 브라질을 문명국가로 발전시킨 공로는 엄청났지만, 국민은 이미 인플레이션이 없는 상황을 당연하게 받아들이고 있었다는 것이다. 다음으로 노동시장이 문제였다. FHC 정부가 출범한 1994년부터 1998년까지의 최저임금은 철저하게 관리되어 10%밖에 오르지 않았다. 반면 실업률은 2.5%포인트가 늘어난 7.6%였고, 동 기간 정규직 직군은 0.7%가 줄었다. 2기 정부 기간인 1998~2002년은 실업률이 줄었지만, 정규직은 1.5%밖에 늘지 않았고, 경제 성적 역시 좋지 않았다. 다른 이유로는 FHC 정부가 추진한 개혁의 성과 속도를 들 수 있다. FHC의 경제팀은 그가 재무부 장관으로 취임했던 1993년부터 꾸준히 같이 일해온 구성원들이었다. 그중에는 1985년 끄루자도 정책팀도 있었다. 1994년 헤알

계획 도입과 1999년 거시경제 기조 변화는 분명 국가에 긍정적인 결과를 가져왔다. 다만 선제적인 개혁이 아니라 상황에 맞춰 나온 개혁들이라, 위기로 충격을 받은 후에 추진되어 내부적으로 그 충격을 소화하는 데에도 시간이 필요했고, 개혁을 통해 비슷한 성격의 충격을 방어하는 모습이었다. 또한, 현대적인 경제구조에서 추진한 개혁이 아니었다. 1994~2002년까지는 모던화하는 과정으로, 여기서 도출된 결과가 앞서 소개한 거시경제 삼각대다. 이 삼각대 역시 1994년에 도입하기에는 환율 때문에 시기상조였고, 재정책임법이나 물가안정목표제에 대해서도 공감대가 부족했다. 룰라 정부 때 차관을 지낸 마르꼬스 리스보아(Marcos Lisboa)가 후에 밝힌 인터뷰가 바로 이런 장기적인 관점에서의 결과를 정확히 보여준다.

"기관들을 정비하고 체제변화에는
매우 조심스럽게 다가가야 하는데,
그 성과는 단기적이 아닌 장기적인 관점에서 나온다.
한 정부를 평가할 때는
단순히 그 기간의 성과만을 분석할 것이 아니라,
그 정부에서 추진한 정책들이 장기적인 관점에서
어떤 영향을 끼쳤는지를 보는 것도 중요하다."

- 마르꼬스 리스보아(2003~2005년 룰라 정부 재무부 차관, Insper 대학교 총장)[48]

2002년 8월, 계속해 악화하는 상황 속에, 브라질 재무부는 IMF에 추가 구제금융을 청했다. 약 300억 달러의 규모로, 60억 달러는 연내에, 나머지 240억 달러는 2003년에 지급 예정이었다. 협약은 15개월 동안으로, IMF는 재정수지에 대해 보다 적극적으로 대처해 GDP 의 3.5% 흑자를 낼 것을 요구했다. 이 협상은 매우 복잡한 상황에서 진행됐다. 먼저, 여론조사에서 1위를 달리던 룰라는 대외적인 환경이 계속 악화하자 6월에 '브라질 국민에게 보내는 편지'를 통해 국가재정 과 관련해 책임 있는 자세, 국가 부채 의무의 성실한 이행, 국제기구 와 협약한 합의 존중, 경제성장 노력, 모든 분야 지도자와의 소통, 대 통령 직속 무역정책국 신설 등의 약속을 전했다. 그러나 이러한 노력 에도 불구하고 시장은 시큰둥한 반응을 보였다. JP Morgan에서 개 발도상국들의 국가 위험을 측정하는 EMBI+(Emerging Market Bond Index Plus) 지수는 2,400포인트로 최악으로 치달았다.

IMF는 다음 정부의 수장이 누가 될지 불확실한 상황에서 아시아 금융위기 당시 한국의 사례를 적용해 당시 대선에 출마한 모든 후보 자에게 IMF 구제금융에 대한 합의를 요구했다. PT당은 초반에 매우 부정적이었지만, 위기가 지속될 때 정권을 잡으면 어려운 상황에 직 면할 수밖에 없다는 실용파의 주장에 룰라가 힘을 실어주었고, 결국 IMF 합의를 받아들이게 된다. 이전까지만 해도 IMF라면 치를 떨던 PT당답게 내부 반대가 많았지만, 현실적인 정치인의 룰라의 진면목 이 드러난 순간이었다. 이후에도 룰라는 80년대 노동운동과 민주화운 동을 같이한 FHC와 수시로 개인적인 면담을 가졌다. 또한, 강경파인 조세 지르세우(José Dirceu, 훗날 룰라 정부의 첫 국무장관)보다는 의사 출신이자 히베이랑 쁘레뚜(Ribeirão Preto) 재선 시장 출신인 온건파 안또니오 빨로 씨(Antônio Palocci)를 공식 채널로 삼아 정부와의 소통을 이어가게 했다.

〈리우 전경을 바라보는 뻬뜨로브라스 석유 플랫폼〉

PART

7

진보정권의
시작과 몰락

(2003~2016년)

역사적 사건

2003년 12월 19일	공무원 은퇴법 개정
2003년 12월 30일	경제 안정화로 인한 달러의 지속적 하락으로 1달러당 R$ 3까지 떨어짐
2004년 1월 9일	사회 프로그램 볼싸 파밀리아(Bolsa Família) 출범
2005~2006년	멘살라웅(Mensalão) 정치 추문
2005년 2월 9일	파산법 제정
2006년 10월 29일	룰라 대통령 재선 성공
2007년 1월 22일	제1차 경제성장 촉진 프로그램 PAC 출범
2007년 4월 24일	연방 대학 확대 및 확산지원 프로그램 출범
2008년 5월 18일	브릭스 국가(브라질, 러시아, 인도, 중국) 첫 모임. 2011년 남아공 가입
2008년	미국 서브프라임 모기지 사태
2010년 6월 4일	실형 선고받은 정치인 선거 출마 제한하는 Ficha Limpa 법 제정
2010년 10월 31일	룰라 후계자인 지우마 호세프 전 국무장관 결선 투표로 대통령 당선
2012년	지우마 정부, 정부주도 개발 경제 기조 발표
2012년 8월 29일	대학교 할당제. 흑인, 파르두(흑인과 혼혈), 인디언, 장애인에 정원 50% 할당
2013년 6월	전국적 시위
2014년 3월 13일	멘살라웅(Mensalão) 스캔들 연방최고법원(STF) 판결 종료
2014년 3월 17일	라바 자또(Lava Jato) 공식 수사 시작

2014년 10월 26일	지우마 대통령 재선 성공
2016년 4월 17일	연방하원의회, 지우마 대통령 탄핵안 시작
2016년 5월 12일	연방상원의회, 지우마 대통령 탄핵안 시작. 떼메르 부통령이 대통령직 대행

> "권력은 인간을 탐욕스럽게 하지 않는다.
> 인간이 권력을 탐욕스럽게 한다."

- 울리세스 기마라엥스(Ulysses Guimarães, 1916~1992년),
1988년 개헌의 주역, 하원의장(1985~1989년), 11선 하원의원

> "브라질에서 사기업은 정부로부터 운영되는 기업이고,
> 국영기업은 그 누구도 경영하지 않는 기업이다."

- 호베르또 깜뿌스(Roberto Campos, 1917~2001년), 브라질 경제학자,
주미대사(1964년), 전 기획부 장관(1964~1967년)

새롭게 시작되는 룰라 정부의 경제팀이 어떻게 구성될지에 모두의
관심이 집중됐다. 룰라는 새로 취임하는 대통령으로서 '브라질 국민에
게 전하는 편지'를 통해 재정건전성에 대해 책임 있는 자세로 임하겠
다고 밝혔다. 그렇다면 금융과 통화정책을 총괄하는 중앙은행장직은

물론 이와 호흡을 맞출 재무부 장관직이 누구에게 가는지가 매우 중요했다. 상황이 긴박했으니 시장뿐만 아니라 FHC 정부 경제팀에서도 재무부 장관직을 가능한 한 빨리 선임해 달라고 부탁했다. 12월 10일, 룰라는 미국에서 부시 대통령과의 면담을 마치고 이미 인수위원장직을 수행하고 있던 의사 출신 빨로씨를 재무부 장관으로 선임한다고 밝혔다. 빨로씨는 의대를 졸업한 후 의료분야 공무원으로 일했고, 노조 활동을 하면서 PT와 가까워졌다. 88년 히베이렁 쁘레또 시의원으로 정계에 데뷔해 주 의원, 하원의원직을 거쳤고, 인수위원장 직전에는 히베이렁 쁘레또시의 재선 시장이었다. 그는 무엇보다 소통 능력이 탁월하고 성품이 합리적이라 다양한 철학을 가진 경제 전문가들을 하나로 이끌 적임자였기에 FHC 정부 인사들도 그의 임명을 환영했다. 당시 재무부 장관이었던 뻬드로 말란은 그의 임명에 대해 "빨로씨 박사는 매우 현명하고, 균형적인 시각을 가졌으며, 목표지향적이다. 그의 장관 임명은 매우 환영할 뉴스다."라고 밝혔다.[49]

그리고 2일 후 발표된 중앙은행장 임명 발표는 모든 사람을 깜짝 놀라게 했다. 엔히께 메이렐리스(Henrique Meirelles)는 당시 57세로, USP(상파울루 대학교)에서 토목공학을 전공한 전문경영인 출신이었다. 그는 1974년 뱅크보스턴에 들어가 1981년 브라질 뱅크보스턴 은행장을 거친 뒤, 1996년부터 뱅크보스턴 은행장을 맡아오다가 2001년 은퇴해 브라질로 복귀했다. 사람들이 메이렐리스의 임명에 놀란 이유는, 그가 당시 여당이었던 PSDB에서 고이아스주 연방하원의원으로 출마해 당선된 신분이었기 때문이다. 이 임명은 룰라가 그의 경영 능력을 높이 평가했기 때문이기도 하지만, 오랫동안 국제금융사에서 쌓은 그의 신뢰가 브라질 중앙은행장직에 적합하다 여겼기 때문이기도 하다. 둘 외에도 FHC 재무부와 중앙은행의 고위공무원들은 대부분 유임되어, 룰라 정부 1기는 사실상 FHC 정부 2기의 거시경제 기조를 유지하는 모습을 보였다.

또한, 룰라 경제팀은 선거 때와 매우 대조적인 모습을 보이기도 했다. 2002년 대선을 준비하던 전 재무부 장관이자 세아라 주지사였던 시로 고메스(Ciro Gomes)는 세계 경제 석학인 조세 샤인크만(Jose Sheinkman) 당시 프린스턴 경제학 교수에게 경제정책을 부탁했다. 샤인크만 교수는 마르꼬스 리스보아(Marcos Lisboa) 스탠퍼드 경제학 방문 교수이자 펜실베이니아대학교 경제학 박사를 비롯한 15명의 경제학자와 함께 〈잃어버린 아젠다: 포괄적인 사회정의를 통한 경제성장을 위한 진단과 제언〉이라는 논문을 발표했다.[50] 리스보아 교수는 대표적인 자유주의 경제학자였고, 샤인크만은 생산성 관련해 많은 연구를 한 경제학자였다. 이들의 논문은 브라질이 발전하려면 우선 기업하기 좋은 나라로 만들어야 한다고 주장했고, 이를 위한 환경 개선, 즉 창업과 폐업 비용 절감, 분야별 불평등한 세금 구조 개선, 무역 개방과 대출환경 개혁 등이 필요하다고 했다.

사업가들을 위한 환경 개선과 국제 시장 무역 개방은 PT당뿐만 아니라 시로 고메스가 속해 있던 당들도 오랫동안 반대해 온 정책들이었다. 그런데도 이런 제언을 받아들였으니 시로는 분명 매우 과감했다. 룰라 정부의 경제수장인 빨로씨 재무부 장관은 이 논문 연구를 주도한 리스보아 교수를 경제정책 담당 실장으로 임명해 미시경제 관련 개혁 임무를 맡겼다.

달라진 룰라와
PT(노동당)의 자세

　룰라 정부는 모든 이의 예상을 깨고 재정을 막대하게 늘리지 않고 재정수지 흑자를 유지하겠다고 단언했다. 뿐만 아니라, 기존 PT당이 고수하던 외채에 대한 책임도 약속대로 지키겠다고 했다. 책임 있는 정부라면 당연한 자세지만, PT당의 이력을 안다면 놀랄만했다. 2000년 7월, 룰라 당시 PT 총재의 경제 보좌역이자 하원의원이었던 마리아 다 꼰쎄이쌍 따바레스는 국가가 IMF에게 빌린 외채를 두고 "국민 투표를 통해 채무 이행 여부를 묻자."는 주장을 공개적으로 했을 정도였다. Unicamp 경제학 박사 출신으로 PT에서 오랫동안 경제 분야를 담당했던 알로이시오 메르까당찌(Aloizio Mercadante)는[51] 환투기로 불어난 외채에 대한 감사와 이에 따라 생겨난 주 정부 및 시청의 일반 부채까지 계속 지급해야 하는지에 대한 국민 투표를 긍정적으로 받아들인다고 밝히기도 했다. 메르까당찌는 당시 룰라의 최측근 경제 보좌역으로, 다음 정부의 재무부 장관으로 점쳐지는 사람이었다. 그러니 많은 사람은 PT 정부가 외채를 불이행할 것이라 생각했다. 이외에도

USP 경제학 박사 출신이자 FGV 경제학 교수로 PT당 창당부터 경제 분야를 담당했던 기도 만떼가(Guido Mantega)도[52] FHC정부의 재정수지 흑자 목표인 3%를 공개적으로 저격하곤 했다. 만떼가 교수는 재정수지 흑자를 구현하기 위해 사회지출 확대를 중단할 수 없다며, IMF에 지급하는 이자를 줄이는 방안을 주장했다.[53]

2001년 발표한 정책집에서도 PT당의 달라진 모습을 느낄 수 있었다. 브라질 북동쪽 올린다시에서 열린 대회에서 이들은 외채에 대한 재협상과 부채에 지급되는 이자 지급의 상한선을 수입과 연계해야 한다고 주장했다. 또한, 보다 포괄적인 사회정책을 위해 '기아 제로(Fome Zero)'도 발표했다. 굶어 죽는 사람이 없도록 국가가 책임지는 것은 당연하지만, 실제로 당의 정책집에서 기아 제로 정책을 구현할 재원에 대한 고민은 없었다. 기아 제로는 연금에 기여하지 않은 비정규직 노동자에게도 최저임금 지급을 주장했고, 식사 쿠폰을 발급한다고 했다. 룰라 후보자가 직접 서명한 이 정책은 총 GDP의 5%를 지출한다는 계획이었다. 그러나 2002년 룰라 정부 출범이 확실시되면서 발생한 시장의 혼란과 2001년부터 시작된 아르헨티나 경제위기로 인해 PT의 경제 노선에는 조금씩 변화가 생겨났다. 원래 정책 담당이었던 빨로씨의 활약은 경제 쪽에서 큰 주목을 받기 시작했다. 물론 시장이 처음부터 우호적으로 본 것은 아니지만, 조정 능력이 탁월했던 빨로씨는 이미 전 정부 경제 인사들의 극찬을 받고 있었다. 특히 전문 경영인이자 국제 시장에서 명망 있었던 야당 하원의원 메이렐리스를 중앙은행에 임명하고 재무부와 중앙은행 고위공무원들의 임기를 유임시킨 것이 시장에 긍정적인 시그널을 보냈다.

재무부 장관으로 취임한 빨로씨는 '구조적인 개혁과 경제정책'을 발표했다. 그중 상당수는 리스보아 교수가 외곽에서 시로 고메스 후보의 정책을 돕기 위해 제언한 논문 〈잃어버린 아젠다: 포괄적인 사회정의를 통한 경제성장을 위한 진단과 제언〉을 인용했다. 빨로씨표 개혁 정책은 정부예산에서 사회정책을 점진적으로 늘리는 데 집중했지만, 정부의 재정책임 역할을 분명히 하겠다고 다시 한번 다짐했다. 또한, 리스보아 교수팀에서 제안했던 폐업 관련 정책을 대폭 수용하여 '사업자 폐업법'을 개정했고, 금융·통화정책에 외부의 압력을 받지 않기 위해 중앙은행의 독립성 강화와 공무원의 은퇴 기준 변경도 시사했다. 사실상 이 모든 정책은 전 정부에서 진행하던 정책을 이어간 것으로, PT는 인정하지 않으려 해도 FHC 정부의 거시정책을 유지한 것이라고 전문가들은 판단한다. 이는 경제 관련 데이터에서 쉽게 찾아볼 수 있다. 룰라 정부의 중앙은행은 독립적인 성격으로, 정부가 어떤 재정정책을 취하는지, 여기에 시장의 반응이라 할 수 있는 직접투자나 경제성장, 물가 등을 고려해 기준금리를 정했다. 정부 초기였던 2003년은 6개월간 25%의 높은 기준금리를 유지해 인플레이션과 환율이 안정적인 수치로 떨어지기 시작했다. 이외에도 기존 정부의 거시경제 삼각대 중 하나인 물가안정 목표를 성실히 이행했고, 2003년 8.5%, 2004년 5.5%라는 목표를 세워 비슷한 수준까지 달성했으며, 재정수지 역시 예정대로 3% 이상을 유지했다. 또한, 재정수지 목표도 2004~2006년에는 조금 더 과감하게 4.25%로 발표하고 정부 지출을 줄이는 노력을 병행했다.

사회 프로그램

룰라 정부에서 사회 프로그램이 강화된 것과 실질적인 성과를 거둔 것은 분명하다. 일부는 이를 포퓰리즘 정책과 혼동하기도 하는데, 생산인구를 늘리기 위해 적절한 지원으로 큰 효과를 거둔 것은 사실이다. 다만, 이 모든 사회 프로그램이 룰라 정부에서 시작된 것은 아니다. FHC 정부에서부터 기획했고, 각 부처에서 빈곤 퇴치를 위한 장단기 프로그램을 집행했다.

○ 〈FHC 정부에서 추진된 사회 프로그램〉

1. **사회복지자연법(LOAS)의 확대:** 저소득층 노인과 장애인 대상으로 최소 1개의 최저임금(100달러) 혜택을 지급했다.

2. **학교 지원 프로그램(Bolsa Escola):** 많은 가정이 자녀들을 어릴 때부터 일을 시키려 했기 때문에, 자녀를 학교에 보내는 부모에게는 자녀 1인당 15헤알(당시 환율 15달러, 최저임금 100달러)을 지급하는 프로그램이었다. 가족당 최대 3명까지 지원했고, FHC 정부 말기 총 5백만 가정이 지원을 받게 됐다. 이는 정규교육을 받은 사람이 그렇지 않은 사람보다 생산성이 높음을 고려한 것으로, 부모들이 자식의 학업보다는 곧장 일을 시키는 것을 방지하기 위한 최선의 정책이었다.

3. **특별 기본소득(Bolsa-renda):** 가뭄에 시달리는 지역의 저소득층에게 지급했다.

4. **식료품 지원(Bolsa-Alimentação):** 저소득층 중 산후조리 과정의 산모에게 지급했다.

90년대 말 브라질은 오랫동안 이어진 초인플레이션으로 정부가 사회를 돌볼 환경이 조성되어 있지 않았다. 1994년 헤알 정책으로 정부 재정이 안정되면서 미래를 위한 기획이 가능해졌는데, 브라질은 이때 중남미 어느 국가와 비교해도 선도적인 사회 프로그램을 시행하고 있었다. 이는 빈곤을 퇴치하고 저소득층이 사회 일원이 될 수 있는 최소한의 조건을 제공했다. 그리고 룰라 정부에서는 이런 사회 프로그램이 규모를 갖추었다. 룰라 정부 초기의 사회 프로그램은 PT가 예전부터 준비했던 기아 제로(Fome Zero)였다. 기아 제로는 전 정부의 영부인인 후찌 까르도소(Ruth Cardoso)가 사회 연대프로그램으로 시작한 것을 확대해 사회농업개발부에서 진행했지만, 뚜렷한 목표가 없고 불분명해 실질적인 효과가 없다는 비판을 받았다. 그래서 탄생한 프로그램이 바로 유명한 볼싸 파밀리아(Bolsa Família)다. '가족 지원금'이라고 번역할 수 있는 볼싸 파밀리아는 2003년 10월 프리패스 형식인 MP(임시조치법)을 통해 기안되었고, 2004년 1월에 통과됐다. FHC 때는 각 부처에서 분산 진행하던 학교 지원 프로그램(교육부), 식료품 지원(보건부),

가스 지원(광산에너지부)을 하나로 통합했고, 부처도 사회개발 기아퇴치부에서 일괄 관리·집행했다. 또한, 체계를 잡았다는 것도 매우 중요하다. 이미 이전 정부에서 시행령으로 연방정부 단일등록제를 만들었는데, 룰라 정부에서는 이를 활용해 혜택을 받는 가정과 개인의 정보를 데이터베이스로 만들었다. 이로써 정부는 혜택을 받는 사람들의 성장 과정을 지켜보고 프로그램의 효과를 경제적인 관점에서 평가할 수 있게 됐다.

볼싸 파밀리아 도입 후 약 5,000만 명의 브라질 국민이 혜택을 받았다. 현재 혜택을 받는 국민은 4,500만~5,000만 명 수준으로, 2002~2006년 브라질의 빈곤층이 27.7%로 하락하는 데 일조했다. 특히, 이는 연쇄 효과를 불러와, 혜택을 받는 자녀들이 학교에 진학하면서 노동시장에 더 많은 생산인구가 생겨났다. 그리고 이 인구는 룰라 정부의 대표적인 업적인 약 3,500만 명의 중산층 진입으로 이어진다. 이런 기회와 노력으로 더 잘된 국민이 있지만, 그대로 빈곤층에 머문 국민도 있었다. 다른 대표적인 지수로 비교를 한다면 2001년부터 2009년까지 브라질 상위 10%의 국민소득은 연 1.5% 늘었는데, 저소득층은 연 6.8%가 늘었다. 지니계수는 2001년 0.57에서 2009년 0.52로 떨어졌고(빈부격차가 클수록 지니계수 커짐), 인간개발지수(HDI)는 2000년 0.65에서 2010년 0.69로 커졌다.

룰라 정부의 경제 분야 성과

룰라 정부의 첫해는 성공적이었다. 혼란스러웠던 2002년 말, 브라질 국가위험을 평가할 수 있는 C-Bond(Brady 플랜으로 만들어진 브라질 외채 채권)가 3월에는 700포인트였으나 연말에는 2,000포인트에 도달했고, 환율도 1달러에 2.32헤알에서 3.89헤알까지 올랐으며, 물가도 가파르게 성장하고 있었다. 그러나 2002년 경제위기를 빠르게 극복했다. 지금도 PT당은 부인하지만, 객관적인 시각을 가진 경제학자들은 2002년 경제위기를 룰라와 PT당 스스로가 만들어 냈고, 자신들의 주장을 번복하고 전 정부의 경제 기조를 유지함으로써 극복해 낸 것이라고 평가한다.

2003년 6월, 중앙은행 통화위원회(COPOM)에서는 7개월 만에 기준금리를 0.5% 내렸고, 매월 조금씩 내려 그해 12월에는 17.5%까지 내려갔다. 인플레이션도 3월까지 한 자릿수였으나 4월에는 0.41%로 조정되기 시작했고, 5~7월은 디플레이션까지 일어났다. 2003년 물가상승률은 7.66%로, 전년도의 26.41%에 비하면 매우 양호했다. 환율 역시 2002년 10월 1달러에 3.85헤알로 최고점을 찍은 뒤, 오로지 시장의 흐름에 따라 조정되어 2003년 12월에는 2.92헤알로 마감했다. 특히, 모든 이를 깜짝 놀라게 한 것은 IMF와의 재협의였다. 이미 기존의 합의안이 2003년 연말에 끝나는 것으로 예정되어 있어서 시장의 관심사는 재협의 여부로 쏠렸다. IMF와 재협의가 이루어진다면 정부의 재정에 숨통이 트이겠지만, 반대로 그들이 요구하는 목표를 달성해야 하니 반갑지만은 않다. 그러나 룰라 정부가 재협의를 통해 추가

자금을 받은 것은 바로 정책에 투입하기 위해서가 아니라 예방 차원이었다. 이는 지난 FHC 정부에서 반복된 외부로부터의 경제위기에 미리 대비하는 것으로, 자신들이 그토록 비판했던 재정책임에 대한 자세를 유지한 것이다.

뿐만 아니라, 조세와 연금 관련해 개혁을 진행했다. 지금 돌이켜 보면 두 개혁 모두 큰 틀을 바꾸는 것은 아니었지만, 당시 숨통을 틔우는 데 효과가 있었음은 분명했다. 조세 관련해서는 주 정부의 유통세(ICMS)에 대한 일관된 규정을 만들었고, 지난 정부에서 만든 금융거래임시세(Contribuição Provisória sobre Movimentações Financeiras, CPMF) 연장과 사회보장세(COFINS) 산출을 누적 방식인 총매출의 3%에서 비누적 방식으로 변경했다. 또한, 새 정부는 지난 정부와 같이 가용재원을 늘리기 위해 수입자 등 연계 DRU도 통과시켰다. 연금 관련해서는 원포인트 개혁으로, 공무원들을 대상으로 개혁을 진행했다. 늘어나는 연금 비용을 충당하기 위해 은퇴자들을 대상으로 세금을 부과하게 한 것이 큰 발전이라고 평가받는다. 특히, 공무원은 정년퇴직 전에 은퇴하는 일이 많았는데, 이런 공무원들을 대상으로 구체적인 은퇴 조건을 만든 것이다. 남성은 60세부터 35년간 연금 납부, 여성은 55세부터 30년간 연금 납부를 해야지 지급이 가능해진 것이다. 또한, 신규 공무원 연금에 대해서는 기존 규정인 '은퇴 후 자신의 봉급의 100%'가 아니라 상한제를 도입한다. 상한제 이상을 받고 싶다면 추가로 연금 비용을 지급해야 하는 연금보험료를 만들었다. 룰라 정부 1기의 연금개혁은 비록 근본적인 문제를 해결하는 최선의 정책은 아니었지만, 공무원 부분을 손보는 차선의 정책이라 할 만했다. 더욱이 언제나 연금개혁에 반대해 왔던 PT가 스스로 연금개혁을 진행한 것에 대해 시장은 매우 긍정적으로 받아들였다.

2003년부터 브라질 경제는 세계 경제와 더불어 성장했는데, 그 뒤에는 중국이 있었다. 브라질의 대(對)중국 수출은 2002년 약 25억 달러였는데, 매년 평균 37%씩 성장해 룰라 정부 말기에는 307억 달러로 10배 이상 커졌다. 이 시기 중국의 경제성장률은 연평균 10%였고, 2009년에는 브라질의 대중국 수출량이 오랜 무역 파트너였던 미국을 넘어섰다. 동 기간 양 대국의 수요가 매년 증가했고, 심지어 19개 원자재의 가격을 평가하는 코어코모디티(CRB) 지수가 2008년 한 해에만 70.59%가 올랐다. 이 시기를 중남미에서는 '코모디티 붐(Boom de Commodity)'이라 부른다. 브라질은 이런 뜻밖의 선물들로 경제 호황을 맞았다.[54][55]

룰라 정부는 기존 정부에서 세운 물가안정 목표를 성실히 이행하고 있었다. 2003년부터 브라질 정부는 목표 물가상승률을 3.25~4%로 전망했는데, 첫 두 해를 제외하고는 오차범위 내에서 성과를 달성했다. PT당 경제 전문가들의 주장과 달리 기준금리는 상황에 따라 두 자릿수를 유지했다. 최저치는 2008년 미국의 서브프라임 모기지 사태가 수습된 이후로, 8.65%까지 내렸다. 당시의 물가상승률이 10% 아래였음을 고려하면, 어떤 해에는 실금리가 2~3% 높았던 것이다. 다시 한번 말하자면, PT당은 오래전부터 경기와 관계없이 기준금리는 0% 수준으로 유지해야 시장이 활성화된다고 주장했고, 당시 상황에서 뾰족한 돌파구 없이는 낮은 기준금리가 재정수지 적자를 초래했기 때문에, 빨로씨 재무부 장관과 메이렐레스 중앙은행 총재는 매우 책임 있는 자세로 경제를 운영했다.

○ 〈표 7.1〉 외국인 직접투자(단위: USD 100만), 경제성장률, 물가상승률 비교표

연도	외국인 직접 투자	경제성장률(%)	물가(%)
2003	10,123	1.1	7.66
2004	18,161	5.8	12.13
2005	15,460	3.2	1.23
2006	19,418	4	3.8
2007	44,579	6.1	7.9
2008	50,716	5.1	9.11
2009	31,481	−0.1	−1.44
2010	82,390	7.5	11.31

출처: 중앙은행(bcb.gov.br), 브라질지리통계원(IBGE)

경제는 성장하고 있었다. 2008년만 제외하면 적게는 3.2%, 최대 7.5%까지 성장했다. 여기에 2014년 브라질 월드컵과 2016년 리우 올림픽 개최로 국제 시장은 흥분했으며, 외국인 직접투자는 2003년 101억 달러에서 2010년 824억 달러로 증가했다. 국제 환경도 우호적이었다. 2000년대 초반은 세계적으로 바이오 연료에 관한 관심이 증가하던 시점이다. 원유가격이 불안정했고, 2001년 미국과 이라크 전쟁은 국제사회에 에너지 공급 우려를 키웠다. 브라질은 이미 오랫동안 브라질농업연구공사(Embrapa)를 통해 자국의 바이오연료 연구를 지속했다. 환경과 토지 덕분에 브라질은 에탄올의 잠재력이 무궁무진해 보였다. 또한, 암염 하층 유전지대가 발견되면서 브라질의 최대 자산인 자연 자원으로 미래가 더욱 밝은듯했다.

경제 기조 변화와 BNDES

3년 차, 조금씩 정부의 경제 기조에 변화가 보이기 시작한다. 먼저, 정부 지출이 경제성장률의 2배 이상으로 오르고 있었기 때문에, 빨로씨 재무부 장관과 빠울로 베르나도(Paulo Bernardo) 기획예산처 장관은 장기재정 프로그램을 만들어, 정부의 수입과 기준금리 현실에 맞추어 조정하고자 했다. 그러나 두 장관의 제안은 당시 국무장관이자 훗날 룰라에 이어 대통령으로 당선되는 지우마 호세프(Dilma Roussef)와 BNDES(사회경제개발은행) 총재 기도 만떼가(Guido M Mantega) 의 강력한 반대로 무산됐다. 여기에는 룰라 대통령의 암묵적인 찬성이 있었다고 전해진다. 센세이션을 일으킨 빨로씨 장관의 입지가 이때부터 조금씩 줄어들었고, PT 내부에서도 비토가 나오기 시작했다. 결국 빨로씨 장관은 권력남용 추문에 연루돼 2006년 3월 자진 사임했다. 빨로씨의 사임은 많은 것을 의미한다. 먼저, 빨로씨는 장관으로 취임하면서 정당 이념과 관계없이 다양한 경제 전문가들로 팀을 구성해 재무부와 중앙은행 실장급으로 임명했다. 이 모두가 지난 정부의 거시경제 기조를 유지하는 것으로, 시장은 긍정적으로 받아들였다. 반면 후임 장관으로 취임한 기도 만떼가는 국가주도 개발주의 신념을 가진 경제학자로 유명했다. 그는 이미 이전부터 기준금리를 저금리로 유지하면서 정부 지출을 확대해야 한다고 주장하고 있었다.

그사이 대통령 선거가 있었고, 룰라 대통령은 가볍게 재선에 성공했다. 2004~2006년 브라질의 경제성장률은 평균 4.3%였고, 물가도 2004년 상반기는 불안정했지만 하반기부터는 0.5% 수준이었으며,

2005년과 2006년에는 4% 미만이었다. 룰라 정부 2기 내각의 경제팀은 모두 유임되었지만, 기조는 확실히 달라졌다. 2007년 1월, 룰라는 PAC(성장촉진 프로그램)을 출범했다. PAC은 2004년 제정된 민관합동법에 기반하여, 투자 출처가 단순히 정부만이 아니라 민간에서도 나올 수 있도록 했다. 어쨌든, 정부가 본격적으로 산업 개발에 일조하겠다는 개발주의 신념 아래 인프라, 수도, 주거, 교통, 에너지 투자의 주체가 되겠다는 것이다. 룰라 정부의 대표적인 경제철학이라고 할 수 있는 3C가 완성된 순간이다. 3C는 신용(Credit), 소비(Consumption), 일차상품(Commodity) 구성이다. 룰라 정부의 사회 프로그램과 경제성장으로 인한 소비 인구와 소비 증가, 일차상품을 통한 대외적인 경제 환경 향상, 나아가 적극적인 금융지원으로 시장 촉진을 유도한다는 것이다. 여기서 금융지원의 제1 주체는 정부, 제2 주체는 정부가 선택한 산업과 기업들로 볼 수 있다. 특히, 신임 재무부 장관 기도 만떼가는 산업정책에 대해 한국형 모델을 언론 인터뷰에서 언급한 바 있다. 다양한 산업에 투자하는 것이 아니라, 경쟁력 있는 산업을 정부가 지원함으로써 수출을 늘린다는 것이다. 만떼가 장관의 의지는 곧 BNDES를 통해 실현된다.

그때까지의 BNDES는 민영화의 선봉장으로서 주요 국책사업을 주도했다면, 이제 시장에 적극적인 금융지원을 함으로써 경제를 개발한다는 방향이었다. 룰라가 처음 대통령이 됐을 때 BNDES가 집행한 금융지원의 규모는 374억 헤알에서 만떼가가 재무부 장관이 된 시점에 급격히 늘어나 2007년에는 648억 헤알, 2008년 908억 헤알, 2009년 1,363억 헤알, 2010년에는 1,684억 헤알에 달했다. 주요 투자처로는 국영기업인 뻬뜨로브라스 외에 광산 회사들도 있었다. 소고기 육류기업인 JBS에도 금융지원과 주식매입으로 176억 헤알을 지출했다.

이런 정책은 실패도 많았는데, 그중 대표적이라고 할만한 곳이 바로 아이키 바치스타(Eike Batista)의 'X그룹'이다. 국영 광산기업 대표의 아들로 태어나 광산 발굴로 부호가 된 바치스타는 여러 산업에 진출하고자 정부의 힘을 빌렸는데, BNDES가 그를 지원했다. 바치스타는 대표적으로 새로운 석유회사를 만들어 발굴부터 공급까지 하고자 했는데, 이는 개발 단계에서 멈췄다. 이외에도 해양운송, 플랜트 건설 등 굵직한 비즈니스도 시작했지만, 모두 실패로 돌아갔다. 아이키의 EBX그룹이 BNDES에서 받은 금융지원은 103억 헤알에 달했다.

반대 진영의 주요 표적이 된 투자처는 중남미 사회주의 국가들에 대한 건설 지원이었다. 이 프로젝트를 통해 앙골라(32억 달러), 아르헨티나(20억 달러), 베네수엘라(15억 달러), 도미니카공화국(12억 달러), 에콰도르(6,850만 달러), 쿠바(6,560만 달러)에 총 105억 달러를 지원했다. 자국 기업의 수출 독려 목적에서 진행한 것으로, 이와 함께 5대 대표 건설사인 Odebrecht, Andrade Gutierrez, Camargo Correa, OAS, Queiroz Galvão에 지원했다. 여기서 Odebrecht는 총 329억 헤알 지원이라는 엄청난 혜택을 누렸다.[56]

더 약해진 대통령제와 부패 스캔들(Mensalão)

룰라 대통령이 당선됐을 때, 의회 의석 총 513석 중 291석은 여당, 222석이 야당이었고, 총 19개 정당으로 나뉘어 있었다. 그러나 사실상 10석 이상을 가진 11개 정당이 의회를 장악하고 있었다. 이 11개 정당의 의원들은 자신의 소속당이 여당의 연립정부에 속한다 해도, 100% 당의 방침에 따라 투표하지는 않았다. 브라질 의원들은 지역과 더불어 각자가 대표하는 계층이 분명히 있었다. 그러니 진보주의자든 보수주의자든 자신의 이해관계를 해칠만한 법안이라면 결사반대했다. 이들은 독립성이 있어, 당에서 심하게 간섭하면 당적을 옮겼다. 상황이 이러하니 정부와 여당은 자신들이 원하는 개혁을 밀어붙이기 위해 의원들의 절대적인 도움이 필요했다. 가장 쉬운 방법은 내각을 구성할 때 연립정부를 통해 정당들의 주요 인사를 입각시키는 것이었다. 룰라 정부 1기에서 장관급 자리는 총 35개였는데, 그중 7개만 연립정부 구성 정당들이 가졌고 나머지는 차관급, 1급 인사 또는 국영기업 이사급으로 채워 정당들을 설득했다. 그러나 이런 인사나 예산 참가권이라는 카드만으로는 복잡한 이해관계로 얽힌 의회 의원들을 설득할 수 없었다.

2005년 6월, 연립정부 구성원이었던 호베르또 제페르손(Roberto Jefferson) 당시 브라질노동당(PTB) 총재는 언론과의 인터뷰에서 "행정부에서 의원들이 자신이 원하는 대로 투표해 주는 대가로 일종의 월회비(Mensalidade)를 의원들에게 지급했다."고 주장했다. 제페르손 하원의원은 이 모든 과정에는 국무장관이자 룰라의 최측근인 조세 지르세우

(José Dirceu)가 있고, PT는 여야 가릴 것 없이 월 3만 헤알을 국영기업들의 예산으로 지원했다고 밝혔다. 나중에 밝혀진 바로는 국영기업과 연금채권이 광고 명목으로 PT 홍보 담당이었던 마르꼬 발레리오(Marco Valério) 광고기획사 대표에게 하청을 주고, 발레리오가 이렇게 받은 돈을 세탁해 의원들에게 전달했다. 언론이 '월회비(Mensalidade)'를 극대화해 '멘살라웅(Mensalão)'이라 칭한 이 스캔들은 한창 성장하던 정부에게는 치명적이었다.

멘살라웅은 단순한 부패 스캔들이 아니다. 이는 브라질의 대통령제가 얼마나 허약한지를 보여준 사건이다. 룰라 정부 2기의 하원의회는 1기보다 늘어난 13개 정당이 연립정부 구성원으로 참여했다. 국정을 운영하는 데 있어 의회의 협조가 이전보다 더 중요해졌고, 복잡한 이해관계가 얽힌 의원들과 이들이 대변하는 사회나 산업, 신념과의 협상이 절대적이었다. 이때 PT는 더 적극적으로 시스템을 활용하는 방식을 택했다. 대통령제에서 시스템은 인사권과 예산권을 의미한다. PT는 이를 적극 활용했다. 특히, 지출성장률이 경제성장률보다 높은 가운데, 룰라 정부는 처음으로 재정수지 적자를 기록했다.

악화되는 통합재정수지와
지우마 정부(2011~2016년)

2008년 서브프라임 모기지 사태 때, 브라질은 이전과 달리 해외 경제위기의 영향에도 도미노처럼 무너지지 않았고, 선제적인 조치로 위기 확산을 막는 모습을 보여주었다. 물론 이 위기가 확산이 되지 않은 데는 여러 이유가 있다. 먼저, 정부가 적극 개입해 중앙은행이 시장에 자금을 투입하면서 큰 인플레이션이 발생하지 않았고, 자국의 소비나 실업률도 크게 달라지지 않았다(룰라 대통령은 공개적으로 방송에서 소비를 독려하기도 했다). 국민의 심리가 앞서 말한 긍정적인 사건들 덕분에 매우 우호적이었다는 것도 한몫했다. 또한, 이미 오랫동안 여러 경제위기를 겪으면서 브라질의 금융시스템은 매우 탄탄해진 상태였다. 여기에 외환보유고도 2,068억 달러에 달해 순 외채는 이미 마이너스로 전환됐다. 비슷한 시기에 브릭스(BRICS)가 생겨났고, 세계는 G8에서 확대하여 G20가 만들어졌다.[57]

표면적으로 재정수지가 악화된 것이 단순히 2008년 경제위기 때문이라고 생각할 수 있지만, 경제 전문가들은 들떠 있던 시장 분위기 속

벌거벗은 브라질 경제사

에서 정부의 지출이 막대하게 늘어났음을 알고 정부 예산을 예의 주시했다. 그리고 매우 창의적인 예산 집행이 구현됐다. 브라질은 이미 지난 2001년 재정책임법을 통해 지방 정부가 연방정부의 승인 없이는 채권을 발행할 수 없도록 했다. 또한, 엄격한 규정으로 어느 정부도 공무원 인건비를 높일 수도 없었다. 이렇게 되자, 국고국(Tesouro Nacional)과 BNDES는 정부 주요 인사의 주도 아래 새로운 방식으로 지출을 늘려 시장을 촉진하려 했다. 정부 예산은 매년 정부가 준비하여 의회의 심의 절차를 거쳐 통과되는데, 2008년부터 재정수지가 적자가 되자, 정부는 BNDES를 통해 지출을 늘리기 시작했다. 2009년 BNDES가 집행한 금융지원 규모는 1조 363억 헤알로, 처음으로 조 단위를 넘어섰다. 이는 재정수지 적자 폭을 줄이고 정부의 순 부채는 늘리게 된다. 정부 채권 발행을 담당하는 국고국은 BNDES에 30년짜리 대출을 승인해 주었다. 결과적으로 총부채가 늘어났지만 순 부채는 늘어나지 않았다. 이는 국고국이 BNDES의 대출을 순 부채가 아닌 총부채로 집계했기 때문이다.

정부는 매년 이런 꼼수를 부리기 시작했다. 2010년 12월 정부 통계를 살펴보면 국고국이 BNDES로부터 받은 이자 수입이 2조 360억 헤알인데, 2008년 288억 헤알, 2009년 938억 헤알이었다가 2010년에만 1조 75억 헤알을 기록했다. GDP 대비 1~2.9% 규모다. 국고국이 BNDES에 대출해 주고 BNDES가 이자로 다시 국고국에 완납함으로써 정부의 재정수지가 합법적인 방식으로 사실상 조작된 것임을 알 수 있다. 특히 BNDES의 자산을 통한 배당금이 국고국으로 이체되는 상황까지 발생했다. 결국 국고국에서는 배당금과 이자를 포함해 수입이 늘었고, 이는 고스란히 정부 수입 증가로 이어졌다. BNDES는 정부 지도로 더욱 과감한 투자를 진행했고, 은행 창설 이후 최대 규모의 금융지원을 집행했다. 2010년에는 1조 684억 헤알, GDP의 4.6%였다. 그러나 2010년 경제성장률 7.5%로 30년 만에 최고치를 기록했기 때문에 이러한 재정 문제는 표면에 드러나지 않았다. 정부의 이런 회계 조치를 학계와 언론에서는 창의적인 회계(Contabilidade Criativa), 야당에서는 재정 변속(Pedalada Fiscal)이라고 불렀다.

지우마 호세프는 PT의 적통은 아니다. 미나스 제라이스에서 태어난 그녀는 군사 정권 대상으로 오랜 투쟁 생활을 하다가 옥에 갇혔고, 출소 후 70년대 자신의 동지이자 남편을 따라 브라질 남부 히우그란지두술로 이주했다. 히우그란지두술 연방대학교(UFRGS)에서 경제학을 전공한 후, 노동정치의 대부인 브라졸라(Brizola)가 창당한 PDT 민주노동당의 창당 구성원으로 합류했고, 80년대에는 PDT당 주의회 전문위원으로 활동하다가 1985년 뽀르또 알레그리(Porto Alegre) 시청 재무국장으로 정계에 데뷔했다. 이후 그녀는 2차례 히우그란지두술 주 정부 광산에너지홍보국장직을 거쳤고, 이 경력을 계기로 2002년 룰라 대선 후보 캠프에서 광산에너지 분야 정책자문위원으로 활동했다. 그리고 모두의 예상을 깨고, 룰라는 대통령이 되자 그녀를 광산에너지 장관으로 지명했다. 강직하고 예외를 용납하지 않는 성격과 뚝심 있는 추진력이 특징이던 지우마는 룰라의 이상을 현실로 구현할 유일한 정치인으로 부상했다. 특히, 젊었을 때 군사 정권 대상으로 목숨 건 투쟁까지 했고, 수차례 구금 이력과 선출직이 아닌 임명직으로 행정부에서 활동한 그녀의 경력은 기성 정치인에 신물이 난 국민에게 신선

하기도 했다. 광산에너지부 장관이었던 지우마는 지르세우 국무장관이 멘살라웅 스캔들로 물러나자 그 자리를 이어받았다. 특유의 거침없는 성격으로 여러 장관과 마찰이 있었지만, 룰라가 이를 암묵적으로 승인했기 때문에, 정부 내에서 그녀는 승승장구했다. 물론, PT에서는 1989년부터 오로지 룰라 한 사람만 대통령 선거에 출마했기 때문에 대중적인 인물이 없기도 했고, 그의 오랜 동지들은 멘살라웅에 발이 묶여 있었으니 그녀가 새로운 후계자로 지명되는 데 있어 호재였다.

모두의 예상을 깨고 2010년 대통령 선거에서 지우마는 56.05%를 획득하여 PSDB의 조세 세하(José Serra, 전 기획예산처, 보건부 장관 및 상파울루 주지사)를 꺾고 대통령에 당선됐다. 지우마 대통령은 재무부 장관으로 기도 만떼가를 유임하고, 기획예산처 장관에는 PT당의 창당 멤버이자 자신과 국무부에서 PAC 성장촉진 프로그램으로 호흡을 맞춘 미리암 벨끼오르(Miriam Belchior)를 임명했다. BNDES 총재로는 루시아노 꼬우찡요(Luciano Coutinho)가 유임됐으며, 중앙은행 총재는 IMF와 세계은행에서 근무했던 중앙은행 실장 출신 알렉산드리 톰비니(Alexandre Tombini)가 임명됐다.

룰라 정부의 유산

전문가들은 룰라 정부 2기를 오페라의 그랑 피날레에 비유한다. 먼저, 유례없이 높은 지지율이 그 첫 번째 이유다. 룰라 전 대통령은 임기 말 83%의 지지율로 자신의 정권을 마감하면서 무명의 정치인이었던 지우마에게 성공적으로 이양했다. 경제성장률은 2010년 7.5%였고, 건설 붐이 불던 시기라 2008년 경제위기에도 실업률은 7% 미만이었다. 물가상승률은 11%였지만, 기준금리가 10%임을 고려하면 실이자율은 1% 수준이었다. 그러나 분명한 것은 룰라 정부 2기부터는 개혁보다는 정부주도 개발이 경제성장의 동력이었다는 점이다. 이때의 브라질 소비시장은 매우 뜨거웠고, 일자리도 많았으며, 소득도 꾸준히 오르고 있었다. 한편, 재정수지는 2008년 이후 계속 적자였고, 정부는 BNDES와 국고국을 통해 지출을 늘렸으며, 룰라 정부 2기에서는 사실상 아무런 개혁이 진행되지 않았다.

세계 경제도 변하고 있었다. 먼저 국제 시장의 코모디티 가격인 CRB지수가 하락세였다. 미국 FED의 저금리 정책과 국제 금융시장의 저리대출이 언제까지 무한으로 공급될지도 미지수였다. 이런 우려는 2011년부터 현실로 나타나기 시작했다. 수출과 관련해 가격과 정형거래조건(Term of Trade) 지수들이 떨어지기 시작한 것이다. 국제 시장의 금리는 저금리로 유지되었지만, 금리가 오르면 브라질은 그 영향을 직접적으로 받을 수밖에 없었다. 실업률도 안정권에서 다시 오르기 시작했고, 환율도 2010년 1달러에 1.57헤알에서 2014년 2.66헤알까지 올랐다.

그렇다면 왜 정부는 이 모든 과정을 자세히 살펴보지 못했을까? '중진국 함정'이라는 경제 이론으로 설명할 수 있다. 브라질은 교육 수준이 매우 낮은 국가다. 그리고 오랫동안 정부는 이념을 가리지 않고 모두 기초교육보다는 상급 교육인 대학교에 더 많은 투자를 해왔다. 그럼에도 임금이 계속 상승했는데도 근본적인 문제는 무시한 채, 드러난 결과만 놓고 보면 모든 문제를 해결한 것처럼 보였다. 중진국 함정은 바로 소득지점의 편차가 매우 높다는 것이다. 산업은 한정되어 있고 노동법은 사업가에게 더없이 열악한 브라질 같은 나라에게는 이것이 바로 함정이자 독이 된다. 당시에는 코모디티 붐과 정부주도 건설 파이낸싱이 많았으니 표면적으로 드러나는 숫자 때문에 이를 충분히 혼돈할 수 있었다. 그러나 여전히 교육 관련해서는 정부를 비판할 수밖에 없다. 당시 OECD가 발간한 《Education at a Glance》에 따르면, 25세에서 64세까지 고등교육을 마친 인구가 독일 87%, 한국 85%, 칠레 57%인 반면, 브라질은 46%였다. 연령대를 25~34세로 낮추면 한국 98%, 독일 87%, 칠레 77%였으나, 브라질은 61%로 현저히 낮았다.

정부 지출 관련해서도 점점 가용재원이 적어지고 있었다. 연금과 관련된 지출이 워낙 많다 보니 최종적으로 국가의 부채가 증가했다. 다만, 국가 부채 증가에 대해서는 브라질 경제학자들 사이에서 의견이 갈린다. 당시 국정을 책임지던 대표적인 경제학자들은 지출을 늘려야 시장이 활발히 돌아가고 소비가 촉진되면서 경제가 성장한다고 주장했다. 재정 건전성만 고려한 정책은 경기를 침체시키기 때문에 필요에 따라 적절히 투자를 집행해야 하고, 그러려면 다양한 수단을 써야 한다는 것이다. 이들은 룰라 정부 내에서 사회 프로그램과 정부주도 금융지원 및 개발정책들로 전체 소득이 증가했다는 것을 근거로 이러한 기조를 유지해야 한다고 했다. 반면 전통적인 경제학자들은 중진국 함정 이론을 내세워 이에 반대했다. 또한, 연금으로 인해 점점 낮아지는 가용재원과 늘어나는 국가 부채를 비판했다. 연금은 2003년

GDP의 8%를 차지했는데, 2004년 룰라 정부에서 연금개혁을 진행했음에도 해마다 성장률이 10%가 넘어갔다. 비용이 매년 늘어나자 지우마 정부에서도 2012년 신규 공무원들을 대상으로 또다시 개혁을 진행했지만, 그럼에도 지출 규모는 매년 10%씩 커졌다. 결국, 이러한 지출 규모의 꾸준한 확대는 국가 부채를 늘리고, 중앙은행이 더 가혹한 금융정책을 펼치게 하며, 이는 경기침체를 의미한다는 것이다. 실제로 룰라 정부부터 지우마 정부까지 중앙은행이 매년 두 자릿수 기준금리를 유지했으니, 정부의 금융·통화 최고권위기관의 의지가 어디를 향했는지 알 수 있다.

새 경제 기조

2011년, 지우마 후세프 대통령은 새 경제 기조를 발표했다. 전문가들이 비전통적인 경제정책으로 보는 이 경제 기조는, 정부의 경제철학인 정부주도 개발주의 정책을 구체적으로 나열한 것이다. 대표적인 정책은 기준금리 하락과 헤알 환절하를 통해 수출을 독려하여 내수시장 성장을 촉진한다는 것이고, 전략산업에 대해 세제 혜택과 BNDES를 통한 금융지원, 전기요금 감면 등으로 후방에서 지원하는 것이었다. 이런 개발주의에 기반한 새로운 경제 기조를 발표하기 바로 직전에 고속 성장이 이어졌고, 사회 프로그램으로 소득이 증가했으며, BNDES를 통한 금융지원으로 시장을 촉진할 수 있었기에 정부는 엄청난 자신감을 가지고 정책 집행에 나섰다. 룰라 정부 2기 때 발표했던 경제성장 촉진 프로그램 PAC의 2기 프로그램도 발표했다. 2010년 3월 1조 590억 헤알 규모의 직·간접 투자인 PAC는 교통, 에너지, 환경, 보건, 사회, 주거, 문화 분야에 집행되는 투자로, 4년간 정부의 경제성장을 책임지는 원동력이 되는 프로그램이다. PAC 2기의 특징은 정부의 국고가 본격적으로 사용되기 시작했다는 것이다. 프로그램은 세 가지 방향에 초점을 맞췄다. 첫째는 도시 운영 관련하여 인프라 중심의 교통, 에너지, 수도였고, 둘째는 시민에 초점을 맞춘 보건과 교육시설, 셋째는 정부의 사회 복지프로그램으로, 주거 프로그램인 Minha Casa, Minha Vida와 수도, 전기 프로그램인 Água e Luz para Todos에 지원하는 것이었다.

지우마 정부가 끝난 2016년 12월까지의 통계를 보면, 7조 964억 헤알의 지출이 승인됐는데, 그 절반 이상이 서민 대상 주거 프로그램 Minha Casa, Minha Vida에 주택대출비용이었다. 주거 프로그램은 브라질 전국적으로 주택개발사(Incorporation)이 건설하면 국영은행인 까이샤(Caixa)에서 판매 성과에 따라 개발사에 선지급함으로써 건설을 앞당겨 진행시켰고, 저소득층 구매자에게는 아파트 입주 시점에 맞춰 까이샤를 통해 장기대출을 해주는 형식이었다. 그리고 2조 533억 헤알은 에너지와 관련해 총 3개의 수력발전소를 비교적 낙후된 북쪽 지역에 건설하는 데 집행됐다.[58] 인프라 투자로 고속도로(5,188km)와 철도(1,088km)를 개설했고, 공항, 항구도 건설했다. 대표적으로 브라질리아, 깜삐나스, 상파울루시 근교의 과룰료스 국제공항이 민관합동 경영 모델 입찰로 집행됐다.[59]

PAC 1, 2기에서 가장 비판받는 부분은 민간의 자발적인 참여가 매우 저조했다는 것이다. 물류 투자 프로그램 관련해 2012년 8월 정부가 2조 헤알을 직·간접적으로 투자했다. 이때 지우마 대통령은 민간 참여를 절실히 원했지만, 매우 소극적으로 이루어졌다. 그마저도 BNDES가 매우 낮은 장기이자율(TJLP)에 기반해 연 5%의 이자를 받는 선에서 가능했다. 물론 BNDES의 손실은 다시 정부로 돌아왔으니 이 모든 과정은 결과적으로 정부의 재정을 더욱 악화시켰다. 브라질 산업연맹(CNI)에서 측정한 자국 산업의 생산가용력은 2010년 85%에서 2014년 말 70%로 떨어졌다.

결국 이 모든 과정은 양면성을 지닌 채 진행됐기 때문에 성공과는 거리가 멀었다. 정부가 과감하게 주도하여 성장을 진행하고자 했지만, 산업이나 노동생산성 관련해서는 가장 큰 문제들을 외면한 채 진행했다는 양면성이 문제였다. 먼저, 브라질은 국가자본주의 또는 자본주의 경제계획 모델을 가진 것으로 유명하다. 브라질 내에서 국영기업이 차지하는 GDP 수준은 대략 1/3에 이른다. 이는 1990년 초반 무역 개방과 많은 민영화가 진행되었음에도 여전히 국가 총생산에서 차지하는 국영기업들의 비중이 매우 높다는 의미다. 그리고 1998년, FHC 정부에서는 정부 개입을 최소화하기 위해 완전한 무간섭이 아니라 에이전시 성격의 산업별 청을 만들어 관리·감독했다. 미국 모델에 기반하여 만든 에이전시 모델은 브라질화되어 각 산업에서 국가의 권위와 영향을 상징하는 조직이 되었고, 멀게는 연립정부하에서 자리 나누기용 부처가 되어갔다.

기업들이 적극적으로 투자할 수 있는 여건을 만들어 줘야 하는데, 그러기에는 간접세로 인해 비싸진 가격과 낮은 수준의 노동성이 문제였다. 이로 인해 PAC나 지우마 정부의 경제 기조는 무기 공급이 원활하지 않은 채로 전쟁에 나서는 모습과도 같았다.[60][61]

2014년, 지우마 대통령은 345만 표(3.3%) 차이로 재선에 성공했다. 이는 직접선거가 도입된 이래로 당시까지는 가장 낮은 수치이자 현재까지도 2022년 대선에서 룰라-볼소나로 다음으로 낮은 차이였다. 2기 정부를 시작할 때 지우마 대통령은 기존 경제 기조를 유지했지만, 재정 건전성과 관련해 개혁 의지를 드러냈다. 먼저 재무부 장관직에는 개발주의자인 기도 만떼가 대신 시카고대에서 경제학 박사학위를 받은 조아낑 레비(Joaquim Levy)가 임명됐다. 레비는 IMF에서 근무했고, FHC 정부에서 재무부 경제정책 실장과 기획예산처 수석 이코노미스트를 역임했으며, 2003년 룰라 정부 1기 국고국 차관을 지냈다. 또한, 장관으로 임명되기 전에는 리우데자네이루 재무부 국장이었고, 브라질의 최대 상업은행인 브라데스꼬(Bradesco) 자산관리팀에서 일했다.

만떼가에서 레비에게로 장관직이 이관된 것은 큰 기조는 유지하되 체제를 변화한다는 의미였다. 먼저, 레비 장관은 수년간 적자였던 재정수지를 흑자로 만들겠다고 밝혔다. 2015년 GDP 대비 1.2%였으나, 정권 말까지 2%대로 끌어올린다는 계획이었다. 이를 위해 정부는 지출을 꾸준히 줄일 것과, 금기시되는 세금 인상을 추진하겠다고 발표했다. 이러한 발표의 가장 큰 근거는 시장 침체였지만, 1기 정부에서 추진한 경제 기조의 성과가 더딘 것과 코모디티의 신화에 더 이상 의존할 수 없다는 것도 이유였다. 코모디티와는 2011년 최고 지수를 기록한 뒤 매년 하락세였다. 특히, 브라질 1차 산업의 기반이 되는 농업과 광석은 가격이 4~20%까지 하락했기 때문에, 이 시기에 많은 부를 축적하려고 환절하까지 했던 브라질 정부로서는 코모디티 가격이 유지되거나 성장할 것이라는 경제 예측이 빗나갔음은 물론 국가재정에 치명타로 돌아왔다. 그러나 레비 장관의 발표는 그 어느 계층의 지지도 받지 못했다. 심지어 여당인 PT에서도 맹렬히 비판했다. 정부 지출을 줄이기 위해 그가 선택한 개혁안은 노동자들과 연금을 대상으로 혜택을 줄이는 것으로, 이미 GDP의 30%가 넘는 세금을 더 올리는 것은 모든 계층의 반발이 예상됐다. 또한, PAC의 예산에도 영향을 끼쳐, 이 기간 전체적으로 투자가 줄어들었다. 이에 헤알의 환절하가 지속되어 2014년 1달러당 2.67헤알에서 2015년 연말에는 3.87헤알까지 올랐으며, 기준금리도 2기 정부 초기 11.25%에서 2015년 7월 14.25%까지 올랐다. 결국 레비 장관은 그 어떠한 개혁도 추진할 수 없었고, 2015년 12월 정치적인 아젠다가 지우마 대통령의 탄핵 문제에 집중되자 사임했다. 후임 장관으로는 중앙은행 관료 출신이자 재무부 차관과 기획예산처 장관을 지낸 넬손 바르보사(Nelson Barbosa)가 임명됐지만, 2016년 5월 상원의회에 탄핵 절차 시작이 승인되면서 지우마 대통령의 권한이 정지되자 바로 물러났다.

지우마 정부의 사회 프로그램

지우마 정부의 사회 프로그램은 룰라 정부의 프로그램을 확대하는 데 초점을 맞췄다. 지난 정부의 프로그램은 적은 비용으로 많은 인구를 소비층으로 유입했으니 당연한 선택이었다. 연방정부는 지난 프로그램을 유지하는 동시에 2011년 6월에는 '빈곤 없는 브라질(Brasil Sem Miséria)'을 런칭했다. 당시 브라질은 볼싸 파밀리아 프로그램을 통해 이미 2,200만 명이 혜택을 받고 있었지만, 혜택을 받는 국민 중에도 여전히 빈곤층이 있었기 때문에, 이 문제를 조금 더 면밀하게 살피고 실행에 옮길 프로그램이 필요했다. 당시 빈곤층의 71%는 흑인이었고, 60%는 북동쪽에 거주했으며, 40%가 14세 미만이었다. 또한, 6세 미만 어린이들을 대상으로 '사랑스러운 브라질(Brasil Carinhoso)'도 시행했다. 이 프로그램은 6세 미만 어린이를 위해 탁아소의 숫자를 늘렸고, 7~15세 어린이에게 천식약과 비타민A를 공급했다. 노동생산성을 높이기 위해 국가 노동 기술교육 프로그램 Pronatec를 시행했다. Pronatec은 기술 관련 무료 교육으로 저소득층 및 고등학교 졸업자들이 빠르게 취업할 수 있도록 돕는 프로그램이었다. 이외에도 수도와 에너지 공급 프로그램을 실행했고, 경제성장 촉진 프로그램인 PAC 내에서 서민주거 프로그램도 확대해 나갔다.

지난 정부는 등록 시스템을 도입해 처음 시행되는 프로그램을 통합 운영하여 큰 성과를 봤지만, 지우마 정부는 이미 진행되는 프로그램을 확대한 것이라 그 효과의 영향력은 상대적으로 작았다. 이미 8년 이상 운영된 프로그램들이라 어느 정도 안정기에 접어들었으니 효과나 성장에는 당연히 한계가 있었다. 그런데도 비판론자들은 방법이 아니라 실질적인 효과가 없었다는 점을 지적한다. 이들은 보건과 교육 관련해서는 포괄적인 정책보다는 보다 구체적이고 효과가 측정 가능한 정책들이 필요했다고 말한다. 특히 중산층 이상은 사교육 시스템에 기대고 서민층은 수준 낮은 공교육을 이용하는 근본적인 문제를 해결해야 한다는 주장이었다. 이때, 정부는 상급 교육 대상자 프로그램으로 학자금대출(Fies)과 국경 없는 과학 프로그램(Ciência Sem Fronteiras)을 출범했다. Fies는 1999년 FHC 정부 때 만들어진 정부주도 대출펀드로, 2010년 룰라 정부에서 이자율은 기준금리보다 아래인 연 6.5%에서 3.4%로 낮추었고, 졸업 18개월 후부터 대출금을 납부하게 했다. Fies를 이용해 2014년 73만 명의 학생이 대출을 받았는데, 26%는 사립대학교 학생이었다. 국경 없는 과학은 대학생과 대학원생들이 해외 유수 대학에 교환학생으로 유학할 수 있는 프로그램이었는데, 2011년부터 2017년까지 운영됐다. 다만, 엘리트 프로그램으로 인식되었기에 때문에, 떼메르 정부가 들어서면서 지출 절감 차원으로 조기 종료됐다.

탄핵 정국

지우마 대통령의 탄핵을 이해하려면 두 가지 사건을 알아야 한다. 첫 번째는 2014년 3월부터 시작된 최대 정경유착 스캔들, 라바 자또(Lava Jato) 사건의 재판이 본격적으로 시작된 것이다. 두 번째는 룰라 정부 때부터 이어져 온, BNDES와 국고국 간의 대출과 이자를 통한 재정수지 분식회계, 이로 인한 재정책임법 위반이다. 라바 자또 사건은 그 시작과 과정을 불문하고, 부패정치에 대한 국민의 분노를 표출하게 한 결정적인 사건이다. 그 결과, 정부와 여당인 PT당, 지우마 대통령은 국민의 신임을 잃었고, 분식회계는 의회에 탄핵의 길을 열어

준 결정적인 계기가 되었다.

2014년 3월 17일, 연방경찰에서 공식적으로 라바 자또 수사가 시작된다. 그러나 실질적인 시작은 2008년 암달러상이자 돈세탁 전문가인 알베르또 유세프(Alberto Youssef)의 조사였다. 당시 요세프는 빠라나 주은행을 대상으로 돈세탁을 했으며, 이에 따라 연방경찰로부터 조사를 받았다. 연방경찰은 2013년 미케이야스 작전을 통해 요세프의 파트너 중 1명을 도청했는데, 이를 통해 요세프가 국영석유기업인 뻬뜨로브라스(Petrobras)의 공급 담당 임원 빠울로 호베르또 꼬스따(Paulo Roberto Costa)에게 고가의 수입 SUV 차량을 선물한 것이 드러났다. 이로써 뻬뜨로브라스를 본격적으로 수사하게 됐다. 당시 요세프의 파트너는 브라질리아에 주유소를 가지고 있었고, 환전과 관련된 사무실이 주유소의 세차실 위에 있었기 때문에 라바 자또, 즉 '세차 작전'이라고 명명한 것이다.

라바 자또 작전은 브라질에서 유례없이 대대적으로 수사가 진행된 작전이었다. 투입된 인원도 많았고, 총 80단계로 수사가 진행됐다. 3심 재판까지 열린 끝에 최종적으로 연방최고법원에서도 유죄로 판정됐다. 수사는 정부부터 시작해 입법부 의원들, 정부와 관련한 사업가들과 국영기업들에 집중됐고, 그 결과 대통령을 지낸 룰라를 포함해 2명의 리우데자네이루 주지사, 장관, 상원의원과 하원의원을 비롯해 수십 명의 정치인, 국영기업 임원들과 개인 사업가가 조사를 받았다. 국영기업들의 분식회계, 조직범죄, 증거인멸, 직간접 뇌물, 특혜, 환율 조작 등이 적발됐다. 사기업 중에는 정부 사업을 주로 하던 인프라 관련 회사와 건설회사가 많았다. 라바 자또는 브라질에서 기업가치가 가장 큰 국영석유회사 **뻬뜨로브라스**와 메이저 건설사들에 직접적인 타격을 주었고, 이는 고스란히 브라질 경제성장에 큰 영향을 미쳤다. 특히 많은 일자리가 얽힌 건설 시장이 크게 침체되면서 실업률이 증가했다. 컨설팅사에서 측정하기로는 라바 자또 수사는 해마다 GDP의 1~1.5%에 이르는 재정적 영향을 끼쳤다고 한다. 또한, 2014년 월드컵이 끝나자 실업률도 크게 치솟아 역사상 최고치인 10.3%에 도달했다.

이 모든 과정은 지우마 대통령에게 부정적인 영향을 끼쳤고, 룰라 전 대통령이 구속되면서 절정에 달했다. 지우마 대통령은 라바 자또의 화살이 조금씩 룰라에게 향하자 그를 장관으로 임명했다. 브라질에서는 형법과 관련해 대통령, 부통령, 검찰총장, 상원의원, 하원의원 그리고 장관은 일반 재판소가 아닌 연방최고법원(STF)에서 판결한다. 이에 1심에서 판결 중이던 룰라 사건을 연방최고법원으로 이관하기 위해 그를 장관에 임명한 것이다. 그러나 룰라 대통령과 수행비서들을 녹취하고 있던 1심 재판 판사 세르지오 모로(Sérgio Moro)는 이 정보를 미리 접했고, 연방최고법원은 룰라 전 대통령의 장관직 임명을 취소했다. 라바 자또 자체를 반대하는 법률가들이 있는데, 가장 합리적인 비판은 모로 연방판사가 직권을 남용해 룰라 전 대통령을 구속으로 몰아갔다는 것이다.

라바 자또 사건이 커지면서 국민의 분노는 시위로 이어졌다. 더 이상 부패를 용납할 수 없다며 시민들이 거리로 나서기 시작한 것이다. 2015년 3월부터 시작된 본격적이고 조직적인 시위는 적게는 수만에서 최대 300만 명이 모였다. 시위가 가속화되면서 그 열기가 지우마 대통령의 지지율에 큰 타격을 주었다. 2014년 10월 재선에 성공한 지우마의 지지율은 33%였던 부정 여론이 시위 시작과 맞물려 64%로 치솟았다. 긍정 여론은 점점 줄었고, 정부와 여당이 2기 정부 초기에 열린 하원의장 선거에서 패배하면서 의회와의 불편한 동거가 시작됐다.[62] 새 하원의장으로 취임한 에두아르두 꾸냐(Eduardo Cunha)는 정부의 연립정당 중 하나인 PMDB(브라질민주운동당) 소속이었지만, 성향은 독립적이었다. 이 시기 경제성과도 정부에 매우 불리해, 성장하기는커녕 실업률과 물가가 오르기 시작했다. 이에 국민들은 불만을 표출하기 시작했고, 정부에 대한 불신 여론이 표면으로 드러나면서 야당 측에서는 탄핵안을 꺼내 들었다. 2015년 9월, 하원의회에는 야당과 시민단체, 법률가들로부터 이미 35개의 탄핵안이 제출됐다. 한 달 후인 10월 회계감사원에서는 지우마 정부의 결산 심사를 부결했다. 브라질 정부는 결산과 관련해 의회와 회계감사원이 업무를 맡아왔는데, 이때 처음으로 지우마 정부의 결산을 부결함으로써 탄핵의 결정적인 법적 근거가 마련됐다. 라바 자또 수사는 하원의장인 꾸냐 의장에게도 향했고, 여당은 반격하듯 그를 윤리위에 회부했다.

12월, 하원의장은 3명의 저명 법률가가 제출한 탄핵안을 받아들였고, 의회에서는 탄핵 절차가 공식적으로 시작됐다. 3명의 법률가는 PT당 창당 멤버이자 검사 출신인 엘리오 비꾸도(Hélio Bicudo), 법무부 장관 출신 미겔 헤알레 주니어(Miguel Reale Júnior), 상파울루 대학교 USP 법학과 교수 자나이나 파스코알(Janaia Paschoal)이다. 이들이 주장한 탄핵 사유는 예산법과 재정책임법 위반, 뻬뜨로브라스의 미국 파사데나 정제소 인수 과정에서의 손실에 대한 책임이었다.[63]

가장 치열한 공방은 재정책임법 위반 여부였다. 재정책임법은 정부가 결산과 관련하여 조직적으로 국영은행들을 통해 재정수지를 개선할 목적으로 만든 법안이다. 상환 일정 연기, 순 부채 계산 시 국고국의 대출 또는 국영은행 이자를 어떻게 표기하는가 등을 다룬다. 이때 실제로 자금이 오갔는지 아니면 서류상으로만 오갔는지 불분명하게 표기했는데, 이러한 관례는 지우마 정부만의 문제는 아니었다. FHC 정부에서도 국고국의 적자를 면하기 위해 국영은행에서 유입된 자금이 약 10억 헤알이었다. 이는 룰라 정부에서 대략 85억 헤알 정도로 늘어났다. 지우마 정부의 재정 변속 규모는 중앙은행의 계산에 따르면 임기 초기인 2010년 129억 헤알이었지만, 1기 정부 말기인 2014년에는 520억 헤알로 늘었다.[64] 탄핵 직전 결산인 2015년은 조금 늘어난 600억 헤알이었다. 국영은행으로는 브라질은행(Banco do Brasil), 까이샤(Caixa Economica Federal), 사회경제개발은행(BNDES)이 있었다. 브라질은행과 까이샤는 정부의 사회 프로그램인 서민주택사업, 복지프로그램인 볼싸 파밀리아, 퇴직연금, 은퇴연금 관련 지급을 연기하여 해당 연도에 지출로 기록하지 않았기에 재정수지가 좋아 보였지만, 실제로는 적자였다. 그리고 브라질은행과 관련해 구체적으로 농업금융 프로그램인 사프라 플랜(Plano Safra) 관련하여 지급해야 할 35억 헤알을 지연하여 브라질은행이 선지급하게 했다. 감사원은 이를 국영은행이 정부에게 암묵적인 대출을 해준 것으로 보았다.[65] 2000년 도입된 재정책임법은 연방정부를 포함한 지방 정부 대상 국영은행들의 대출을 금했다.

지우마 대통령의 변호인단은 탄핵의 핵심 사유인 재정책임법 관련해 그런 행위는 관례였다고 주장했지만, 받아들여지지 않았다. 결국 지우마 대통령은 브라질 역사상 두 번째로 탄핵을 당했다. 여기서 몇 가지 짚고 넘어갈 것은, 탄핵 과정은 법적인 근거에 따르지만 정치적인 판단이었다는 것이다. 위법 행위에 대한 옳고 그름을 떠나, 당시의 브라질 경제 상황은 매우 좋지 않았다. 만약 정부의 회계처리가 합법이었다 해도 경제가 달라지지 않았다는 것이 문제다. 또한, 실업률과 물가 외에도 라바 자또 수사는 정치에 대한 국민의 불신을 키웠고, 이 모든 화살은 당시 정부와 여당으로 향했으니 정치적인 책임을 피하기는 어려웠다.

지우마 대통령은 2015년 12월 하원의회에 탄핵안이 접수된 후, 연방최고법원(STF)을 통해 탄핵 절차를 무효화하려 했지만, 실패했다. 2016년 3월, 하원의회에서 탄핵위원회가 결성돼 탄핵 절차가 시작됐다. 여기서 가 38표, 부 27표로 본회의에 부쳐져 전 의원 대상 투표에 돌입했다. 그해 4월, 513명 하원의원 중 342명이 찬성하면서 하원에서 탄핵안이 가결되어 상원의회로 회부됐다. 상원에서도 탄핵위원회를 구성했고, 5월 21명의 상원의원 중 15명이 찬성하여 최종 과정인 본회의에 부쳐졌다. 이로써 2016년 5월, 지우마 대통령은 직무가 정지됐다. 이어서 상원의회에서 연방최고법원장의 주재 아래 3개월간 치열한 공방을 벌인 끝에 81명의 상원의원 중 61명이 찬성하면서 지우마 대통령은 공식적으로 탄핵됐다.

결론

PT노동당의 13년 진보정권을 비판하는 전문가들은 국가주도 경제
개발을 뒷받침하기 위한 금융과 통화정책이 가장 큰 문제였다고 지적
한다. 룰라 정부 1기 초기에는 경제 상황이 불투명해 과감한 정책보
다는 지난 정부의 거시경제 기조를 유지했다. 그러나 코모디티 붐으
로 경제 상황이 나아지자, PT는 정부 자금으로 본격적인 개발정책을
시작했다. 이를 공식화한 것이 2011년 지우마 정부에서 발표한 새 경
제정책이었다. 그러나 정부의 지출이 늘어나고 국영은행들의 자금이
저리로 사용되는 와중에 코모디티 붐이 2010년 이후 사실상 끝나면
서 브라질 경제는 뚜렷한 성장동력이 부재하게 됐으나, 정부는 이를
간과했다. 물론 차선책으로 BNDES 자금을 이용해 브라질 주요 기업
에 파이낸싱을 해주고 자동차 산업에 세금 면제 정책을 펼쳤지만, 모
두 실패로 돌아갔다. 뻬뜨로브라스의 경우도 국제유가시장을 기준으
로 공급한 게 아니라, 정부가 개입하여 적자를 보면서 국내시장에 석
유를 공급해 막대한 피해를 주었다.

지우마 정부의 경제 기조는 2011년과 2015년에 확연히 달라졌다.
2011년은 코모디티 붐으로 새로운 시대를 이끌어 가겠다는 모습이었
다면, 2015년은 정부가 성장을 주도하면서도 재정 문제가 심각해지
자 본격적으로 긴축정책을 펼칠 것을 밝힌 재무부 장관과 사사건건
대립했다.

○ **〈그래프 7.1〉 코모디티 가격 상승률**(%)

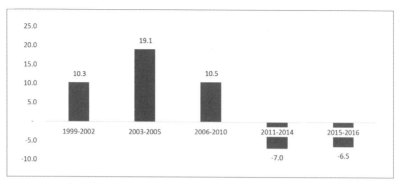

출처: IMF Primary Commodity Prices, https://www.imf.org/en/Research/commodity-prices

　PT는 장기 집권을 노렸다. 비록 탄핵으로 주춤했지만, 4차례 대선에 승리했으니 장기 집권을 이루는 데 어느 정도 성공한 셈이다. 그러나 분산된 의회를 관리하기에는 역부족이었고, 브라질리아의 관례를 따른 행동은 멘살라옹 스캔들과 브라질 역사상 가장 큰 정경유착 스캔들 라바 자또로 이어졌다. 실제로 라바 자또는 진보정권이라서 발생한 문제라고 보기에는 무리가 있다. 80년대 후반 브라질의 민주화가 이루어진 후, 10개 이상으로 분산된 다당제 상황에서 대통령제가 가진 한계로, 쇠약해진 대통령의 권력으로 의회와 협치하려면 결국 인사권과 예산권을 적극 사용해야 했던 것이다. 그러나 예상치 못했던 라바 자또의 역풍은 정치권을 태풍처럼 강타했고, 정부와 여당은 신뢰를 잃었다. 정부가 성장동력이 되기를 희망했던 주요 기업인 뻬뜨로브라스와 EBX, 건설업체 등이 라바 자또에 연루되자, 자연스럽게 국가주도 개발정책은 힘을 잃게 됐다.[66] 특히, 지우마 경제팀이 믿었던 카드 중 하나인 세금혜택도 효과는 미비했다. 지우마 전 대통령도 훗날 인터뷰에서 자신의 경제정책 중 가장 후회스러운 것은 세금혜택이라고 밝혔다.[67] 당시 정부는 수요가 증가하지 않는데도 공급을 늘리기 위해 산업을 적극 지원하는 정책을 펼쳤다. 이때, 일부 기업은 빚을 지게 됐고, 또 일부는 투자는 늘리지 않고 보수적으로 운영했다.[68] 결국 세금혜택 정책은 후임 정부 재무부 장관인 엔히끼 메이렐리스(Henrique Meirelles)가 전면 폐지했다.

진보정권은 사회적으로 큰 유산을 남겼다. 이는 누구도 부인할 수 없는 성과다. 그러나 이들은 과거의 결과에 취해 장기적인 정책을 개발하지 못했다. 이 역시 누구도 부인할 수 없는 과오다. FHC 정부에서 시작된 사회 프로그램은 분명 룰라 정부가 들어서면서 규모가 확장됐지만, 진보정권 마지막 5년간의 사회 프로그램은 결과를 만들기보다는 정체되어 있었으니 이는 기존에 집행되고 있던 프로그램들의 효과가 다했기 때문이라고 볼 수 있다. 여기에 룰라 정부는 지난 정부들과 마찬가지로 상급 교육인 대학교에 초점을 맞췄고, 교육의 질은 또다시 외면당했다. 이 기간 교육자들의 봉급은 물가상승률의 2배 이상 올랐음에도 불구하고 OECD에서 측정하는 PISA(Programme for International Student Assessment)에서는 언제나 낮은 순위권에 머물러, 지우마 정부 2기의 구호였던 '교육의 국가(Patria Educadora)'는 허울에 그쳤다.[69]

우왕좌왕했던 지우마 정부는 탄핵으로 막을 내렸다. 탄핵의 시초는 부패였지만, 국민들은 피부로 체감한 낮은 경제성적에 분노를 표출한 것이다.

룰라 전 대통령의 퇴임 시점 지지율은 87%였다. 유례가 없는 지지율로, 앞으로도 이를 넘어설 지도자는 쉽게 나타나지도 않을 것이다. 그는 누구보다도 막강한 권력을 가진 지도자였지만, 이런 그가 연금 개혁에 쏟아부은 노력은 부족했고, 조세 중 소득세 같은 근본적인 개혁을 진행하지 못했으니, 진보정권이 주장하는 '좀 더 잘사는 사람이 적게 벌고 좀 더 못 사는 사람이 더 많이 벌 수 있는 사회'를 만들기에는 역부족이었다. 이들은 단순히 사회 극빈곤층만을 대상으로 하는 사회 프로그램을 유지했고, 국가가 모든 경제 활동의 주역이 되어 크고 강한 정부를 만들고자 했다. 진보정권의 몰락은 그 어느 때보다 재정운영과 관련해 엄격한 법을 만들게 했다. 앞으로는 룰라와 지우마 정부에서 반복되었던 변속회계나 국영은행을 정치적인 목적으로 사용하는 사례는 적어질 것이고, 국민은 이에 대해 날카로운 시선으로 감시할 것이다.

지표

브라질 거시경제 주요 지표

| 연도 | 인구 | GDP | 물가 (%) | 기준 금리 (%) | 외채 | 외환 보유고 | GDP比% | | 경제성장% | | |
							필요 공적 자금 조달	순부채	브라질	중남미	세계
1945	45,7	n/a	11,1	n/a	698	863	n/a	n/a	3,2	n/a	n/a
1946	46,8	n/a	22,2	n/a	645	959	n/a	n/a	11,6	n/a	n/a
1947	48,0	10	2,7	n/a	625	929	n/a	n/a	2,4	6,3	n/a
1948	49,2	11	8,0	n/a	597	883	n/a	n/a	9,7	4,7	n/a
1949	50,5	13	12,3	n/a	601	875	n/a	n/a	7,7	2,7	n/a
1950	51,9	15	12,4	n/a	559	821	n/a	n/a	6,8	4,9	n/a
1951	53,4	19	12,3	n/a	571	584	n/a	n/a	4,9	5,9	5,9
1952	55,0	22	12,8	n/a	638	482	n/a	n/a	7,3	3,0	4,7
1953	56,7	12	20,5	n/a	1.159	421	n/a	n/a	4,7	4,5	5,1
1954	58,4	11	25,9	n/a	1.196	372	n/a	n/a	7,8	6,2	3,4
1955	60,2	11	12,2	n/a	1.395	442	n/a	n/a	8,8	6,3	6,3
1956	62,0	15	24,6	n/a	2.736	608	n/a	n/a	2,9	4,1	4,7
1957	64,0	17	7,0	n/a	2.491	474	n/a	n/a	7,7	6,1	3,8
1958	65,9	12	24,4	n/a	2.870	465	n/a	n/a	10,8	4,9	3,2
1959	68,0	15	39,4	n/a	3.160	366	n/a	n/a	9,8	2,6	4,7
1960	70,1	17	30,5	n/a	3.738	345	n/a	n/a	9,4	7,0	5,2
1961	72,2	17	47,8	n/a	3.291	470	n/a	n/a	8,6	6,2	3,8
1962	74,4	19	51,6	n/a	3.533	285	n/a	n/a	6,6	4,3	5,3
1963	76,6	23	79,9	n/a	3.612	215	n/a	n/a	0,6	2,0	5,2
1964	78,9	21	92,1	n/a	3.294	244	n/a	n/a	3,4	7,2	6,6
1965	81,2	23	34,2	n/a	3.823	483	n/a	n/a	2,4	5,6	5,5
1966	83,5	28	39,1	n/a	3.771	421	n/a	n/a	6,7	4,9	5,7
1967	85,9	31	25,0	n/a	3.440	198	n/a	n/a	4,2	4,3	4,2
1968	88,3	34	25,5	n/a	4.092	257	n/a	n/a	9,8	7,1	5,9
1969	90,7	37	19,3	n/a	4.635	656	n/a	n/a	9,5	6,9	5,8
1970	93,1	42	19,3	n/a	6.240	1.187	n/a	n/a	10,4	6,5	4,0

연도	인구	GDP	물가 (%)	기준 금리 (%)	외채	외환 보유고	GDP比%		경제성장%		
							필요 공적 자금 조달	순부채	브라질	중남미	세계
1971	95,6	49	19,5	n/a	8.284	1.723	n/a	n/a	11,3	6,9	4,3
1972	98,1	58	15,7	n/a	11.464	4.183	n/a	n/a	11,9	7,2	5,6
1973	100,6	84	15,5	n/a	14.857	6.416	n/a	n/a	14,0	8,0	6,4
1974	103,1	110	34,6	19,0	20.032	5.269	n/a	n/a	8,2	6,3	1,8
1975	105,7	129	29,3	26,7	25.115	4.040	n/a	n/a	5,2	3,6	0,6
1976	108,3	153	46,3	53,2	32.145	6.544	n/a	n/a	10,3	5,5	5,3
1977	110,9	176	38,8	63,8	37.951	7.526	n/a	n/a	4,9	4,9	4,1
1978	113,6	200	40,8	71,2	52.187	11.895	n/a	n/a	5,0	4,5	4,1
1979	116,3	222	77,2	52,3	55.803	9.689	n/a	n/a	6,8	7,3	4,2
1980	119,0	237	110,2	93,4	64.259	6.913	n/a	n/a	9,2	6,7	1,9
1981	121,8	257	95,2	121,0	73.963	7.507	n/a	n/a	− 4,3	0,8	1,9
1982	124,5	270	99,7	173,9	85.487	3.994	n/a	n/a	0,8	− 0,3	0,4
1983	127,3	189	211,0	194,2	93.745	4.563	n/a	n/a	− 2,9	− 1,9	2,6
1984	130,0	189	223,8	272,0	102.127	11.995	n/a	n/a	5,4	3,9	4,7
1985	132,7	210	235,1	379,8	105.171	11.608	n/a	n/a	7,8	3,2	3,7
1986	135,4	257	65,0	89,5	111.203	6.760	n/a	n/a	7,5	3,8	3,4
1987	137,9	281	415,9	401,4	121.188	7.458	n/a	n/a	3,5	3,2	3,7
1988	140,3	304	1 037,53	2.282,0	113.511	9.140	n/a	n/a	− 0,1	0,6	4,6
1989	142,7	414	1 782,85	38.341,1	115.506	9.679	n/a	n/a	3,2	1,8	3,8
1990	144,8	467	1 476,71	1.082,8	123.439	9.973	n/a	n/a	− 4,3	− 0,5	2,9
1991	146,8	405	480,2	2.494,3	123.910	9.406	n/a	n/a	1,0	3,0	1,5
1992	148,7	387	1 157,84	1.489,1	135.949	23.754	n/a	n/a	− 0,5	2,5	2,1
1993	150,5	430	2 708,39	5.756,8	145.726	32.211	n/a	n/a	4,9	4,2	1,8
1994	152,4	546	909,7	56,5	148.295	38.806	n/a	n/a	5,9	5,4	3,3
1995	154,5	773	14,8	39,0	159.256	51.840	n/a	n/a	4,2	0,8	3,1
1996	157,1	854	9,3	23,9	179.935	60.110	필요 공적 자금	n/a	2,2	4,1	3,6
1997	160,1	886	7,5	42,1	199.998	52.173	n/a	n/a	3,4	5,3	3,9
1998	163,4	867	1,7	32,9	241.644	44.556	n/a	n/a	0,4	2,6	2,8
1999	166,7	602	20,0	21,0	241.468	36.342	n/a	n/a	0,5	0,6	3,6

연도	인구	GDP	물가 (%)	기준 금리 (%)	외채	외환 보유고	GDP比%		경제성장%		
							필요 공적 자금 조달	순부채	브라질	중남미	세계
2000	169,8	655	9,8	15,4	236,156	33,011	n/a	n/a	4,4	3,6	4,5
2001	172,5	560	10,4	18,0	209,934	35,866	3,4	51,5	1,4	0,5	2,0
2002	174,7	510	26,4	23,0	210,711	37,823	4,4	59,9	3,1	0,5	2,3
2003	176,7	558	7,7	17,7	214,930	49,296	5,2	54,3	1,1	2,5	3,1
2004	178,6	669	12,1	19,3	201,374	52,935	2,9	49,6	5,8	5,6	4,5
2005	180,3	891	1,2	19,1	169,450	53,799	3,5	47,9	3,2	4,0	4,0
2006	182,1	1.107	3,8	12,6	172,589	85,839	3,6	46,5	4,0	5,1	4,4
2007	184,0	1.397	7,9	10,6	193,219	180,334	2,7	44,6	6,1	5,3	4,4
2008	186,1	1.695	9,1	14,3	198,340	206,806	2,0	37,6	5,1	3,7	2,1
2009	188,4	1.669	− 1,4	9,1	198,192	239,054	3,2	40,9	− 0,1	− 2,0	− 1,3
2010	194,9	2.210	11,3	11,8	256,804	288,575	2,4	38,0	7,5	6,4	4,5
2011	196,6	2.619	5,0	11,5	309,587	352,012	2,5	34,5	3,9	4,4	3,3
2012	198,3	2.460	8,1	6,8	327,590	378,613	2,3	32,2	1,9	2,6	2,7
2013	200,0	2.461	5,5	9,9	312,517	375,794	3,0	30,5	3,0	2,9	2,8
2014	201,7	2.412	3,8	12,2	352,684	374,051	6,0	32,6	0,1	1,4	3,1
2015	203,5	1.773	10,7	14,8	337,732	368,739	10,2	35,6	− 3,5	0,5	3,1
2016	205,2	1.736	7,2	14,3	326,297	365,556	9,0	46,1	− 3,3	− 0,2	2,8
2017	206,8	1.780	− 0,4	6,7	314,719	381,056	7,8	51,4	1,3	1,9	3,4
2018	208,5	1.557	7,1	6,0	320,612	379,722	7,0	52,8	1,8	1,6	3,3
2019	210,1	1.604	7,7	4,5	322,985	356,481	5,8	54,7	1,2	0,7	2,6
2020	211,8	1.318	23,1	1,9	310,807	355,620	13,3	61,4	− 3,3	− 6,6	− 3,1
2021	213,3	1.405	17,7	9,6	325,439	362,204	4,3	55,8	5,2	6,5	5,9
2022	214,8	1.596	5,8	14,3	318,899	324,792	4,3	57,1	3,0	n/a	n/a

단위: 인구(100만), 총생산(10억 달러), 외채&외환보유고(100만 달러)
출처: 인구, 물가, 경제성장 – 브라질지리통계원(IBGE)
　　　기준금리 기반 평균치 – 브라질경제응용연구소(IPEA)
　　　외환보유고, 외채, 순 부채%, 공적자금조달%
　　　– 브라질 중앙은행(BCB)
　　　세계 및 중남미 경제성장 – 세계은행

참고문헌

◆ ABREU, Marcelo de Paiva. A ordem do progresso: dois séculos de política econômica no Brasil. Grupo Editorial Nacional. 2021.

◆ AER, Werner. A Economia brasileira, São Paulo, Livraria Nobel, 1996, Pg. 35.

◆ BACHA, Edmar. A crise fiscal e monetária brasileira, Civilização Brasileira, 2017.

◆ BACHA, Edmar. 130 anos: em busca da República, Ed. Rio de Janeiro: Intrinseca, 2019.

◆ BACHA, Edmar. Privatização e financiamento no Brasil, 1997~1999, José Olympio Editora, 1997

◆ COUTO, Ronaldo. Juscelino Kubitschek, ed. Edições Câmara, 2021.

◆ FAUSTO, Boris e DEVOTO, Fernando J. Brasil e Argentina: Um ensaio de história comparada, 1850~2002. 2. ed. São Paulo: Editoria 34, 2005, pg.46

◆ FRANCO, Gustavo H.B. A moeda e a lei, Zahar, 2018

◆ FRANCO, Gustavo H.B. O desafio brasileiro, Editoria 34, 1999

◆ FRANCO, Gustavo H.B, GIAMBIAGI, Fabio. Antologia da maldade II, Zahar, 2022

◆ FURTADO, Celso. Obra autobiográfia de Celso Furtado, Paz e Terra, 1997

◆ GIAMBIAGI, Fábio. Economia brasileira contemporânea (1945~2015), Editorial Nacional, 2021.

◆ GOMES, Laurentino. Escravidão – Volume 1: Do primeiro leilão de cativos em Portugal até a morte de Zumbi dos Palmares, Globo Livros, 2019

◆ GOMES, Laurentino. Escravidão - Volume 2: Da corrida do ouro em Minas Gerais até a chegada da corte de dom João ao Brasil, Globo Livros, 2021

◆ GOMES, Laurentino. Escravidão - Volume 3: Da Independência do Brasil à Lei Áurea, Globo Livros, 2022

◆ LATIF, Zeina. Nós do Brasil. nossa herança e nossas escolhas. Record, 2022

◆ NÓBREGA, Maílson da. O futuro chegou: instituições e desenvolvimento no Brasil. Editora Globo, 2005

◆ NÓBREGA, Maílson da. Economia: Como evoluiu e como funciona - Ideias que transformaram o mundo. Trevisan, 2016.

◆ CASA DAS GARÇAS. A Arte da Política Econômica: Depoimentos à Casa das Garças. História Real, 2023

◆ SUPLICY, Eduardo Matarazzo, Samir Cury e Bazileu Margarido, Análise do Programa de Ação Imediata.

주석

서론

1   벨린지아 Berlindia는 1974년 예일대 경제학 박사 출신인 에지마르 바샤(Edmar Bacha)가 처음으로 언급한다. 다음 기사를 참고하라. João Pedro Caleiro의 <Brasil era Belíndia e virou Italordânia, diz The Economist>(Exame, 2014년 6월 16일, https://exame.

2   전 재무부 장관 마일손 노브레(Mailson Nobrega)와 루이즈 소또마요르(Louise Sottomaior)의 주도 아래 제작된 '브라질 경제(Economia Brasileira)' 다큐멘터리는 총 10부작으로, 70년대부터 브라질 경제를 주도하였던 대통령을 포함한 주요 인사들의 인터뷰이다.

3   다음 자료를 참고하라. OECD의 Tax Policy Analysis <Revenue Statistics in Latin America and the Caribbean 2022 – Brazil>

4   다음 기사를 참고하라. Carlo Cauti의 <Brasil tem grande oportunidade de crescimento, diz Troyjo em Davos>(Exame, 2022년 5월 30일, https://exame.com/mundo/brasil-grande-oportunidade-troyjo/)

5   브라질 개발상공부 통계데이터: http://comexstat.mdic.gov.br/pt/geral

6   다음 기사를 참고하라. Miriam Leitão의 <O passado é incerto>(O globo, 2015년 4월 19일)

1장

7   브라질에서 소비지수를 측정하는 대표적인 지수는 ICF가구소비의지지수로, 해당 지수는 2010년 12월 147.2점으로 최고점을 기록하였다. 2014년도는 월드컵 전후로 120점대에서 100점대로 지속적으로 하락하였으며 2015년 4월에 처음으로 100선이 붕괴된다. 100점대는 2019년 1월이 되서야 회복이 되었지만, 코로나 팬데믹이 시작되는 2020년 5월에는 77.4점으로 하락하게 된다. ICF는 매월 상업연합회(Fecomercio)에서 측정한다. 통계데이터: https://www.fecomercio.com.br/pesquisas/indice/icf

8   2014년 자국에서 열리는 월드컵 준결승에서 브라질이 1-7로 독일에게 패배한 경기장이 미네이랑으로, 이후 미네이랑 참사라 불리운다.

9   파울리스타대로는 20세기 동안 중남미 금융허브로 자리를 잡은 대로로, 지금은 기업들뿐만 아니라, 식당과 상점들이 있고 주말마다 대로에 차 진입을 막아 시민들이 자유롭게 걸어 다닐 수 있게 하였다. 오랫동안 중남미 경제 중심지로 활약했던 이곳은 한국의 종로와 흡사한 모습을 갖고 있다. 관련 링크: https://en.wikipedia.org/wiki/Paulista_Avenue

10   다음 기사를 참고하라. Tiago Cordeiro의 <Quanto dinheiro foi recuperado pela Lava Jato e onde ele foi parar>(Gazeta do Povo, 2021년 5월 11일, https://www.gazetadopovo.com.br/republica/lava-jato-dinheiro-recuperado-destino/)

11   다음 기사를 참고하라. Felipe Matoso의 <Governo Dilma tem aprovação de 10% e desaprovação de 69%, diz Ibope>(G1, 2016년 3월 30일, https://g1.globo.com/politica/noticia/2016/03/10-aprovam-governo-dilma-e-69-desaprovam-diz-ibope.html)

12   다음 기사를 참고하라. Geraldo Samor의 <'House of Cargos' — a vida no topo do poder>(Brazil Journal, 2015년 2월 27일, https://braziljournal.com/house-of-cargos-a-vida-no-topo-do-poder/)

13   페르난도 엔히끼 까르도소(FHC)는 1993년 재무부 장관을 지냈으며, 1994년부터 8년간 브라질 대통령직을 역임한 정치인이다. FHC는 초인플레이션인 사태에 재무부 장관으로 취임하여 FHC 정책과 헤알 플랜을 기획, 지휘하여 20년간 지속된 초인플레이션 사태를 멈추게 한 장본이기도 하다.

14   BNDES 성과에 대해서는 Lazzarini(2015) <What Do State-Owned Development Banks Do? Evidence from BNDES, 2002–09>와 Bonomo(2015) <The after crisis government-driven credit expansion in Brazil: A firm level analysis>의 논문을 살펴봐야 한다.

15   라바자또에 연류된 기업들 대상 대출 규모는 BNDES 웹사이트에 상세히 나와 있다. 관련 링크: https://aberto.bndes.gov.br/aberto/caso/lava-jato/

16   다음 기사를 참고하라. Bibiana Dionísio의 <PF estima que prejuízo da Petrobras com corrupção pode ser de R$ 42 bi>(G1, 2015년 11월 12일, https://g1.globo.com/pr/parana/noticia/2015/11/pf-estima-que-prejuizo-da-petrobras-com-corrupcao-pode-ser-de-r-42-bi.html)

17   다음 기사를 참고하라. Letícia Casado, André Guilherme Vieira, Juliana Schincariol의 <Operação Greenfield revela fraudes nos fundos de pensão>(Valor, 2016년 9월 6일, https://valor.globo.com/politica/noticia/2016/09/06/operacao-greenfield-revela-fraudes-nos-fundos-de-pensao.ghtml)와 Murilo Rodrigues Alves의 <Fundos de pensão investigados pela PF respondem por 62,6% do rombo do sistema em 2015>(Estadao, 2016년 9월 5일, https://www.estadao.com.br/politica/fundos-de-pensao-investigados-pela-pf-respondem-por-62-6-do-rombo-do-sistema-em-2015/)

18   다음 자료를 참고하라. OECD의 Tax Policy Analysis <Revenue Statistics in Latin America and the Caribbean 2022 – Brazil>

19   마나우스 자유무역지대에 관해서는 다음 자료를 참조하라. Juliano J. Assunção, Amanda Schutze, Rhayana Holz의 <A Zona Franca de Manaus tem Impacto na Eficiência da Indústria?>와 Amanda Schutze, Rhayana Holz, Juliano J. Assunção의 <Aprimorando a Zona Franca de Manaus: Lições da Experiência Internacional>

20 다음 자료를 참고하라. WEF(세계경제포럼)의 <The Global Competitiveness Report 2019>

21 인프라와 관련해서는 다음 자료를 참조하라. Paulo Lins의 <Infraestrutura derruba Brasil no ranking de competitividade: o que fazer?>

22 다음 자료를 참고하라. OECD의 <Education Policy Outlook, Brazil>(2015), <Education in Brazil, An International Perspective>(2021)

2장

23 다음 책을 참고하라. Félix Contreiras Rodrigues의 《Traços da Economia Social e Política do Brasil Colonial》 (1935)

24 다음 인터뷰를 참고하라. Laurentino Gomes 인터뷰. 다큐멘터리: 'Série ECONOMIA BRASILEIRA: 1492 – 1808 – Brasil de Portugal'

25 다음 인터뷰를 참고하라. Laurentino Gomes 인터뷰. 다큐멘터리: 'Série ECONOMIA BRASILEIRA: 1808 – 1888 – Nasce uma pátiria'

26 다음 인터뷰를 참고하라. Laurentino Gomes 인터뷰. 다큐멘터리: 'Série ECONOMIA BRASILEIRA: 1808 – 1888 – Nasce uma pátiria'

4장

27 키푸르 전쟁. 이스라엘 대 이집트&시리아. 미국은 이스라엘을 적극적으로 지원했으며, 이집트와 시리아는 중동의 주요 국가들의 지원받은 전쟁이다. 1973년 10월 6~25일

28 다음 인터뷰를 참고하라. Sérgio Amaral 인터뷰. 다큐멘터리: 'Série ECONOMIA BRASILEIRA: 1973 – 1986 – Tropeços e crises'

29 다음 인터뷰를 참고하라. Pérsio Arida 인터뷰. 다큐멘터리: 'Série ECONOMIA BRASILEIRA: 1986 - 1987 - Plano Cruzado e reformas'

30 다음 칼럼을 참고하라. André Lara Resende의 <A Moeda Indexada: Uma Proposta para Eliminar a Inflação Inercial>(1984년)

31 다음 칼럼을 참고하라. André Lara Resende의 <A Moeda indexada: Nem Mágica nem Panaceia>(1984년)

32 다음 논문을 참고하라. André Lara Resende와 Pérsio Arida의 <Inertial Inflation and Monetary Reform in Brazil>(1985년)

33 다음 인터뷰를 참고하라. André Lara Resende 인터뷰. Fundação Fernando Henrique Cardoso(FHC) <Paper Larida>

34 다음 기사를 참고하라. Folha de S. Paulo의 <Sarney diz na TV que Carta deixa país 'ingovernável'>(1988년 7월 27일)과 Folha de S. Paulo의 <Ulysses diz que Carta será 'guardiã da governabilidade'>(1988년 7월 28일)

35 다음 기사를 참고하라. Insper 의 <Políticas Públicas Disputas envolvendo cobrança de tributos somam R$ 5,4 trilhões no Brasil>(Insper, 2021년 1월 22일, https://www.insper.edu.br/conhecimento/conjuntura-economica/disputas-envolvendo-cobranca-de-tributos-somam-r-54-trilhoes-no-brasil/)

36 다음 논문을 참고하라. Licínio Velasco Jr의 <Privatização: Mitos e Falsas Percepções.>

37 다음 인터뷰를 참고하라. Gustavo Franco 인터뷰 Casa das Garças <A ARTE DA POLÍTICA ECONÔMICA, Gustavo Franco>

38 다음 인터뷰를 참고하라. Fernando Henrique Cardoso 인터뷰. 다큐멘터리: 'Documentário do Plano Real: Muito além de uma moeda'

39 다음 인터뷰를 참고하라. Pérsio Arida 인터뷰. 다큐멘터리: 'Documentário do Plano Real: Muito além de uma moeda'

40 해당 상관성을 처음 논문으로 발표한 사람은 이탈리아인 경제학자인 비토 탄지 하바드 경제학 교수다. 중남미에서는 아르헨티나 경제학자인 훌리오 올리베이라가 탄지와 비슷한 시기에 같은 연구하여, 탄지-올리베이라 효과라고 명명된다.

41 MP: Medida Provisória는 일명 임시조치로 대통령이 긴급적으로 제안하는 법령이다. 임시조치는 대통령이 국가가 긴급적인 상황에서 사용할 수 있는 권한으로 의회에서 상당 부분의 절차를 프리패스한다.

42 다음 인터뷰를 참고하라. Rubens Ricupeiro 인터뷰. 다큐멘터리: 'Documentário do Plano Real: Muito além de uma moeda'

43 다음 자료를 참고하라. Brazilian Central Bank 'PROER - Programa de Estímulo à Reestruturação e ao Fortalecimento do Sistema Financeiro Nacional'(https://www.bcb.gov.br/htms/proer.asp?frame=1), Geraldo Maia의 'Restructuring the banking system – the case of Brazil, BIS

44 다음 기사를 참고하라. Estadão의 <CPI conclui que Proer evitou crise bancária>(2002년 4월 4일, https://www.estadao.com.br/politica/cpi-conclui-que-proer-evitou-crise-bancaria/)

45 다음 자료를 참고하라. Márcio Holland의 'SEMINÁRIO: A NOVA LEI DAS ESTATAIS, uma proposta de metodologia para avaliação de conformidade legal'(2017년 5월29일 Observatório das Estatais - FGV)

46 다음 기사를 참고하라. Estadão의 <Após 20 anos de privatização, uso do telefone mudou>(2018년 7월 29일, https://www.estadao.com.br/politica/cpi-conclui-que-proer-evitou-crise-bancaria/)

47 다음 기사를 참고하라, Mario Russo의 <Privatizações ganharam força a partir dos anos 90>(2013년 10월 21일, https://oglobo.globo.com/economia/privatizacoes-ganharam-forca-partir-dos-anos-90-10448501)

48 다음 칼럼을 참고하라, Marcos Lisboa의 <Legado da era FHC foi solapado>(2022년 6월 11일, https://www1.folha.uol.com.br/colunas/marcos-lisboa/2022/06/legado-da-era-fhc-foi-solapado.shtml)

7장

49   다음 기사를 참고하라. Felipe Erlich <O dia em que Lula nomeou Palocci, então coordenador da transição>(2022년 11월 2일, https://veja.abril.com.br/coluna/radar-economico/o-dia-em-que-lula-nomeou-palocci-entao-coordenador-da-transicao)

50   다음 논문을 참고하라. Marcos Lisboa외 15명 경제학자 <A agenda perdida>(2002년 9월, https://www.iets.org.br/spip.php?article131)

51   실제로 메르까당찌는 입각하지 않았고 상원의원으로 당선되어 룰라 정부 1기의 상원 원내대표직을 맡는다.

52   기도 만떼가는 룰라 정부 1기에서 기획예산처 장관으로 입각한 뒤에 BNDES(사회경제개발은행) 총재를 역임한다.

53   다음 기사를 참고하라. O Globo <Mantega: PT é contra acordo com o FMI agora>(2002년 7월 11일)

54   다음 기사를 참고하라. Priscila Yazbek <Até onde vai o 'boom das commodities' que tem sustentado a Bolsa? Veja expectativas e ações que surfam na onda>(2021년 5월 3일, https://www.infomoney.com.br/mercados/ate-onde-vai-o-boom-das-commodities-que-tem-sustentado-a-bolsa-veja-expectativas-e-acoes-que-surfam-na-onda/)

55   다음 기사를 참고하라. New York Times <A Global Chill in Commodity Demand Hits America's Heartland>(2015년 10월 25일, https://www.nytimes.com/2015/10/25/business/energy-environment/americas-heartland-feels-a-chill-from-collapsing-commodity-prices.html)

56   다음 기사를 참고하라. BNDES <Nota sobre financiamento à exportação de serviços>(2019년 9월 15일, https://www.bndes.gov.br/wps/portal/site/home/imprensa/noticias/conteudo/nota-sobre-financiamento-a-exportacao-de-servicos)

57   G20의 시작은 1999년 G7 회의 중 G22 만들어진 재무부 장관들과 중앙은행 총재들의 회의였다. 그리고 2008년 11월 14일에서 15일까지 처음으로, 각국의 재무부 수장들이 아닌 국가의 행정수반들이 참석하게 되면서 국제적인 위상이 격상되었다.

58   PAC 2로 건설된 수력발전소는 벨로몬찌(Belo Monte)(11,233MW), 산또 안또니오(Santo Antônio)(3,150MW), 지라우(Jirau)(3,750MW)로 2008년부터 건설되기 시작되어 2016년에 완공되었다.

59   PAC 결과 보고 https://bibliotecadigital.economia.gov.br/handle/777/356

60 Mariana Pargendler의 'Governing State Capitalism: The Case of Brazil'(https://academic.oup.com/book/25749/chapter-abstract/193316756?redirectedFrom=fulltext)

61 다음 기사를 참고하라. Camilla Costa <Críticas de fora repercutem mais no Brasil, diz editor da 'Economist'>(2013년 10월 23일, https://www.bbc.com/portuguese/noticias/2013/10/131023_entrevista_michael_reid_cc)

62 다음 기사를 참고하라. Filipe Matoso <Governo Dilma tem aprovação de 10% e desaprovação de 69%, diz Ibope>(2016년 3월 30일, https://g1.globo.com/politica/noticia/2016/03/10-aprovam-governo-dilma-e-69-desaprovam-diz-ibope.html)

63 다음 기사를 참고하라. Leonardo Goy <Decisão de Cunha sobre impeachment foi baseada em suposta violação da Lei Orçamentária>(2015년 12월 2일, https://economia.uol.com.br/noticias/reuters/2015/12/02/decisao-de-cunha-sobre-impeachment-foi-baseada-em-suposta-violacao-da-lei-orcamentaria.html)

64 다음 기사를 참고하라. Tai Nalon <Dilma omite ter 'pedalado' mais que Lula e FHC juntos>(2016년 8월 16일, https://www.aosfatos.org/noticias/dilma-omite-ter-pedalado-mais-que-lula-e-fhc/)

65 상원의회 탄핵안 심의 문서. Antonio Anastasia 상원의원 작성 https://www12.senado.leg.br/noticias/arquivos/2016/08/02/relatorio-do-sen.-antonio-anastasia-referente-a-pronuncia

66 다음 논문을 참조하라. Bráulio Borges의 <Impacto dos erros (reais) da Nova Matriz tem sido muito exagerado >(2017년 9월 8일, https://blogdoibre.fgv.br/posts/impacto-dos-erros-reais-da-nova-matriz-tem-sido-muito-exagerado). FGV 대학교의 브라질 경제재단 연구원이자 경제학자인 Bráulio Borges는 2012년부터 2016년까지의 GDP 성장에 대해 약 10~30%의 책임이 라바자또에 있다고 주장한다. 다만 연구원 스스로가 라바자또의 영향을 완벽하게 측정할 수 없다고 할만큼, 라바자또에 연류된 회사들이 인프라 분야인 것을 감안한 것으로 분석된다.

67 다음 기사를 참고하라. Estadao의 <"Eu errei ao promover a desoneração", admite Dilma em Genebra>(2017년 3월 13일, https://epocanegocios.globo.com/Brasil/noticia/2017/03/epoca-negocios-eu-errei-ao-promover-a-desoneracao-admite-dilma-em-genebra.html)

68 다음 기사를 참고하라. João Pedro Caleiro의 <Desoneração da folha de pagamento não gerou empregos, diz Ipea>(2018년 1월 29일, https://exame.com/economia/desoneracao-da-folha-nao-gerou-empregos-diz-ipea/)

69 다음 기사를 참고하라. https://www.oecd.org/pisa/publications/pisa-2018-results.htm

벌거벗은

브라질
경제사—

초판 1쇄 발행 2023. 7. 5.

지은이 이재명
펴낸이 김병호
펴낸곳 주식회사 바른북스

편집진행 김재영
디자인 최유리

등록 2019년 4월 3일 제2019-000040호
주소 서울시 성동구 연무장5길 9-16, 301호 (성수동2가, 블루스톤타워)
대표전화 070-7857-9719 | **경영지원** 02-3409-9719 | **팩스** 070-7610-9820

•바른북스는 여러분의 다양한 아이디어와 원고 투고를 설레는 마음으로 기다리고 있습니다.

이메일 barunbooks21@naver.com | **원고투고** barunbooks21@naver.com
홈페이지 www.barunbooks.com | **공식 블로그** blog.naver.com/barunbooks7
공식 포스트 post.naver.com/barunbooks7 | **페이스북** facebook.com/barunbooks7

ⓒ 이재명, 2023
ISBN 979-11-93127-21-6 03320